기업을
어떻게
키우나

기업을 어떻게 키우나

초판 1쇄 발행 2024년 7월 3일

지은이 양성남
펴낸이 김병호
펴낸곳 주식회사 바른북스

발행처 주식회사 바른북스
출판등록 2019년 4월 3일 제 2019-000040호
주소 서울시 성동구 연무장5길 9-16, 301호 (성수동2가, 블루스톤타워)
전화 070-7857-9719
팩스 070-7610-9820
이메일 barunbooks21@naver.com
홈페이지 www.barunbooks.com

값 17,000원
ISBN 979-11-7263-061-4 03320

기업을
어떻게
키우나

양성남 저

바른북스

세상에서 해야 할 일이 무엇인가, 어떻게 사는 것이 좋은지, 살아가는데 선택은 연속이다. 올바른 선택을 위해서는 과거보다 현재와 미래가 중요하다. 아침에 일어나 잠들 때까지 아침식사 메뉴 같은 사소한 것은 물론 운명을 좌우하는 중요한 결정을 매 순간해야 한다. 세상은 계속 변하고, 날마다 변하고 있다. 변하지 않는 것은 거의 없다. 나도 변하고 있다. 변하지 않으면 살아갈 수 없기 때문이다. 세상이 변하니 편리한 부분이 많지만, 억압을 받기도 하고 불편한 부분도 있다.

발전하고 있는 인공지능(人工智能) 또는 AI(Artificial Intelligence, AI)도 개발 초기에는 거의 보이지 않는 아침 이슬처럼 작은 불씨에 불과했지만, 인간의 학습능력, 추론능력, 지각능력을 인공적으로 구현하려는 지속적인 연구개발로 인간의 지능을 넘어설 수도 있는 범용 인공지능(Artificial General Intelligence, AGI)의 시대가 다가오는 듯하다.

일부 홍보된 자료(2024년 4월21일)에 따르면, 일론 머스크(Elon Musk) 테슬라 CEO는 "AI는 내가 본 기술 중에서 가장 빠르게 발전하고 있으며, 반도체와 전력 수요 등의 제약에도 불구하고 AI 컴퓨터 성능이 매년 10배씩 향상되고 있다"고 강조했다. AI 반도체 시대의 황태자인 젠슨 황(Jensen Huang) 엔비디아 CEO는 "5년 이내에 인간과 같은 수준의

AGI가 등장할 것"이라고 전망했다. 알파고를 만든 구글 딥마인드의 데미스 허사비스(Demis Hassabis) 공동창업자도 올해 초 "AGI가 2030년까지 등장할 수 있다"고 내다봤고, 단순히 AGI 시대가 조만간 올 것이라는 관측에서 끝나는 것이 아니라, 회사의 자원을 총동원해 AGI를 만들겠다고 선언했다. AGI는 사람과 비슷하거나 더 뛰어난 지능을 갖춘 AI이며, AI가 인간과 마찬가지로 사물이나 상태 등 특정 모습을 인지하고 분별해내는 인지 능력을 갖추는 것을 의미하며 다양한 영역에서 학습한 지식을 활용해 문제를 해결한다고 한다.

AI가 급진적으로 발전하고 있지만, 인간의 힘으로 막을 수 없는 것도 많다. 2019년 말부터 코로나19가 전 세계 인류를 공포에 휩싸이게 했는데, 그 공포가 언제 끝날지 아무도 정확하게 예측할 수 없었다. 이 때문에 여행사와 항공사 등 숙박업소와 굴지의 국내 기업들은 기업 경영에 어려움을 겪었으며, 일부 기업은 줄도산 위기에 처했다. 세계 금융권과 각국 경제도 대혼란에 빠졌다. 이처럼 어려운 환경에서 코로나19와 관련된 기업이 활로를 개척하고 생존했을 뿐만 아니라 성장까지 이끌어내는 과정을 보면서 많은 것을 배우고 느낄 수 있었다.

세상은 변화 속에서 계속 발전하고 있지만, 우리 사회는 현재와 미래보다 과거에 얽매여 있는 경우가 적지 않다. 이제는 어떤 삶을 살아야 하는지 진지하게 생각해 볼 시점이다.

"우리는 어디에서 왔고, 우리는 무엇이며, 우리는 어디로 가고 있는가?" 이는 프랑스 화가 폴 고갱(Paul Gauguin)이 1897년 완성한 작품의 제목이다. 가장 오래되고 인간이 던질 수 있는 가장 어려운 질문인지도 모르겠다. 독일 철학자 임마누엘 칸트(Immanual Kant)는 "인간은 스스로 답할 수 없는 어려운 질문을 끝없이 던지는 존재"라고 했다. 우리는 이미 경험한 것은 그 답을 알고 있기 때문일지도 모른다. 지나간 일들은 이미 경험해서 알 수 있다. 그러나 미래는 예측할 뿐이지, 알고 있는 것은 아니다. 왜냐하면, 아직 경험하지 못했기 때문이다.

50여 년간의 직장생활에서 얻은 내 삶의 경험과 지혜는 필자보다 인생을 덜 살아본 젊은이들에게 더 나은 삶을 위한 가이드가 될 수도 있다. 이 책을 쓰게 된 이유 중의 하나는 우선 필자를 바로 돌아보고자 하는 것이다. 다양한 경험에 익숙하지 못한 독자에게 더 유익한 생활을 할 수 있도록 밀알 같은 정보를 남겨두려고 한다. 그 선택은 바로 독자의 몫이다.

사람마다 하는 일이 같을 수는 없겠지만, 살아남기 위해 글로벌 경쟁력을 갖추려는 생존경쟁은 어쩌면 전쟁을 방불케 한다. 끊임없는 변화와 전쟁 속에서 매 순간 선택하고 그 선택이 실패로 끝나지 않도록 밤잠을 설쳐가고 노력하면서 살아가고 있는 셈이다.

"우리는 우리가 읽는 것으로 만들어진다"는 독일의 문호 마르틴 발저(Martin Walser)의 주장처럼, 좋은 책은 인간이 어떤 것을 이루고 무엇인가 생각하는 데 큰 도움을 줄 것이다.

기업을 키우는 6가지 핵심적인 기본 요소는 아래와 같다.

1. 비전 설정 : 어떤 방향과 가치를 제공하고자 하는지, 명확한 비전과 목표 설정이 필요하다.
2. 시장 조사 : 시장 조사를 통해 경쟁 환경과 고객 요구를 파악하고, 이를 통해 기업의 제품이나 서비스를 개선하고 경쟁력을 강화해야 한다.
3. 전략적 계획 수립 : 시장 조사 결과를 바탕으로 어떤 전략을 채택할지 결정하고, 전략적 계획을 수립하여 자원과 예산을 효율적으로 배분해야 한다.

4. 인재 확보 : 기업의 비전과 목표에 부합하는 우수한 인재를 확보하고, 인재 역량을 개발·유지할 필요가 있다.
5. 지속적인 혁신 : 지속적인 혁신과 새로운 아이디어와 기술을 도입하고, 제품이나 서비스를 개선하여 경쟁력을 유지해야 한다.
6. 네트워크 구축 : 산업 내 다른 기업과 파트너 그리고 고객과의 네트워크를 구축·유지하여 관계 협력과 시너지 효과를 창출해야 한다.

기업을 키우려면, 위의 기본 요소들을 고려하여 지속적인 노력과 전략적인 접근이 필요하겠다.

최대한 주의하여 이 책의 내용을 확인했음에도, 혹시 빠진 부분이나 잘못된 내용 등이 있다면 양해해 주시길 바라며, 다음 기회에 그 부분을 고쳐 나갈 것을 약속한다.

목 차

1부

걸으면서 생각

시대적 배경

필자가 직장생활을 시작했던 1970년 11월은 산업화의 초기였다. 그 무렵 경부고속도로(박정희 전 대통령은 1964년 서독 방문 전 경부고속도로를 구상했음. 서독은 아우토반을 건설해서 일찍이 라인강의 기적을 이룸)가 완공·개통됨에 따라 물류의 흐름이 원활하게 되었다.

그때는 모든 여건은 매우 열악한 상황이었고, 학교 정규교육에서 배운 지식도 풍부하지 않았지만, 모든 걸 잘하고 싶었고, 그래서 의욕이 앞서는 경우가 많았다. 더 잘하고 싶고 더 많을 걸 얻고 싶은 것이 인간의 기본 욕망인 것 같다.

필자는 임직원과 소통하고 인재를 두루 기용하며 지나간 잘못을 들추는 것보다 미래를 위해 토론하는 문화를 조성하고자 노력했다. 과거를 이야기하는 것보다 용서하고 포용하는 정신이 더 중요하다. 그래야 다 함께 더 멀리 가고 포용하는 기회로 전환할 수 있다.

젊은 세대는 장기비전으로 미래를 품고, 기성세대는 지난 일에 대해 많은 것을 알고 있지만, 젊은이의 기상을 위해 거들지는 않고 있는 것 같다. 고생하고 어려웠던 과거 시기를 차마 본인들의 입으로 꺼내기가 힘들고 그렇다 해도 그것을 알아주는 사람도 거의 없다.

기성세대가 모이게 되면 지난날 못 살았고 고생했던 이야기를 많이 하는데, 어떻게 보면 쓸데없는 소리라고 할 수 있다. 남자들이 군대에서 고생했던 이야기를 하는 것과 별반 다르지 않다.

장무상망

사람은 죽을 때까지 배워야 하고, 배우지 않을 이유가 없다면 그렇게 해야 한다. 배움에는 졸업이라는 단어가 없으며, 나이 들수록 건강을 위해서라도 새로운 공부를 해야 한다. 제일 하기 쉬운 것이 공부이고, 그럴듯한 책을 읽는 것도 공부인데, 성경책을 정독하는 것은 가장 큰 공부라고 생각한다. 신문을 정독하는 것도 공부이고, 일종의 시사연구라고도 할 수 있다. 텔레비전을 장시간 보는 것은 눈 건강에도 좋지 않다. 직장생활과 학교 공부를 병행하는 것은 너무 힘들고 여러 가지로 어려움이 많았다.

학교를 계속 다니며 많이 배운다고 해서 사회에서 존경받거나 제대로 쓰임을 받는다고는 생각하지 않는다. 배워서 사용할 수 있거나 분명한 목적이 있으면 쓰임새가 더 명확할 것 같다. 단지 출세를 위하거나 명예를 생각한다면 굳이 직장 일도 바쁜데, 학교에 꼭 다니지 않더라도 자습으로도 성취를 이룰 수 있을 법하다. 학교 공부 말고도 필요한 부분에 관한 배움과 꿈을 이루기 위한 전문적인 연구는 필요하다고 생각한다. 주경야독하는 동안 배려해주신 분들을 위해 '오랜 세월이 지나도 서로 잊지 말자'는 장무상망(長毋相忘)이라는 고사성어를 떠올려 본다.

장무상망(長毋相忘)은 "오랜 세월이 지나도 서로 잊지 말자"는 뜻이다. 이 말은 추사 김정희의 마지막 세한도 인장으로 찍힌 것이다. 장무상망은 추사가 먼저 쓴 것이 아니라 2천 년 전 한나라에서 출토된 와당(瓦當) 기와에서 발견된 글씨다. '생자필멸(生者必滅)'이라는 말처럼 살아있는 것은 모두 쓰러지고 결국에는 사라진다. 그러나 추사와 그의 제자 이상적이 나눈 그 애절한 마음은 이렇게 오늘까지 살아서 우리에게 감동을 주고 있다. 가장 어려울 때, 자신을 생각해 준 사랑하는 제자에게 추사는 세한도를 주면서 요즘 말로 가볍게 영원불멸이라 하지 않고 조용히 마음을 안으로 다스려 '장무상망(長毋相忘)'이라고 표현했다. 그래서 그 애절함이 우리의 마음을 흔들어 놓는다.

세상을 살면서 '장무상망(長毋相忘)'이라고 말할 수 있는 사람이 있어야 인생을 헛되이 살지 않았다고 말할 수 있다. 젊었을 때는 그렇게 흔하고 많던 친구가 직장에서 은퇴하면 바람과 같이 사라지는 것이 지금의 현실이다. '과연 왜 그럴까?' 스스로 질문하고 답을 찾아가는 것이 좋을 것 같다.

평생을 함께할 수 있는 5명의 친구만 있어도 노후에 쓸쓸하지 않을 것 같아서 친구 5명과의 관계는 계속 유지하고자 한다.

회상

직장생활의 기본은 첫출근부터 정년 때까지 정직해야 한다. 직장생활의 경쟁력은 돈을 벌어주는 것이 첫 번째다. 근면 성실한 자세로 근무하면서 미래를 위한 자기개발도 필요하다. 필자는 첫 직장인 철강회사에서 정년퇴임을 목표로 근무했다.

두 번째 직장인 부품회사에서도 첫 번째 직장과 같은 자세로 온 힘을 다하여 일했다. 정직과 근면만으론 세상을 이길 수 없다는 사실을 필자가 알았을 때는 너무 늦은 나이가 되었고, 후회해도 지나가 버린 시간을 돌이키기에는 너무도 멀리 갔다. 첫 번째와 두 번째 직장까지 47여 년을 보냈고, 세 번째 직장을 거치니 아쉽게도 머리에는 흰 눈이 내린 것처럼 초로의 노인이 되어 있다.

임원은 결코 편한 직업이 아니다. 영리기업은 최소한 분기마다 경영성과를 내야 한다. 경영자의 중압감은 다른 직원보다 훨씬 크다. 직장의 골치 아픈 일이 계속 반복되면 자신의 시간을 할애하기가 쉽지 않다. 각자가 맡은 일과 함께 개인이 좋아하는 취미를 병행하면서 머리 아픈 일을 다소 잊거나 멀리할 수 있고, 신선한 아이디어로 직장 일에 승부를 걸 수도 있을 것이다.

직장에서 정년퇴직 후, 취미활동을 하겠다는 생각은 바람직하지 않다. 정년퇴직을 하면 여유 있는 시간은 확보할 수 있을 줄 몰라도 취미활동으로 자연스러운 접근이 쉽지만은 않다. 취미활동을 무엇이든지 하려고 마음을 먹는다면, 결론은 마음먹은 그때부터 시작하는 것이 좋다. 지금 바로 각자에게 맞은 취미생활을 시작하길 권장한다. 취미생활을 남보다 빨리, 깊게(즐겁고 유익하게) 하면 절대 후회하지 않을 것이다.

취미생활

취미(네이버 지식백과-趣味, hobby)는 인간이 금전이 아닌 기쁨을 얻기 위해 하는 활동 즉, 전문적으로 하는 것이 아니라, 즐기기 위하여 하는 일로써 일반적으로 여가에 즐길 수 있는 정기적인 활동이라고 정의할 수 있다. 취미는 일반적으로 여가 동안 즐거움을 위해 수행되는 정기적인 활동으로 간주한다. 취미에는 테마 아이템과 물건 수집, 창의적이고 예술적인 활동, 스포츠 활동, 기타 오락 활동 등이 포함된다.

살면서 취미생활은 필요하고, 나이 들수록 취미가 있으면 유익하며, 바쁜 사람일수록 정신건강을 위해 취미생활이 중요하다. 충분한 시간을 가지고, 좋아하는 취미생활이 있다면 인생을 더욱 재미있고 의미 있는 생활로 건강한 삶을 유지할 수 있기 때문이라고 한다.

취미생활을 즐기면, 시간은 더 빨리 가는 것 같다. 나이가 들면 젊었을 때보다 시간이 빨리 가고, 취미에 재미가 붙으면 시간이 또 빨리 가며, 이러다간 노후의 시간이 너무 빨리 가는 것 아닌가 고민을 하게 될 수도 있다. 욕심일지도 모를 일이지만, 사람은 다른 동물보다 비교적 오래 사는 반면에 세월은 정말 빨리 지나간 것만 같다. 아무튼, 시간이 빨리 간다는 느낌은 재미있게 사는 것이라고 말할 수 있다. 그래서 일을 천직으로 알고 있는 바쁜 직장인은 물론 은퇴자도 취미생활이 필요한 법이다.

취미생활은 나이와 관계가 없지만, 되도록 나이에 적합한 취미를 찾아서 즐기는 것을 추천한다.

최근 직장인들이 즐기는 취미활동은 아래와 같다.

1. 영화, 공연, 스포츠관람
2. 스포츠 피트니스(헬스, 요가, 등산 등)
3. 여행
4. 독서, 만화책 보기
5. 음악(감상, 보컬, 악기 등)
6. 게임

영화, 공연, 스포츠관람은 성별, 연령, 결혼 여부와 관계없이 모든 사람이 가장 많이 하는 취미활동이었으며, 연령별로는 20대는 게임, 30대는 운동, 40대는 여행, 50대는 독서가 많은 것으로 나타났다. 직장인이 취미생활을 하는 이유는 일상의 즐거움과 행복, 스트레스 해소, 나만의 시간이 필요하고, 직장인이 취미생활을 함께 하는 사람은 자기 혼자, 가족, 친구, 동료, 연인이며, 학생과 가정주부는 물론 은퇴자도 자기만의 취미를 가지고 있음을 볼 수 있다.

습관

눈앞의 순간적인 이익에 연연하기보다는 장기적인 관점에서 옳은 방향으로 판단하고 꼼꼼히 일을 진척시켜 나가는 것이 종국에는 참된 성공의 길이며, 부정적인 자세보다는 긍정적인 자세가 더 중요하다.

긍정적인 사고는 자신은 물론 남들에게도 즐거움을 선물하게 된다. 세계 유명인사들도 자신의 처지나 조상들의 환경이 좋지 못한 인사가 더 많았던 것 같다. 따라서, 부정적인 생각으로 잘못되면 남을 탓하거나, 자신의 환경이나 배경을 나쁘게 말하는 것은 좋지 않다.

좋은 환경에서 성장한 사람은 남을 배려함이 다소 부족할 수도 있지만, 그렇지 못한 환경에서 성장한 사람의 경우, 어떤 어려움에도 긍정적인 생각을 스스로 가질 수 있는 환경을 만들었던 유명인사는 많다. 긍정적인 사고는 자신을 더욱 성장시키는 큰 힘이 되므로, 긍정의 힘이 쌓이면 긍정적인 사람이 될 수 있게 하는 조언이 필요하다. 아래는 그 대표적인 사례이다.

미국 버지니아주에 가난한 모자가 살았는데, 목사였던 아버지는 일찍 세상을 떠났고, 가난에 시달리는 어머니가 남의 집 세탁, 재봉, 청소 등으로 아들의 학비를 조달했다.

아들은 어머니의 눈물겨운 노고를 항상 감사하게 생각하면서 열심히 공부한 결과 프린스턴 대학에서 수석을 차지해 졸업생을 대표하여 졸업 연설을 하게 되었다. 어머니에게 감사하는 마음이 그를 우등생이 되게 한 셈이다.

그런데 어머니는 큰 고민이 생겼다. 아들 졸업식에 입고 갈 변변한 옷이 한 벌조차 없었기 때문이었다. 수석졸업생인 아들의 명예에 오점을 남길까 염려했다. 어머니는 아들의 간절한 권유로 겨우 졸업식에 참석하여

뒷자리에 쪼그리고 앉아 있었다.

아들은 연설을 마치면서 다음과 같이 말했다.

"제가 이처럼 무사히 대학을 졸업하게 된 것은 먼저 하나님의 보호하심과 인도하심의 결과이며 또 나를 가르쳐주신 교수님들의 덕택입니다. 그리고 특별히 저 때문에 고생을 거듭하시면서 학비를 조달해 주신 어머니의 은혜입니다".

그는 총장한테 받은 금메달을 청중 속에 앉아 계신 어머니에게로 걸어가 그녀의 가슴에 달아드렸다. 그리고 "어머니! 감사합니다. 어머니의 은혜로 졸업하게 되었습니다. 이 금메달은 제가 받을 것이 아니고 어머니께서 받으셔야 합니다"라고 말했다.

진정한 마음으로 감사를 표하는 아들의 모습을 보고 동석했던 청중들은 모두 기립 박수를 보냈다. 이 젊은이는 뒤에 변호사가 되었고, 모교인 프린스턴 대학에 교수가 되었으며, 1902년에 그 대학의 총장이 되었다. 8년 후에는 뉴저지 주지사가 되었고, 다시 2년 후에 미국의 제28대 대통령이 되었으며, 나중에 노벨평화상도 받았다. 그가 바로 민족자결주의를 제의한 토마스 우드로 윌슨(Thomas Woodrow Wilson) 대통령이다.

불평의 습관은 어떤 고통이 있을지라도 벗어버리고, 대신에 감사의 습관을 키워야 한다. 미국 사람들은 기독교 문화의 영향 아래 살기 때문에, 감사의 습관이 몸에 배어 있다. 우리도 불평하지 말고, 참고 감사하는 생활을 해야 한다.

"불평의 옷을 벗어 버리고, 감사의 옷을 입으면, 옷 입는 것은 버릇이고, 습관이므로, 감사도 일상적인 습관이 되어야 하지 않을까?"라는 문장을 읽으면서 감사의 습관이라는 좋은 글귀가 떠올랐다.

서로 사랑

사랑은 무한하다. 사람이 사람을 사랑한다는 말은 쉽지만, 결코 쉬운 일은 아니다. 자기가 가려는 길을 가기 위해서는 가려는 길의 의미를 제대로 알고 있어야 하며, 거기에 맞는 교육이나 다양한 경험이 필요하다. 서로를 인정하려면 상대의 말을 끝까지 들어주어야 한다.

어렵게 꺼낸 주제를 중간에 끊어 버리면 안 된다. 끝까지 들어주어야 한다. 선배가 끝까지 들어주는 것만으로도 후배의 마음이 후련해질지도 모른다. 경청은 그만큼 중요하고, 자신의 고민을 남에게 털어놓은 그 자체로 자신만의 고민이 반감될 수도 있다. 경청하는 자세는 사랑의 첫걸음이 될 수도 있다.

사슴은 먹이를 발견하면 먼저 목 놓아 운다고 한다. 먹이를 발견한 사슴이 다른 배고픈 동료 사슴들을 불러 먹이를 나눠 먹기 위해 내는 울음소리를 녹명(鹿鳴)이라고 한다. 동물 중에서 사슴만이 먹이를 발견하면 함께 먹자고 동료를 부르기 위해 우는 것이다.

녹명은 세상에서 가장 아름다운 울음소리다. 여느 짐승들은 먹이를 발견하면 혼자 먹고 남는 것은 숨기기에 급급한데, 사슴은 오히려 울음소리를 높여 함께 나눈다.

녹명은 중국의 시경(詩經)에 등장하는데, 사슴 무리가 평화롭게 울며 풀을 뜯는 풍경을 어진 신하들과 임금이 함께 어울리는 것에 비유했다. 녹명에는 홀로 사는 것이 아니라, 함께 살고자 하는 마음이 담겨있다. 부모는 자식을 위해 목숨까지 바쳐 사랑했는데, 형제끼리는 왜 역사 속에서 서로 죽고 죽이며 싸워야만 하는지 알 수가 없다. 조선을 건국한 이성계의 아들 이방원이 자신의 동생 둘을 잔혹하게 죽인 사건은 물론, 작금의 유산상속 분쟁도 서로를 죽여야 한정된 재화나 권력을 독차지할 수 있는 비극적 사실을 드러낸다.

내 이익을 위해서는 상대를 잡아먹어야 하고, 내가 성공하기 위해 상대를 밟고 올라서야 하는 현실들을 접한다. 약육강식으로 이긴 유전자만이 살아남는 것이 아니라, 상부상조를 한 부류가 더 우수한 형태로 살아남는다는 것이 도킨스의 주장이다. 결국 이기심보다 이타심, 내가 잘 살기 위해 남을 돕는 것이 모두 잘 살 수 있는 유일한 길이 아닐까 생각해본다.

누군가를 위해 조금 더 손해를 보고, 수고를 할 수 있을 때, 삶은 더욱더 아름다워질 수 있다. 남을 먼저 배려하는 마음은 서로를 사랑하려는 현명한 출발이다.

2부

한마디 한다면

올바른 방향 설정

후배가 더 잘 할 수 있도록 선배의 아낌없는 진정한 지도가 필요하다. 선배는 후배가 올바른 길로 갈 수 있도록 자기의 경험과 지혜를 살려 도와주어야 한다. 그러기 위해 자신에게는 엄격하고, 후배에게는 (일반적으로 남에게 관대하기란 쉽지 않겠지만) 관대할 필요가 있다.

세월이 지나면 후배가 선배를 그리워하는 경우가 있다. 선배를 그리워하는 이유는 함께한 기간에 배운 것이 있기 때문이다. 다른 직장으로 이직했는데, 전 직장에서 함께 일했던 후배가 자신의 고민을 털어놓은 사례가 있다.

후배가 선배에게 고민을 말하기가 쉽지는 않겠지만, 만약 듣고서도 모른 척하면 선배의 도리가 아니다. 선배는 고민을 함께 하고 자신의 경험과 지혜를 살려 후배를 위한 조언이 필요하다. 후배와 술을 한잔하는 것도 나쁘지는 않겠지만 술로 고민이 해결되지 않는다. 진정으로 후배를 사랑한다면, 선배는 자기의 다양한 경험을 살려 후배가 올바른 방향으로 나갈 수 있도록 마음을 열고 조언을 해야 한다.

정직하고 계속 배우면

승진 또는 전보 인사 등 중요한 사안에 관한 여러 선택이 존재할 때, 정직성을 고려한 판단을 하면 올바른 결정이 가능하다. 돈과 명예, 주위의 평판은 삶의 본질이라기보다 최선을 다한 후에 얻을 수 있는 결과이기 때문에 정직을 기본으로 생각하면, 훨씬 단순해져서 원칙을 지키기 쉽다. 각자는 좋아하는 선후배가 있을 것이다.

정직하고 계속 배우면서 무엇인가를 연구하는 후배가 있다. 바로 그런 열정적인 후배가 되어야 한다. 그처럼 성실하면서도 자기 일에 충실하고 항상 무엇인가를 배우려는 자세가 있어야 꿈도 있다. 꿈이 있는 사람과 그렇지 못한 사람의 차이는 시간이 지날수록 많은 차이가 있다. 작은 꿈이라도 목표의식을 갖고 미래의 꿈을 안고 달려 나아가야 한다. 비전은 개인이나 기업도 스스로를 제어하고 더 발전시킬 수 있는 하나의 원동력이 된다.

후배들에게 하고 싶은 이야기는 너무 많지만, 이야기를 하고 싶은 용기는 없다. 시대에 따라 생각하는 것이 다르기 때문이다. 정직한 삶을 위해 양심을 지킨 일본인 판사의 사례로 대신하고 싶다.

1947년 11월 일본신문에 한 판사의 부고를 알리는 기사가 실렸다.

그 판사의 이름은 야마구치 요시타였다. 34세라는 비교적 젊은 나이인데 영양실조로 생을 마감했다. 전쟁 직후 식량부족이 심각하던 시절이지만, 사회에서 인정받는 판사가 배고픔으로 죽었다는 사실은 그 당시 일본 사회에 상당히 충격적인 일이었다. 밥을 먹지 않고 출근한 그에게 재판업무는 과중했다. 하루 100건 이상을 처리했는데, 1947년 8월 27일 저녁, 퇴근하던 중 계단에서 쓰러졌다. 암시장에서 쌀 거래를 하다 검거

된 피고인을 담당하는 것이 주 업무였다. 손자들에게 쌀밥을 먹이려고 암시장에서 쌀을 사다 잡힌 할머니를 징역 보낸 날, 귀가해서 아내에게 더 이상 암시장의 쌀을 먹지 않겠다고 선언한 후유증이었다. 밥으로 몸을 채우는 대신 법으로 양심을 먹은 것이다. '모두가 아니다'라고 말할 때 자신은 법과 양심을 준수했다. 다른 사람을 심판하는 재판관으로서 누구보다 자신에게 정직을 엄격히 지켰기 때문인 것 같다. 그의 고결한 정신은 일본 사회에 깊은 인상을 남겼고, 이는 사법부의 신뢰를 유지하는 교훈으로 남았다.

신뢰는 기본적으로 정직에서 나온다. 후배에게 신뢰와 정직한 삶에 관해 이야기하는 것도 진정한 선배의 용기라고 할 수 있다. 선후배 간 상호 계속 배우려는 자세가 필요하다.

철강회사인 재벌그룹에서 근무할 때, 임직원 대부분의 학력은 매우 좋았다. 필자는 비록 나이가 어렸지만, 직장생활을 할수록 학력차이에 관한 고민은 깊어만 갔다. 학력차이를 극복하는 데는 큰 노력과 시간이 필요해 정말 막막하다는 생각뿐이었다.

당시엔 대학입학 자격시험을 통과해야만 정규대학교에 입학할 기회가 주어졌다. 상업고등학교를 졸업하고 얼마 안 지났을 때는 시험에 큰 부담이 없었는데, 세월이 갈수록 고교시절에 공부했던 내용은 점점 잊혀만 갔다. 나이 들어 정규대학에 입학하는 데는 많은 어려움이 있었다.

상업고등학교 졸업장만으론 간부로 승진할 기회가 없을 것만 같았다.

지금 돌이켜보면 바보 같은 생각을 한 셈이다. 프랜시스 베이컨의 '아는 것이 힘이다'는 고리타분한 격언이지만 언제나 유효하다. 필자는 정규대학교의 대안으로 한국방송통신대학교 행정학과에 입학해서 공부에 매진했다. 통신으로 공부를 했는데 바쁜 직장 일과 함께 주경야독(晝耕夜讀)을 한다는 것은 쉽지만은 않았다.

나이 들어 생각해보니, 학력은 종이호랑이라고 할 수 있다. 졸업장이 있어도 실행 가능한 지식이 없으면 무슨 의미가 있겠는가? 학력보다는 실행할 줄 아는 것이 중요하다. 이제는 전문자격증 시대이다. 그러나 필자는 분주한 업무에도 불구하고, 죽을 힘을 다해 정규대학교에 입학하여 졸업할 수는 있었다. 그동안 바쁜 가운데 땀 흘려 노력했던 생각을 했다. 하늘을 쳐다보면서 마음의 눈물을 한없이 흘렸다. 필자는 아쉽게도 인생의 중요한 시기를 야간대학교에서 보냈다.

지식을 쌓아가는 일은 일종의 지식을 훔치는 행위일 수도 있다. 직장에서 스스로 알고자 하는 내용을 공부하려면 적합성 있는 자료를 찾는데, 많은 시간이 필요하지만, 훌륭한 선생님이 정리해준 요약된 자료가 있다면 짧은 시간에 효과적으로 배울 수 있다. 다시 생각하면, 남들보다 장기 근속할 수 있었던 큰 이유는 직장을 다니면서 계속 공부했기 때문이 아닐까 생각해본다. 직장 근무자는 계속 학습하면서 배우려는 자세가 장기 근무와 연결되었다고 말할 수 있다.

공존지수

선배와 후배는 직장에서 대부분 얼굴을 맞대고 근무한다. 일하면서 어려운 내용이 있으면 서로 돕고 협력하면서 소통한다. 후배직원을 진정으로 아끼고 사랑하라는 것이 필자의 좌우명이다.

직장에서 은퇴하니, 후배직원들에게 미안한 마음이 든다. 직장에서 함께 근무할 때, 더 잘해줄 걸 하는 생각이 든다. '부모님께서 살아 계실 때 효도해야지, 돌아가신 다음에 후회해도 아무 소용 없다'는 말과 일맥상통한다. 후배직원이 세상을 더 윤택하게 잘 살 수 있도록 선배가 알고 있는 진짜 중요한 지식과 지혜를 알려주어야 한다.

후배직원의 가치를 높여 주는 체계적인 경험과 지식이 필요하고, 사람도 상품 가치가 있어야 하며, 그 가치는 높아야 한다. 가치를 높일 수 있는 체계적이고 지속적인 사내교육이 바람직하다. 한마디로 취업 시장에서 선호하는 훌륭한 인재가 될 수 있도록 지속적인 참된 지도가 필요하다.

30여 년 전인 대학교에서 잠시 배운 지식으로는 사회생활을 지속하는 데 한계가 있다. 직장생활을 하면서 계속 배우는 것만이 경쟁 사회에서 살아갈 수 있는 유일한 방법이다. 선후배 간 대폿집에서 만나면 소주잔을 기울이면서 세상사만 이야기할 것이 아니라, 생활하는데 필요한 고급 정보를 서로 교환하고, 모르는 부분이 있으면 세대 차이를 넘어 협력하고 서로 소통해야 한다.

공존지수(共存指數)는 영어 약자로 NQ(Network Quotient)라고도 한다. 공존지수란 함께 사는 사람들과의 관계를 얼마나 잘 적응할 수 있는가 하는 능력을 재는 지수다. 공존지수는 지수가 높을수록 사회에서 다른 사람과 소통하기 쉽고, 소통으로 얻은 것을 자원으로 삼아 더 성공하기 쉽다는 개념이다. 내가 속한 집단은 잘 되고 다른 집단은 소외시킨다는 '패거리' 개념이 아니라 서로 잘 살도록 도와야 한다는 '이타적' 개념에 가깝다.

공존지수를 높여 과거나 현재의 단순한 정보나 토막지식보다 미래를 보는 전문지식이 풍부하고 올바른 가치관이 있어야만 선배의 대접을 제대로 받을 수 있고, 따르는 후배가 많아지며 진정으로 존경을 받을 것으로 믿는다.

평생직업 단계별 준비

우리나라도 성장기에 인력 충원만을 생각했다. 성숙기나 후퇴기에 잘 할 수 있는 인재도 계속 근무가 곤란할 것이라는 예상은 하지 않았다. 그러나 이젠 상황이 달라졌다. 젊었을 때부터 미래를 단계별로 준비하는 것이 나이 들어도 두려움을 차단할 수 있는 필수적인 방안이다. 젊었을 때, 정년을 생각하고 미래를 미리 준비하지 않는 것이 불행의 시작이다.

후배들에게 직장생활을 생각한 대로 잘 할 수 있게 도움을 주는 실행 가능한 조언이 필요하다. 은퇴한 선배는 후배세대가 혼선이 없도록 정확히 알려주어야 한다. 필자의 책은 직장생활을 많이 한 사람(은퇴세대)보다 경험이 적은 세대가 보는 것이 더 좋다. 그 이유는 이미 경험한 내용 위주로 구성되었기 때문이다.

필자는 가정형편이 어려워 남들처럼 대학 진학이 목표인 일반고교를 가지 못하고 취업을 할 수 있는 상업고등학교에 진학했다. 당시는 대학을 졸업해도 선호하는 직장 취업은 매우 어려운 시기였다. 몇몇 유명한 상업고등학교에서는 제대로 공부하면, 졸업 전에도 취업이 가능했다. 현재 젊은이들은 우리나라가 발전되기 전 시대적인 배경을 이해하기가 쉽지 않겠지만, 분명 그런 시절이 있었다.

당시에는 서민들의 3대 생활 필수요소(먹는 쌀과 잡곡, 김치, 춥지 않게 보낼 수 있는 연탄)만 있으면 겨울 한 철을 보내는데 걱정이 없었다. 필자는 정말로 찢어지게 가난했던 그런 시절을 경험했다. 그렇지만 지금은 필자 같은 세대가 부모님의 세대보다 더 잘 살고 있다. 반면에 후배들의 세대는 불행하게도 역사상 처음으로 부모님의 세대보다 더 잘 살지 못할 것이라는 우려가 있다. 이는 참으로 가슴 아픈 일이 아닐 수 없고, 사실이 아니길 바란다.

필자는 2010년부터 십여 년간, 수차례 인도 출장을 다녀왔다. 인도의 저소득층이 거주하는 지역을 자동차를 타고 돌아다닐 때 길거리에 있는 사람들을 꼼꼼히 살펴보았다. 그들의 모습은 과거 우리나라가 못살던 시절과 너무 흡사했다. 못 살았던 옛날을 생각하니 마음이 편하지 않았다. 거리에는 노숙자와 거지가 들끓고 쓰레기가 쌓여 있으며 폐지는 바람이 날려 눈을 뜨고는 볼 수 없을 정도로 지저분했다. 도로를 지날 때 거지들의 냄새는 역겨울 정도였다. 한마디로 인도 출장은 과거 필자가 겪었던 시대를 떠올리게 했다. 필자가 초등학교에 다닐 때까지 1년에 목욕하는 횟수는 손가락으로 셀 수 있었다. 당시엔 명절이면 동네 목욕탕에서 몇 개월의 묵은 때를 밀려고 오는 사람들로 북새통을 이루었다.

목욕탕에 아줌마들은 다 큰 자녀들을 데리고 오는 경우가 많았다. 이렇게 어려운 시절에 돈이 없어 자식들을 다니고 싶어하는 학교에 못 보내는 부모님의 심정은 얼마나 아팠을까? 지금의 학생들은 이런 옛날이야기를 들으면 실감하질 못할 것이다.

하지만 이런 내용의 전수로 요즘 젊은 사람이 산업화시대에 어떤 어려움이 있었는지 분명하게 알게 된다면 개인이나 조직이 더 활력을 찾을 수 있을 것으로 생각한다.

과거 보릿고개(1960년대 후반 경제개발 5년 계획 이전, 5~6월 농가생활에 식량 사정의 고비 상황, 배고픈 시기를 보내는 것이 고개를 힘겹게 넘어가는 것 같다고 하여 보릿고개라고 부름) 시절의 우리나라와 현재 인도라는 최빈국의 어려움을 거울삼아, 우리나라 젊은이들은 현실의 어려움 속에 살더라도 하루라도 젊고 왕성할 때, 시대의 요구에 따라 이젠 평생직장에서 평생직업으로 바뀐 걸 인식해 장래를 위한 평생직업에 맞도록 단계별로 준비할 필요가 있다.

경험을 담아 두면

과거 힘들었던 시간들을 생각하면서, 이 책은 형식에 구애 받지 않고 생각나는 대로 직장에서 경험했던 기억에 남는 내용들을 담았다. 필자는 상업고등학교를 졸업하기 전에 취업해 직장에서 야간대학교에 다녔고 결혼도 하였으며 자녀 교육을 했다. 나이가 들어 자녀 결혼도 시켰고, 큰 아들의 자녀인 손자와 손녀가 있다.

1970년 11월 1일부터 근대화를 거친 정보사회의 현재(2024년)까지 초급사원부터 사장까지 한 직급도 빠짐없이 단계별 승진과 전보로 사원, 계장, 대리, 과장, 차장, 부장대우, 부장, 이사대우, 이사, 상무, 전무, 부사장, 사장, 대표이사직을 역임했다. 이는 참으로 기나긴 기간이었다.

세계에는 이름 모를 직장과 직업이 많다. 누구나 입사하고 싶은 회사는 시대별로 달라진다. 필자가 상업고등학교 졸업예정자로서 입사원서를 제출할 시점에는 금융기관 중 은행이 최고의 직장이었다.

은행은 급여가 많고, 양복 정장과 와이셔츠와 넥타이는 기본이고 깨끗한 환경, 공휴일과 일요일은 휴무이며, 야간대학에도 다닐 수 있다는 강점과 군입대 후 복무기간에도 기본 급여가 나왔다. 또 제대 후 바로 복직이 허용되었다. 그러나, 필자의 선택은 완성차를 제조하는 회사였다. 당시 후진국인 우리나라에서 완성차를 생산하는 것 자체가 중요한 사건이었다. 그 당시에는 몰랐지만, 지금의 현실에서 볼 때 이는 현명한 판단이었다.

필자는 경영 관리 업무 중, 회계, 원가, 세무, 자금, 인사, 기획, 내부감사 등 관리직 업무 대부분 경험하였다고 해도 과언이 아니다. 크게 4개 직장의 본사에 근무했다. 오래 근무한 것은 결코 자랑할 일은 아니다. 처음부터 현재까지 근무하는 것으로 생각했다면, 더 체계적인 공부로 더 즐거운 생활을 했을 것이다.

필자가 그동안 경험했던 내용을 알려주면, 후배들은 더 보람 있는 직장 생활을 할 수 있을 것으로 생각되어 부끄러운 과거의 경험을 글로 담았다. 일부 유명작가의 책을 보면 일기 쓰기가 권장됨을 알 수 있다. 일기가 문장과 글이 되어 문학으로 발전되었다고 한다. 직장이나 사업체에서 수행하는 일을 글로 쓰면 하루의 일기(글)이고, 나아가면 지식이 될 수도 있을 것이다. 배우고 경험한 내용을 차곡차곡 저장하면 체계적인 지식이고 경험이 된다고 믿는다.

바로 실천

모르는 부분은 나이와 학력과 관계없이 누구한테나 배운다. 지금도 그렇다. 아는 사람에게 배우는 것은 당연하다고 생각한다. 앞으로도 그럴 마음이다. 나이와 직급과 관계없이 아는 사람이 스승이고, 부족하고 모르면 그에게 배우면 된다.

모르는 것은 모르는 것이고, 아는 것이 아니다. 모르는 사람이 아는 척하면 그 같은 바보가 없을 것이다. 필자는 핸드폰 기능에 관해 젊은 사람보다 잘 몰랐다. 잘 알고 있는 여직원 등에게 커피 한잔하면서 모르는 부분을 알기 쉽게 설명해 달라고 부탁했다. 요즘 젊은 사람들은 성의 없이 가르쳐 주는 것 같아 조금은 섭섭하기도 했다. 그들은 핸드폰 기능을 먼저 실행하고 "이렇게 하면 됩니다"라고 하면서 그냥 지나가 버린다. 그것이 그들이 가르쳐 주는 방법이다.

기성세대와 젊은이의 생각은 차이가 확연하고, 그만큼 세상은 빨리 변하고 있다. 나이 들어 옛날 방법만 고집하면 세대 차이로 고립된다. 이런 행동을 반복하다 보니 필자는 이젠 핸드폰을 사용하는 데는 큰 문제가 없다. 지금도 모르는 부분이 있지만, 통상 사용하는 데 큰 불편은 없다. 기성세대는 젊은이에게 인공지능(AI)과 범용 인공지능(Artificial General Intelligence, AGI)의 기능이나, 올바른 핸드폰 사용법 등을 배워야 한다. 배우는 것을 부끄럽게 생각하지 말고 바로 실천하는 것이 부끄러움을 해소하는 올바른 길이다. 대다수 기업은 성과관리(Key Performance Index, KPI) 목표로 계획하고 실천한다. 영업, 생산, 관리부서는 조직을 효율적으로 운영하여 필요한 지표들을 일목요연하게 정리·관리한다.

경영책임자(CEO)는 많은 지표를 바탕으로 업무를 추진하고 실적을 관리하며, 시점에 맞는 합리적인 근거에 따라 효율성을 찾는다. 경영환경이 변하면 애초 수립한 KPI를 슬기롭게 변경시켜야 한다. 기업경영 시 단점을 보완하지 말고 장점을 살리려는 스피드경영은 말보다 바로 실천하는 것이 중요하다. 오늘은 내일과 다르다고 생각한다. 오늘 할 일은 오늘 해야 하고, 내일로 미루지 않은 것이 좋다. 내일은 다른 할 일이 기다리고 있기 때문이다.

철저한 시간관리

부품회사에서는 교통체증을 이겨내고 어렵게 야간대학교에 도착했지만, 야간수업이 종료된 탓에 지도교수님께 "메시지만 남깁니다"라는 죄송의 말을 전할 수밖에 없었다.

이는 지금 생각해보니 바보 같은 생각이었다. 학교는 공부하러 가는 곳이지 늦은 시간에 출석 체크를 하려고 가는 것은 아니지 않으냐고 반문할 수도 있겠지만, 당시에는 그 길밖에 없었다. 그래야 필자의 마음이 편했다. 소심한 성격도 출석부에 가득 담겨있는 것이다. 경기도 안성에서 서울 정릉까지는 거리상으로 얼마 되지 않았는데, 당시에는 왜 그렇게 많은 시간이 걸렸는지 궁금할 때가 있다. 2002년 당시 경부고속도로가 막혔지만, 서부간선도로와 내부순환도로의 교통체증도 장난이 아니었다.

지금은 과거에 비해 빨라졌지만, 지금도 출퇴근 시간에는 정체되는 것 같다. 교통 체증문제로 정말 우울한 나날이 계속되었다. 학교에서 출발하여 서울 광진구 자양동에 있는 제2의 직장에 출근하여 새벽 2시까지 일을 보고, 서울 송파구 방이동 집에 도착하면 새벽 3시경이 되었다. 이것은 정말 사람이 사는 모습이 결코 아니었다.

늦은 시간에 귀가는 했지만, 집에서 눈을 조금 붙이다가 새벽에 일어나 경기도 안성 소재 직장에 오전 6시 30분까지 출근했다. 이런 생활이 한동안 계속되었다. 제2의 직장은 필자의 친동생이 경영하는 회사였다. 임시로 근무하다 경기도 안성의 직장에 취업이 되어 필자의 후임자를 채용하지 않고, 부품회사에 출근했다. 새로운 직장에 취업이 되어 겸직해서 일어난 일이라서 누구에게 하소연할 수가 없었다. 이처럼 눈을 뜨고 볼수 없는 바보 같은 일을 경험하게 되었다. 자신을 혹사시킨 것을 원망하고, 지금도 여유 없이 바쁜 생활을 하게 된 점을 크게 후회한다. 사람 사는 세상을 저버린 삶은 바보 같다고 할 수 있다. 필자의 단순 욕심이 아니었나 곱씹어본다.

일류라고 평가받는 직원은 누구나 통달의 경지에 이르는 자기만의 요령을 터득하고 있다. 기본은 시간 준수인데, 분명한 점은 시간을 준수하지 못하면 조직에서 일류가 될 수 없다는 것이다. 시간은 규정에 따른 단순 형식을 맞추기 위해 사용(일종의 소비)하는 것보다 사전 계획에 따라 실질적인 효과(기업측면에서 재무적인 효과)가 나타날 수 있도록 사용해야 한다. 철저한 시간관리(자기와의 약속 준수)는 신용사회에서 믿음의 첩경이라고 할 수 있다.

인연을 중시

사람에게 인연은 중요하다. 특히 한국 사회는 더욱 그런 것 같다. 철강회사에서 1970년 초에 함께 근무한 적이 있었던 부품회사의 대주주는 직원으로 근무를 하다가 다니던 회사의 부도로 퇴직금을 받을 수 없게 되자

못 받은 퇴직금을 대신해서 다니던 그 회사를 인수하게 되었다고 한다.

구체적인 내용을 잘 모르고, 그냥 소문으로 전해 들은 이야기다. 사람의 운명은 종이 한 장 차이로 바뀐다는 것을 직접 눈으로 목격했다. 필자는 과거의 인연으로 부품회사 직장에 운 좋게 취업을 했다. 한마디로 필자와 부품그룹의 대주주는 과거부터 서로 잘 알고 있는 사이였다.

부품회사에서 참으로 많은 일을 했다. 물론 급여를 받고서 일을 했다. 지금 생각해도 정말 열정적으로 일했다. 스스로 평가한다면 후회 없이 기업이 성장하는데 중요한 일을 많이 했다고 자부한다.

직장인으로서 충실하게 일만 했지, 허리띠 풀고 신나게 놀아본 기억은 거의 없다. 이는 절대 자랑할 일이 아니다. 후배들은 그렇게 안 했으면 좋겠다. 월급쟁이의 최대 장점은 울타리에서 벗어나 재미있게 놀 수 있는 것인데, 마음껏 놀지 못하고 일만 한 점을 후회한다. 인생도 월급쟁이도 무한한 것이 아니기 때문이다.

어떻게 보면 필자는 불쌍한 사람이라고 할 수 있다. 스트레스를 많이 받으면서 열심히 일만 하다 보니, 피로감과 스트레스로 코피를 줄줄 흘린 적도 있었다. 몰골은 두 눈으로 볼 수 없을 정도로 하루하루 말라만 갔다. 잘못된 표현일 수도 있겠지만 오랜만에 만난 친구들이 제대로 알아보지 못할 정도였다. 그러나 일하는 재미를 확실히 느낀 것은 사실이다.

일하게 되면 시간은 정말 빨리 간다. 일하는 시간이 가장 빨리 흘러가는 시간이라고 믿는다. 아무 일을 하지 않은 채 1시간을 보내려면 1시간은 길다는 사실을 느낀다. 그러나 일을 하면서 이것저것을 챙기면 1시간은 눈 깜빡할 사이에 지나간다. 일에 대한 취미인가, 아니면 먹고 살려고 일에 몰두하다 보니 그런 것인지는 잘 모르겠다. 필자는 일을 좋아하고, 모르거나 아는 것이 부족하면 남에게 묻거나 관련 서적이나 인터넷 검색을 해서라도 알려는 습관이 몸에 배어 있다. 그래서 늦은 나이에 야간대학교 경영학부에 입학하게 되었다. 자식뻘 나이의 학생과 함께 대학 공부를 하게 된 셈이었다.

늦은 나이에 어렵게 대학교에 입학하여 졸업했는데, 눈물로 졸업했다는 것을 알아주는 사람은 없었다. 인생의 황금기에 낮에는 직장 일에 열중하고, 밤에는 학생 신분으로 공부를 하였다. 젊음을 잃은 슬픈 나날이었고, 어렵게 받은 대학교 졸업장은 정작 쓸모가 없었다. 이제야 대학교 졸업장에 몰두했던 일에 대한 부끄러움을 고백할 수 있게 되었다.

88올림픽과 IMF사태를 거치면서 세상은 그렇게 중요하게 보였던 대학교 졸업장보다 전문자격증이 더 소중한 세상으로 변했다. 명예보다는 가성비가 높은 일을 선호하는 실리주의 세상이 온 것이다. 세상은 갈수록 학력보다 능력 중심으로 재편되고, 본인이 좋아하는 공부와 취미가 생업이 되는 최고의 삶을 추천한다. 필자가 어릴 적 선배로부터 미국에서는 학력보다는 전문자격증이 대접받는다는 말을 들었다. 지금은 모두가 이 점을 알고 있으며 경험하고 있다.

우리나라도 학력보다 전문자격증이 중요한 세상이 되었다. 바로 전문자격증 시대가 된 것이다. "졸업장이 밥 먹여 주냐?"는 말이 이제는 귀속까지 깊숙이 들어온다. 세상은 계속 변하고 있고, 앞으로는 더 급변할 것이므로, 세상을 넓고 깊게 알려면 변화에 순응할 필요가 있다. 변화되지 않는 것은 변화밖에 없다고 한다. 이젠 과거의 관행을 버리고 세상속의 변화와 진심 어린 대화가 필요하다. 변화에 관한 대화는 변화를 더 실감케 한다.

필자와 같이 대학교 졸업장에 목을 매는 일이 없었으면 한다. 필자는 세상이 변한 걸 몰랐고, 이제야 미련하고 바보 같은 사람이라는 걸 느낀다. 필자는 체험으로 변화를 알게 되었다. 앞으로도 계속해서 변화될 것이고, 이제부터라도 변화에 순응하려고 한다.

비단과 걸레와 관련하여, '비단'은 귀하지만 모든 사람에게 반드시 필요한 물건이 아닌 반면, '걸레'는 모든 사람에게 꼭 필요한 물건이다. 어리석은 사람은 인연을 만나도 인연인 줄 알지 못하고, 보통사람은 인연인 줄은 알아도 그것을 살리지 못하며, 현명한 사람은 소매 끝만 스친 인연도 살릴 줄 알고, 활용도 잘한다.

어떤 사람을 만나고, 어떤 책을 읽으며, 어떤 배움을 얻느냐에 따라 인생은 크게 달라진다. 19세기와 20세기를 대표하는 위대한 화가인 빈센트 반 고흐와 파블로 피카소를 예로 들어보자. 이 둘 중 누가 더 뛰어난 예술가인지를 판단하기는 힘들지만, 누가 더 행복하고 성공적인 삶을 살았느냐는 명백하다. 고흐는 생전에 단 한 점의 그림도 팔지 못해 찢어지는 가난 속에서 좌절을 거듭하다가 37세의 젊은 나이에 스스로 목숨을 끊었고, 피카소는 생전에 20세기 최고의 화가로 대접받으며 부유와 풍요 속에서 90세가 넘도록 장수했다.

두 화가의 인생을 갈라놓은 것은 수많은 원인이 있을 수 있겠지만, 많은 학자는 '인맥의 차이'를 중요한 요소로 본다. 인생에 실패하는 가장 큰 원인은 인간관계이다. 고흐는 사후에 피카소를 능가할 만큼 크게 이름을 떨친 화가다. 그가 남겨놓은 걸작들이 피카소의 그림들보다 값이 더 나가고 있기 때문이다. 하지만 사후의 성공이 생전의 성공과 같을 수는 없다. 하루에도 춘하추동(春夏秋冬)이 있고, 같은 시간에는 두 가지 일을 못 하는 단일성이 존재하며, 한 번 지나가면 다시 돌아오지 않는 순간성이 있다.

모든 사물에는 구성요소가 있지만, 시간과 공간에는 구성요소가 없다. 진정한 친구는 괴로울 때나 어려울 때 함께 토로할 수 있고, 갑자기 전화하거나 찾아볼 수도 있어야 하며, 자기가 발견하지 못하는 성격의 단점을 고쳐줄 수 있어야 한다. 옛 경전에서는 '진정한 친구'를 '붕(朋)'이라고 표현하고 있는데, 붕(朋)은 우(友)하고 다르고, "진정한 벗인 '붕'이 되려면, 첫째, 나이를 따지지 않고(長), 둘째, 직업의 귀천을 따지지 않으며(貴), 셋째, 집안의 배경을 따지지 않아야 한다"고 말한다.

예비 리더들이 참조할 수 있는 인맥의 유형을 3가지로 분류하면 아래와 같다.

Operational Network(직업적 인맥), Personal Network(개인적 인맥), Strategic Network(전략적 인맥)가 바로 그것이다. '직업적 인맥' 구축은

'깊이'를 중심으로, '사적 인맥' 구축은 다양성을 중심으로 '넓게' 하며, '전략적 인맥' 구축은 적절한 균형을 중심으로 추구해야 한다고 한다.

훌륭한 인맥의 장점은 질 높은 정보를 얻을 수 있고, 다양한 재능을 가진 사람들을 접할 수 있다는 점이다. 인맥은 일종의 권력이라고 한다. 한 번 받기도 힘든 노벨상을 두 번이나 수상한 라이너스 폴링 박사는 화학상과 평화상이라는 서로 다른 분야에서 노벨상을 받았다. 그의 '창조적 성공'은 탁월한 두뇌가 아니라 깊고 다양한 인맥, 균형적인 인맥의 결과라고 본다. 결국 '비단' 같은 사람보다는 '걸레' 같은 사람이 더 소중하고 이 시대에 더 필요한 셈이다.

제2의 직장(부품회사) 취업은 비단 같은 인연 때문이었다. 사회 변화 속에서 주경야독의 노력으로 받은 대학교 졸업장이 아니라, 순수한 행운이었고 오래된 인연의 열매였다. 철강회사에서 갑자기 퇴출이 되었지만, 결국은 철강회사에서 함께 근무했고 사업을 시작하게 된 선배 회사에 취업하게 된 것은 우연이 아니라 비단 같은 정직한 인연이 원인이 되었다. 이는 돈을 주고도 도저히 살 수도 없을 것이다.

이력서 다시 써 보면

이력서는 자신의 얼굴이고 살아온 길이다. 직장에 입사 시 한 번 쓴 이력서만으로는 평생 사회생활을 할 수 없는 세상이 된 지 오래되었다. 과거에는 한 번 취업하면 정년 때까지 계속 근무하던 시절도 있었다.

그만큼 성장시대에는 생산자 위주로 환경이 변한 것 없이 학교에서 배운 지식을 그대로 써먹을 수 있었다. 변화 없이 참으로 편하고 좋은 세상을 살았다. 최근에는 하루가 다르게 변하고 있고, 지식은 얼마든지 인터넷 포털 사이트(internet portal site)에서 검색할 수 있는 세상이 되었다. 대학교수도 박사학위를 취득하기 위해 어렵게 공부했던 노트로 학생들을 지도하던 것에서 벗어나 변화의 물결 속에 창의성을 강조하고 있는 것 같다.

순수한 지식보다는 산업현장에서 경험한 내용으로 학생을 지도해야 직장에 가서 올바르게 사용하는 데 더 쉽다. 변화를 실감하고 이겨내기 위해서는 스스로 이력서 작성이 바람직하고, 부족하거나 미래를 위한 대비를 위해서는 자기계발도 필요하다. 이력서에 이력 추가는 보통 사람과 같이 출근·근무·퇴직하면 이룰 수 없다. 계획에 따라 추진하는 힘이 필요하다. 추진하는 힘은 주도적인 업무를 위한 일종의 훈련이다. 필자는 이력서를 1년에 한 번씩 써 보았다. 활동(이력)란에 쓸 것이 없어도 써 보았다. 다음 이력서에 쓸 것이 없으니 쓸 것을 만드는 습관은 직장에 다니는 동안 계속되었고, 활동하는데 힘의 근간이 되었다.

기본자세 준수

직장인에게는 직장도 일도 중요하다. 직장인은 본인의 맡은 일에 소명감을 갖고 맡은 업무의 성과를 이루기 위해 최선을 다하려는 자세가 중요하다. 자기 일이 아니기 때문에 시간만 보내겠다는 생각보다는 소명감을 갖고 뭔가를 이루겠다는 자기 철학이 있어야 한다. 남에게 보여주기 위한 것이 아니라 자기의 역사를 쓰는 것으로 생각할 필요가 있다. 남들이 결코 모를 것 같지만, 옆에서 보거나 듣거나 평가하는 세상이 되었다. 눈치만 보지 말고 떳떳한 직장인이자 성공한 직장인이 되길 바란다.

직장생활을 하면서 무엇을 했느냐보다는 어떻게 노력하면서 일을 했느냐가 더 중요하다. "어떤 일을 하더라도 모든 열정을 쏟아 최선을 다했는지" 반문 시 자신을 누구보다도 잘 알고 있는 '본인'이 떳떳하면 되는 일이라고 생각한다. 치열한 경쟁으로 산업현장에서 싸우고 있는 전문경영인은 성공 확신과 과감한 결단이 필요하고, 경영자는 일에 관해 스스로 책임을 져야지 부하 직원에게 미루려는 자세는 금물이다. 경영자는 매 순간 결정을 내려야 하는 막중한 책임을 안고 있다.

경영자는 작은 일로 우유부단하지 말고 성공 확신을 믿고 솔선수범을 토대로 리더십을 발휘해야 한다. 말로만 하지 말고 함께 하는 실천이 중요하고, 성과 결과물을 배분하는 것도 직원 사기에 중요한 요소다. 일반 직원이나 임원, 모두가 경영자라는 자세로 성과가 나올 수 있는 승부욕 있는 자세가 바로 기본적인 자세이다.

도전

'마부작침(磨斧作鍼)'은 도끼를 갈아 바늘을 만든다는 뜻이고, 아무리 어려운 일이라도 끈기 있게 노력하면 이룰 수 있음을 비유한다. 이 말의 유래는 아래와 같다.

"이백(李白)이 학문을 중도에 그만두고 집으로 돌아가는 길에 바늘을 만들기 위해 도끼를 갈고 있는 한 노파를 만났다. 그 노파의 꾸준한 노력에 큰 감명을 받은 이백이 다시 산속으로 들어가 매진한 결과 학문을 완성했다".

종이를 찢기는 쉽지만 붙이기 어렵듯, 인연도 찢기는 쉽지만 붙이긴 어렵다. 마음을 닫고 입으로만 대화하는 것은 서랍을 닫고 물건을 꺼내려는 것과 같다. 살얼음의 유혹에 빠지면 죽듯, 설익은 인연에 함부로 기대지 말자. 젓가락이 반찬 맛을 모르듯, 생각으론 행복의 맛을 모른다.

사랑은 행복의 밑천이고, 미움은 불행의 밑천이다. 무사는 칼에 죽고, 궁수는 활에 죽듯이, 혀는 말에 베이고, 마음은 생각에 베인다. 욕정에 취하면 육체가 즐겁고, 사랑에 취하면 마음이 즐겁고, 사람에 취하면 영혼이 즐겁다. 그 사람이 마냥 좋지만, 좋은 이유를 모른다면 그것은 숙명이다. 한 방향으로 자면 어깨가 아프듯, 생각도 한편으로 계속 누르면 마음이 아프다. 열 번 칭찬하는 것보다 한 번 욕하지 않는 것이 훨씬 낫다.

좌절은 '꺾여서 주저앉는다'는 뜻이다. 가령 가지가 꺾여도 나무줄기에 접을 붙이면 살아나듯 의지가 꺾여도 용기라는 나무에 접을 붙이면 의지는 죽지 않고 다시 살아난다. 실패는 '실을 감는 도구'를 뜻하기도 하지만, 실타래에 실을 감을 때 엉키지 않고, 성공적으로 감으려면 실패가 필요한 법이다.

경험으로 볼 때, 실패는 성공의 도구라고 할 수 있다. 어려움이 있더라도 절대 포기하지 말고 도전하라. 성공과 실패는 각자의 마음속에 있음을 인식하는 것이 바람직하다.

단계별 실천

조직이 장기적으로 지향하는 목표나 가치관의 의미로 사용하는 비전이란 단어는 시력이나 시야를 보는 눈이라고도 한다. 조직이 어떤 방향으로 나아갈지에 관한 이상적인 측면까지 포함되어 있다. 후배 직장인에게 조언하면, 각자의 취향과 환경에 따라 미래의 계획을 수립하고 단계별로 실천하는 것이 필요하다.

첫째는 '자신만의 독창성을 갖고 행동하라'는 것이다. 직장인은 동료가 하는 대로 따라 한다. 직장 동료들과 어울리길 좋아한다. 동료들과 어울림 그 자체는 좋은 것이지만, 남는 것은 별로 없다. 학교도 직장도 건전한 곳을 다닐 필요가 있다. 학교에서 이미 경험을 했을 것이다. 좋은 학교에서 훌륭한 사람이 나오는 법이다. 독창성 있는 목표에 도달하기 위해서는 미래계획과 각자의 생활원칙(완벽한 원칙보다는 실천을 위한 환경변화에 대응할 수 있는 계획이며, 실천에 가면서 보완할 수 있는 계획을 의미)을 수립해 단계별로 실천해야 한다.

둘째는 '멀게만 느껴지는 노후와 행복한 삶을 준비하기 위해 신입사원은 월급의 70% 이상을 저축하라'는 것이다. 결혼 전에는 월급의 50% 이상을 저축할 필요가 있다. 노후는 노후 전에 준비하는 것이 아니다. 월급쟁이는 평생을 준비해도 노후가 부족하다. 특별한 경우가 아니면 월급을 많이 주는 직장이 없기 때문이다. 노후 전에 은퇴를 준비하면 매우 늦다. 직장인은 직장에서 자기가 일한 만큼에 걸맞은 대가를 받지 못한다. 즉 일보다 받는 월급이 적다는 뜻이다. 시간이 흘러 진급을 한다고 해도 월급에 만족하지는 못할 것이다. 그러므로 자신이 스스로 오랜 기간에 걸쳐 노후를 준비해야 한다.

셋째는 '평생을 공부하라'는 것이다. 인생에서 공부하는 시기는 정해져 있지 않다. 평생을 공부해도 부족하다. 계속해서 자기에게 유리한 공부를 해라. 미래계획을 수립하여 인생을 넉넉하게 살 수 있도록 공부하면서 인생의 올바른 길을 찾으면 건전한 삶이 될 것이다.

넷째는 '나이 들수록 책을 많이 읽어라'는 것이다. 책 속에는 삶의 지혜가 살아있다. 책 속에서 자기와 맞는 지혜를 골라 쓰면 된다. 오늘도 내일도 계속해서 좋은 책을 읽고 책 속에서 올바른 가르침을 받고 마음속에 담아 실행하라. 아는 것 자체만으론 안 된다. 부정적으로 살거나 행동하면 부끄러운 일이다. 계속해서 좋은 책을 읽으면 부끄러운 일이 무엇인지 알기 때문에 부끄러운 길은 가지 않고 매사에 긍정적인 삶을 살 수 있다. 마약이나 노름, 남녀 간의 문제, 부동산 투기 등 남에게 해를 가하는 나쁜 행위는 삼가야 한다.

다섯째는 '젊은이 때부터 계속해서 운동하라'는 것이다. 근육질 운동보다 기본 체력운동인 맨손체조와 걷기운동을 날마다 하는 것이 건강유지에 좋다.

여섯째는 '친구를 너무 믿지 말고 자신을 믿어라'는 것이다. 친구를 믿다가 친구에게 배신을 당하면 그 실망감은 매우 크고 오래간다. 좋을 때 친구다. 친구가 평생 좋을 수가 없다. 그 누구와도 비교하면 안 된다. 스스로의 길은 각자가 개척하면 된다.

필자는 신입사원 때 정년퇴직이라는 단어를 전혀 이해하지 못했다. 나이가 들어갈수록 주위의 선배들을 보면서 조금씩 느끼기 시작했고, 결국 '자신의 일'이라고 느낄 수밖에 없게 되었다. 하지만 정작 그때가 되면 이미 늦었다는 느낌이 오는 것도 사실이다. 인생을 살면서 남들과 절대 비교하지 말고, 잘된 친구보다는 자신보다 못한 사람을 생각하면 여유도 생길 것이다. 모쪼록 후회 없는 인생이 되도록 장기적으로 지킬 수 있는 생활원칙에 따라 실천하는 멋진 삶이 되길 바라는 마음이다.

매경이코노미의 '데이터로 보는 세상(2024년 1월 24일~1월 30일, 2244호)'을 살펴보니, "직장인 65%, '목적 분명한' 사람이 일잘러"라는 기사가 눈에 띄었다.

기업들은 일을 잘하는 사람을 선호하는데, '일을 잘 한다'는 기준이 명확하지 않은 기업이 많다. 일을 잘하는 사람, 이른바 '일잘러'의 기준은 오랫동안 직장인 사이에서 논쟁거리가 되고 있다. '일잘러'의 정의는 태도가 좋은 사람, 성과를 내는 사람, 관리능력이 좋은 사람 등 회사와 사람에 따라 천차만별이다.

일 잘하는 사람 특정 TOP 5는 다음과 같다.

1. 일의 목적과 목표를 안다(65%)
2. 공유, 중간보고를 한다(43%)
3. 우선순위를 세운다(42%)
4. 소통능력이 뛰어나다(38%)
5. 책임감이 있다(32%)

반면에 직장인이 일하면서 가장 짜증 나거나 화나는 순간은 '대안 없는 비판만 있을 때(67%)'가 1위를 차지했고, 그다음은 '기분파랑 일할 때 (50%)', '끝없는 마라톤 회의(47%)' 순이었다고 한다. 성공적이고 건강한 직장생활과 은퇴생활을 하려면 단계별로 실천해야만 후회가 없을 것 같다.

첫 직장이 중요

잠시 지구촌을 살펴보면, 애초부터 계획했던 부분이나 우연히 다른 길을 찾는 사례가 종종 있다. 지구촌 국가는 어느 나라 할 것 없이 생김새나 습관이 거의 비슷한 것 같다. 우리나라도 산업화 초기인 1960년대부터 먹고 살기 위해 지방에서 사람과 일거리가 있는 서울로 상경한 사람이 많았다. 필자도 그 대열에 합류했다.

필자는 중학생 때부터 서울에서 성장했는데, 기억에 확실히 남는 것은 성장기에 가장 고통스러웠던 배고픔이다. 배고픈 이야기에 쉽게 공감하는 사람은 전후 세대의 나이 든 사람일 것이다. 앞으로는 어떤 형태라도 전 인류가 사는데 가장 기본적인 생계인 배고픔이라는 불행한 단어는 사라졌으면 하는 바람이다.

당시 시대적인 상황은 대한민국의 수도인 서울보다 산업기반이 전무한 시골(농어촌)이 더 못 살았다.

필자는 첫 번째 직장에서 직장인의 서열을 알게 되었다. 직장인의 서열은 담당부터 계장, 대리, 과장, 차장, 부장, 이사, 상무, 전무, 부사장, 사장, 부회장, 회장에 이르기까지 많은 단계별 계급으로 되어 있다. 상명하복이 특징인 조직임을 금방 알 수 있었다. 하지만 필자는 직장의 기본업무를 잘 모르는 신입사원이라 한동안은 직속상사가 시키는 일만을 성실하게 수행했다. 첫 직장은 당시만 해도 대기업이었지만, 신입사원이 입사 시 기본적인 업무를 숙지할 수 있는 기본교본이 없어, 일을 제대로 숙지하는데 많은 시간과 노력이 필요했다.

첫 직장의 첫인상은 부산과 경남 출신이 많았다는 점이었는데, 나중에 알고 보니 대주주가 부산 출신이라는 점에 영향을 받은 것 같다. 독특한 경상도 사투리를 마음껏 사용하는 지방색이 인상 깊었다. 더불어 자동차 제조기업이라 그런지 상대 출신에 견줘 공대 출신이 더 많았다.

당시 첫 직장은 직장인에게 매우 중요했다. 한 번 입사하면 특별한 잘못이나 본인 스스로 사직하지 않으면 정년까지 근무할 수 있었다. 첫 직장은 인생의 행로를 좌우할 수 있는 좌표가 되었다. 필자는 어린 나이였지만, 그만큼 직장이 중요하다고 생각했다. 직장인에게 직장은 정말 중요하다. 지금은 평생직장보다 영원한 직업을 선호하는 시대로 변했고, 계속해서 변하고 있다.

지금은 세계 어디서나 일할 수 있는 평생직업의 시대이지만, 그래도 첫 직장은 이력의 첫 줄이고, 처음 출근하여 동료와 상사를 만나고 처음으로 배운 직장이며, 어떤 경우에도 제일 기억에 남는 곳이라고 생각한다. 좋은 직장이면 더 발전시키고, 중소기업이면 대기업을 만들기 위해 노력하고, 하나부터 열까지 단계별로 배우면서 계속 근무할 것을 필자는 적극 권장하고 싶다.

필자는 첫 직장에서의 경험을 좀처럼 잊을 수가 없다. 첫 직장은 인생의 긴 행로에서 매우 중요하다. 물론 입사하게 된 동기도 그렇다. 많은 시간이 흐르고 보니 필자가 경험한 희미한 흔적만 남아 있다. 대기업에 들어가 높은 연봉과 좋은 복지를 누리고 눈을 높여야 한다는 뜻이기도 하다. 체계적인 시스템이 있는 곳에서 기분 좋은 직장생활을 시작하면 직무 기능도 탄탄하게 쌓을 수 있고 나중에 이직할 때 큰 도움이 된다. 성공의 출발점과 대기업의 입사는 동의어가 아니다. 그 이유는 대기업에 입사했다고 해서 다른 사람보다 더 우수한 경력을 쌓았다고 단정을 지을 수 없기 때문이다. 최근에는 이직문화가 보편화가 되어, 신입사원의 이직률이 높은데 입사 3~5년 차 미만 정도의 직장인 80%가 이직을 고려하고 있다고 한다.

첫 직장이 중요하다고 거듭 강조하고 싶다. 기업의 대소와 관계없이 직장생활을 장기간 했던 지인들을 보면, 자기 자신의 색깔은 온데간데없고 겉옷을 입은 직장만 남아 있는 듯하다. 직장도 중요하지만 자신이 과연 무엇을 했는지 그 흔적(업적)이 중요하다는 점을 다시 강조하고 싶다. 첫 직장인 철강회사는 당시 30대 재벌기업군에 있었다. 담임선생님으로부터 직장 관련 진로교육을 받았지만, 첫 직장에 입사할 당시엔 빡빡머리인 고등학교 3학년 학생 신분이라서 더 얼떨떨한 분위기에서 출근했다. 첫 직장은 다니던 학교의 교실에 견줘 매우 따뜻했고, 실내온도가 높아 코가 막히는 그런 분위기였다.

첫 직장에서는 필자와 비슷한 또래의 많은 여직원이 눈에 들어왔다. 1970년대만 하더라도 산업사회의 급속한 발전으로 일자리가 늘어나 고등학교를 졸업하기 전부터 취업은 비교적 잘 되었고, 대학교 진학보다 고등학교를 졸업하고 생활전선에 뛰어드는 것이 사회적 분위기였다. 더 배우겠다는 야심이 있는 사람은 주경야독하기도 했다. 그러나 말이 쉽지 주경야독은 시간상으로 무척 어려웠고 설사 학교에 다닌다고 하더라도 여간 힘이 들지 않았고, 한마디로 표현할 수 없을 정도였다. 자기 본연의 업무도 바빠서 매일 야근을 하는 상황에서, 동료직원이 학교에 다니는 직원의 일을 도와주는 데도 한계가 있었다. 얻는 것보다는 잃은 것이 많아 학업을 포기하는 사람이 더 많았다.

직장은 인간관계가 중요한 것 같다. 일을 중시하는 사람도 있지만, 우리나라는 관계중심을 더 무시할 수는 없는 정이 많은 사회로 구성되어 있다. 평소에 자기 일에서 신뢰를 쌓으면서, 동료와 소통을 잘하고 남을 배려하는 문화가 필요하다.

직장 분위기

필자는 경영자가 된 후부터 기업이 곧 사람이라는 신념 아래 직원교육을 꾸준히 실행했다. 기업을 경영하는 것은 사람이고 기업에서 중요한 것도 사람이다. 누구나 그렇게 이야기한다. 조금 더 유식하게 이야기하면 그 것은 인재육성이다, 하루아침에 기업에서 필요한 인재를 육성할 수 없으므로, 장기계획에 따른 최고경영층의 관심과 장기적인 인력투자에 따라 직장에 맞는 인재를 육성해야 한다.

경영자의 입장은 시대의 요구에 따라 다르겠지만, 기본적으론 훌륭한 인재를 선호한다. 최고경영자는 인재 욕심이 과할 정도다. 직원모집 광고를 내면 대기업은 많은 인재가 응모하지만, 중소기업은 인재를 구하는데 큰 노력이 필요하고 어려움을 겪는다. 그래도 서울이나 수도권에 있는 중소기업은 조금 더 나은 편이다.

단순하게 생각하면 경기도는 그나마 직원 채용이 쉽지만, 충청권 이남으로 내려갈수록 대기업도 이직률이 높은 편이다. 하물며 젊은이들에게 인기가 없는 중소·중견기업, 특히 지방소재의 중소기업은 공장의 생산직을 채용하거나 고용을 유지하는데 무척이나 힘들다. 한마디로 요약하면, 기업경영을 하면서 서글픈 일이겠지만, 유능한 경영자는 필요한 직원을 모시고 근무한다고 보아야 한다. 상하관계와 직원교육은 양질의 직원을 육성하는데 필수적인 요소라고 생각한다.

중소기업은 신입사원이 입사하면 자기 기업에 걸맞은 맞춤형 교육으로 인재를 육성한다. 그러나 애지중지해서 육성한 신입사원들은 공을 많이 들였음에도 시간이 지나면 지날수록 거의 다 빠져나간다. 사내교육 중 또는 교육 이수 후 다른 기업으로부터 조금이라도 좋은 조건으로 채용을 권유받고, 어느새 새로운 직장에 이력서를 제출하였다는 소문이 나돈다. 중소기업의 경영자는 이런 일을 겪으면 입맛이 쓸 정도다. 그러나 지방 소재의 중소기업일수록 직원 교육은 인내를 가지고 계속 이루어져야만 고용유지는 물론 기업의 미래도 기대할 수 있다.

중소기업은 딱딱하고 체계적인 시스템보다 가족적인 분위기를 앞세운 정감으로, 중견기업은 임직원의 의리로, 대기업은 엄격한 사규로 인사관리를 한다. 신입사원부터 대리 직급은 기업의 미래를 결정할 수 있는 중요한 허리라고 할 수 있다. 대기업에서는 상급자가 지시하면 부하 직원은 하는 척이라도 한다. 중소기업에서는 중간간부나 임원이 지시하면 부하 직원은 '네! 알겠습니다'라고 말만 하고 끝난다. 왜 그럴까?

소소한 이유인 것 같지만, 중소기업 인사관리의 고질적인 문제는 수면 아래에 숨어있다. 강력한 힘을 가진 대주주가 날마다 옆에서 함께 근무하고 있다는 점이다. 대주주가 지시한 업무도 시간과 능력이 부족하여 직원들이 제대로 처리를 못 하는데, 일반 상급자가 지시하는 업무는 단순 공유수준으로 생각할 수밖에 없다. 대기업에서 근무했던 사람은 속이 터질 지경이지만, 시간이 흐르면 어느 정도 이해가 간다. 이런 사실을 빨리 알아차려야(인식해야) 중소기업에서 근무하는 데 도움이 된다.

중소기업은 직원과 대주주로 대분류되고, 대기업에서는 대주주가 너무 멀리 있어 일반 직원은 대주주를 만나기 어려워 경영조직에서 직원 간에 상하(협력)관계가 유지되고 있다. 상하(협력)관계는 직장생활에서 가장 중요한 소통의 수단이고 원활한 업무추진을 위한 방법이다.

업무를 추진하면서 소통은 상사에게만 필요할 것 같지만, 그것은 아니다. 상호 지원을 받으려면 일반 직원의 소통이 더 필요하다. 소통은 같은 부서(팀) 내가 우선이고, 업무 연계를 중시하는 관련부서(팀)와의 기본적인 협업은 소통이다. 원활하고 효율적인 업무추진을 위해 얼굴을 맞대고 대화로 소통하는 것이 해결방안이다. 직장에서 소통은 중요한 요소이고 원활한 업무를 위해서는 많은 소통이 필요하다. 직장에서는 사람 간의 원활한 소통이 중요하다.

경영환경

대기업에서 퇴직한 임직원이 직장생활을 더 해야 하는 경우가 있다. 대기업은 중소기업보다 그만두는 시기가 더 짧다. 대기업 또는 중견기업의 퇴직자가 거의 여기에 해당하는 것 같고, 대기업에서 근무했던 사람 중 중소기업에서 장기근속한 사람은 거의 없다. 그 이유는 중소기업의 모든 경영환경이 대기업에 비해 열악하기 때문이다. 대기업과 달리 중소기업은 자신의 마음을 내려놓지 않으면 계속 근무하기가 어려운 구조다. 중소기업 현장에서 직접 경험하지 않고는 그 내용이 무엇인지 잘 모를 것이다.

사람의 습관이나 버릇은 쉽게 변하지 않는다. 대기업을 거쳐 중견기업과 중소기업에서 인생 2모작을 성공하기 위해 시스템이 갖추어진 대기업과 어느 정도 규정이 있는 중견기업의 환경에서 벗어난 중소기업은 체계적인 시스템이 없어 인내가 더 필요하다.

중소기업도 대기업과 같은 기능이 있기 때문에 대기업과 거의 같은 업무를 수행하는데, 시간과 인적요소를 감안한 업무수행이 바람직하다. 중요한 자료와 보고사항은 경영자라고 하더라도 직원에게 업무 처리를 지시하는 것보다 경영자가 스스로 실무적인 업무 처리를 병행해야 한다. 중소기업의 생리를 알아야 몸은 고달프더라도 마음은 편하게 장기근무를 할 수 있다.

생산현장에는 직원과 생산설비와 공정·생산성이 담겨있기 때문에 사무행정보다 생산현장을 더 자세히 살펴야 하며, 경영상의 문제점을 발견하여 단계별로 조치하는 것이 필요하다.

생산현장은 제조원가 구성요소에 따라 생산성과 원가절감 관련 방안이 있고, 품질관리는 기업의 생명이라고 할 수 있다. 혁신활동은 대표이사부터 전체 임직원까지 참여하여 일일 실행과 주간동안 실행한 내용 공유가 중요하다. 이 때문에 다른 파트에서 수행한 정보 획득은 물론 아이디어 창출도 가능하다.

무척 어려웠던 시절에 중소기업을 설립한 어느 창업자는 30대에 환경이 열악한 제조회사를 설립하여 부단한 노력으로 기업을 성장시켰지만, 성공하고자 오로지 일만 하면서 많은 시간을 보내 70대의 초로가 되었다. 창업한 회사를 세계적인 기업으로 키워 자기 자녀에게 물려줄 생각으로 불굴의 의지를 보여주었던 중소기업 제조업종 창업자가 과거엔 많았는데, 여러 가지의 요인으로 이젠 분위기가 많이 달라진 것 같다.

제조업의 경우 제조현장에서 크고 작은 인명 피해가 발생 시 창업자는 우선 민사와 형사 처벌을 떠올리게 된다. 바로 '중대재해 처벌 등에 관한 법률'이 그것이다. 일부 기업에서는 민사와 형사적인 처벌 문제 등의 이유로 전문경영인을 선임하여 자신(대주주나 대표이사)은 한 발 뒤로 물러서려는 사회적인 분위기가 조성된 것 같다. 이런 일 때문에 자식같이 생각했던 기업이 점점 싫어져 가는 징조가 일부 나타날 것 같다.

제조업은 산업의 쌀이라고 한다. 그런데 기업규제(기업규제 3법, 주 52시간 근무제, 안전사고 책임 관련 형사 처벌 강화 등)가 점점 강화되면 창업자의 근로의욕이 그만큼 꺾이게 될 것이다. 이런 기업 환경에서 젊은이들이 창업자에게 배울 것이 과연 무엇이 있겠는지 의심케 된다.

창업자의 경영이념에 따라 힘껏 일하다 보면 기업의 성장과 함께 자신의 신분과 생활이 보장되고 경우에 따라 월급쟁이도 창업을 생각하게 되는데 지금의 상태에서 과연 그럴 수 있는지 많은 생각을 하게 된다. 근로의욕이 생겨야 평생직장을 생각하는데 자기 자신을 희생할 각오가 있겠는지 생각해본다. 이런 분위기가 점점 확산이 되면, 직장인들은 평생직장보다 평생직업을 생각하면서 입사할 것이고, 근무하고 있는 직장보다 자신을 먼저 고려하게 된다.

기업은 혁신(개선)활동이 필요하다. 부품회사는 6시그마를 추진하기 위해 먼저, 체계적인 3정 5행을 시행했다. 이는 이해도가 높은 6시그마를 단계별로 실시하기 위한 기초 작업이었다.

6시그마는 100만 개의 제품 중, 3~4개의 불량만을 허용하는 3~4PPM(Parts Per Million)경영이다. 도입하기 전에 혁신활동을 주관하는 기구 설치 등 몇 가지 사전 작업이 필요하다.

여기에는 혁신활동 추진사무국(3정 5행, 6시그마 활동) 등의 지원 조직 구성과 인재 양성을 위한 교육·결과에 대한 보상 제도 준비와 적절한 프로젝트 발굴을 위한 자료 수집 등이 있다. 그러나 가장 기본적이면서도 어려운 것은 바로 3정 5행 활동이다. 부품회사는 평상시에도 3정 5행을 잘 하고 있다고 평가되고 있었지만, 눈에 보이지 않는 곳까지 전개되어 있는지에 의구심이 있었다. 이에 따라 혁신활동 추진사무국에서 가장 먼저 수행한 활동으로 전사적인 3정 5행 활동을 추진하였다. 다음은 3정 5행의 기본적인 내용이다.

1. 3정의 이해

3정의 정은 한자로 정할 정(定) 자를 사용한다. 어느 누구나 물건이 어디에(정위치), 어떻게(정품), 얼마만큼(정량) 있는지 쉽게 알 수 있어야 한다.
1) 정품(定品) : 지정된 제품은 지정된 용기에 있어야 된다는 의미이고, 상세한 행동 지침은 다음과 같다.
   - 담기 쉽고, 꺼내기 쉬워야 한다. 작업을 쉽게 하고, 파손을 막기 위

함이다.

- 상/하차 및 운반이 적합해야 한다.

- 불필요한 재고를 줄이기 위하여 적정한 크기의 용기가 필요하다.

- 용기의 크기, 형태를 통일하여 작업자의 편리함을 확보한다.

2) 정량(定量) : 정해진 양만큼만 보관한다는 뜻이다.

- 수량은 손 운반 시 14Kg, 차량 운반 시 150Kg 이내여야 한다.

- 계수 할 수 있도록 정수 단위로 맞춘다(5, 10, 20개 단위).

- 한 종류 혹은 LOT 단위로 담아야 한다.

- 작업자의 안전과 편의를 위해 적재 높이는 150cm 이내로 하여 건너편이 보이도록 한다.

- 제품은 바닥에 놓지 말고 반드시 규정된 파레트에 놓아야 한다.

- 작업자의 피로도를 감안하여 적재 수량을 결정한다.

3) 정위치(定位置) : 지정된 장소에 보관하라는 의미이다.

- 장소는 지정된 위치에서 5cm를 벗어나지 않도록 관리한다.

- 선입선출(先入先出)이 되도록 하여야 한다.

- 눈으로 보는 관리가 가능하도록 해야 한다.

2. 5정의 이해

5정(S)은 정리(Seri), 정돈(Seidon), 청소(Seiso), 청결(Seiketsu), 습관화(Shitsuke)다. 우리 주변에서 많이 행하여지는 평범한 단어들이다. 이런 단어가 기업에서 중요한 역할을 하는 것은 '정해진 것을 항상 바르게 지속시키기 위한 습관화'라는 5행의 철학 때문이다. 그러나 5행을 시행하면서 많은 저항을 받게 되는데 그 내용은 주로 다음과 같다.

저항 1 : "이제 와서 정리, 정돈이라니!"

저항 2 : "3정 5행 활동은 밑에 있는 직원들이나 하는 것이지, 내가 왜?"

저항 3 : "어차피 금세 더러워질 테니까"

저항 4 : "정리, 정돈을 했다고 해서 품질 또는 생산량이 높아지는 것은 아니다"

저항 5 : "그런 시시한 일로 이러쿵저러쿵 얘기하는 것은 아무래도 너무해"

저항 6 : "정리, 정돈 따위는 이미 되어있다"

저항 7 : "이 정도로 서류가 흩어져 있다 해도, 나는 알 수 있으니까"

저항 8 : "그런 것은 이미 몇 년 전에 했던 거야"

저항 9 : "3정 5행 활동은 현장의 문제이다"

저항 10 : "바빠서, 정리와 청소를 할 여유가 없다"

저항 11 : "당신에게 명령받는 것은 싫다"

저항 12 : "그래도 내가 회사에 성과를 내게 하고 있으니까. 내 마음대로 한다"

3. 3정 5행의 목적

1) 기본에 충실한 회사를 만들기 위해서다. 즉, 기초 질서를 확립하고 모든 시스템을 관리할 수 있도록 운영 토대를 구축해야 생산활동이 원활하게 이루어질 수 있기 때문이다.

2) 눈으로 보는 관리를 위해서다. 정상 혹은 비정상을 즉시 판단할 수 있도록 한다.

3) 낭비의 근원을 제거하기 위해서다. 낭비의 요소가 무엇인지 정확히

이해하고 가시화해야 고객의 소리를 이해할 수 있기 때문이다.

4) 위험요소를 사전에 제거하여 안전한 직장을 만들 필요가 있다.

5) 작업 생산성과 품질 향상을 위해서다. 청결, 안전, 쾌적한 작업 분위기가 만들어지면 생산성과 품질은 따라서 좋아지게 된다.

4. 3정 5행과 6시그마의 공통점

3정 5행과 6시그마, 이 두 가지는 모두 현장에서 개선을 중시한다.

1) 행동이 필요하다. 말로만 외치는 개선은 달성이 불가능하다.

2) 적절한 도구와 수단이 필요하다.

3) 성역 없이 추진해야 한다. 최고 경영자로부터 현장 작업자까지 모두가 구성원이 되어 참여한다는 것이 공통점이다.

4) 주변에서 중심으로 문제의 원인을 찾아간다. 고객의 소리는 멀리 있는 것이 아니다. 이는 외부의 고객도 중요하지만, 가까이 있는 내부의 고객도 중요하기 때문이다. 더불어 작은 것부터 개선해 나가야 큰 문제도 개선이 가능하다.

5) 솔선수범이 필요하다. 최고 경영자의 강력한 지원이 필요하고, 챔피언부터 팀원 모두의 자발적인 참여가 필요한 것처럼 3정 5행도 모두의 자발적 솔선수범이 필요하다.

6) 마지막으로 하기로 했으면 반드시 한다는 것이다. 계획만 세우고 실천을 하지 않는다면 개선의 의미가 없다.

5. 5행의 세부 실천 사항

5행을 실천하는 데에도 추진방향과 요령이 필요하다. 다음은 5행 활동의 요점을 정리하였다.

1) 정리는 필요한 것과 불필요한 것을 구별하는 것이다.

첫째는 불필요한 것과 급하지 않은 것을 제거하여, 필요한 것만을 질서 있는 상태로 정리하는 것을 말한다. 정리 활동은 폐기, 반납, 이동으로 이루어져 있는데 부품회사에서는 이를 붉은 표찰 활동이라는 이름으로 실시하였다. 사용치 않는 재료, 부품, 공구, 비품, 서류 등을 우선 폐기하였고, 과잉재고 혹은 다른 부분에서 먼저 사용될 수 있는 것 그리고 지정된 보관 장소가 없는 것을 반납하였다. 자재, 제품 등 정위치가 아닌 곳에 방치된 것을 정위치로 이동시키는 활동을 하였다. 정리 활동의 결과로 작업자 안전은 물론, 선입선출과 부품의 변형 및 오염을 방지하여 품질도 좋아지는 효과를 보았다. 또한 부품, 설비, 공간의 낭비를 줄이고 특히 자재 등 물건을 찾는 시간의 낭비를 줄일 수 있었다. 정리를 잘 하려면 첫째, 불필요해진 것은 그 자리에서 판단, 처분한다. 즉 아깝다고 모아두지만 결국은 공간만 차지하는 쓰레기가 된다.

둘째는 버리는 곳을 정한다.
셋째는 불필요한 물품이 처음부터 안 생기게 한다. 이를 위해서는 처음 구매할 때부터 꼭 필요한지를 심사숙고하여야 한다. 따라서 정리 상태가 불량하다는 것은 낭비가 발생한다는 말과 같다. 붉은 표찰 활동은 불필요한 것과 급하지 않은 것을 분류하는 것이 핵심이다. 사용빈도에 따라 A, B, C, D 등급을 매겨 정리를 하였다.

2) 정돈은 필요할 때 바로 사용할 수 있게 한다는 의미로, 물건을 두는 방법을 말한다. 앞에서 설명한 3정의 의미와 같다. 정돈 활동의 목표는 30초 이내에 찾아서 쓸 수 있게 한다는 것이다. 이를 위해서는

(1) 보기 쉽게 표시 즉 3정이 필요하다. 정위치는 무엇을 두는 장소인지를 표시하고, 정품은 보관 대상물에 명확한 표기를 하며, 정량은 몇 개인지를 알 수 있게 하는 것이다.

(2) 꺼내기 쉽고, 취급하기 쉽게 정돈을 한다.

(3) 즉시 사용할 수 있는 상태를 유지한다. 이러한 정돈의 원칙은 현장과 사무실 등 모든 작업장에서 한눈에 보이게 만들고, 찾는 낭비를 제거하도록 한다. 정돈 활동의 단계별 추진은 먼저 현상을 분석하고(대상 목록 작성), 보관 장소에 관한 계획을 세우고, 보관 방법과 보관 규칙을 정하여 보관한다. 예를 들면 무거운 것을 아래에, 가벼운 것을 위에 보관하고, 자주 쓰이는 것을 가까이, 아닌 것은 멀리 두는 등 상식적인 것이라고 할 수 있다. 정돈 활동의 추진사례로는 '눈으로 보는 관리'의 실현이다. 즉 자재의 위치지정, 적정재고 관리, 양품자재관리, 입출고 프로세스 개선, 포장과 안전개선 등이다.

3) 청소활동은 눈으로 보거나 만져 보아도 깨끗하게 하는 것이다. 즉 결함이 보이게 하는 것이다. 청소의 필요성은 먼지, 이물질 등을 청소하

면서 설비나 현장의 문제와 위험요소를 발견하고 인지하는 사전조치적인 개선 활동이다. 아울러, 깨끗한 환경을 유지하는 것은 안전, 품질, 낭비의 효과적 대응을 위해 필수적이다. 즉 청소는 점검이라는 철학을 가져야 한다. 모두가 하찮게 여기는 청소가 현장의 품질과 안전을 위하여 얼마나 중요한지를 부품회사에서 경험하였다.

4) 청결활동은 정리, 정돈, 청소 활동을 표준화시키는 것으로 깨끗한 상태를 계속 유지시키고 개선하는 활동을 말한다. 청결 활동의 3가지 체제는 다음과 같다.

   (1) 예방 정리이다. 즉, 불필요품이 발생하지 않게 하고, 필요한 자재만 사서, 필요한 만큼만 생산, 보관하며, 불필요한 재고를 만들지 않는 것이다.
   (2) 예방 정돈이다. 이는 흐트러지지 않는 정돈이다.
   (3) 예방 청소이다. 더러워지지 않는 청소, 더러워지지 않는 장치를 의미한다.

5) 습관화는 결정되거나 정해진 규정, 규칙을 지속적으로 바르게 지키고, 습관을 생활화하여 지속해서 시행 또는 실행하는 것을 말한다. 습관화를 통하여 낭비제거로 연결시키고, 5행은 모든 일의 기본이라는 철학을 가져야 한다. 습관화를 위해서는 눈으로 보는 5행을 실시하고, 현장에서 바로 지도하며, 전사적으로 추진할 필요가 있다. 그리고 생활화를 위한 12가지 실천 계명을 부품회사에서 채택하였다.

1 계명 : 먼저 "안녕하세요" 인사하기

2 계명 : 결정된 복장을 단정하게 입고 근무

3 계명 : 현장은 5행으로 시작해 5행으로 끝난다

4 계명 : 3정(정량, 정품, 정위치)의 기본을 지켜라

5 계명 : 흐트러지면 바로 즉시 정돈하고, 더러워지면 바로 즉시 청소

6 계명 : 작업 전에 우선 점검

7 계명 : 5행의 흐트러짐은 그 장소에서 지도하라

8 계명 : 원점에서 고쳐라

9 계명 : 3현(현장, 현물, 현실), 3즉(즉응, 즉시, 즉좌)주의 실천

10 계명 : 회의는 30분 BEST, 1시간 BETTER

11 계명 : 보고는 1장 BEST, 2장 BETTER, 3장 무능

12 계명 : 개선은 노력, 노력은 정열

결론적으로 3정 5행은 낭비제거 활동이다. 또한 6시그마의 정착에는 조직, 현장의 기본, 기초를 다지기 운동으로 3정 5행이 큰 역할을 하였다. 모두의 각오와 동참을 요구하는 6시그마 활동의 논리와 같은 점을 보유하고 있다.

* 참고문헌 - 양성남, 자동차 부품업종의 6시그마 적용 사례연구, I 사의 제조공정 누적수율 개선 사례 중, 제6절 6시그마 활동을 위한 I 사의 사전 활동인 3정 5S(P24~33)

다시 생각해도, 기업의 쌀은 제조업이고, 3정 5행은 제조기업의 기본활동이다. 그러나 젊은이들은 제조공장보다 서비스업종을 더 선호하는 것

같다. 임직원이 스스로 알아서 시행하면 더없이 좋은 결과물이 나올 수 있다. 가장 좋은 추진방법은 경영자의 리더십이고 경영능력이라고 생각한다. 수행방법에서는 사전에 세부추진 일정계획을 수립하여 충분한 여론을 조성한 후에 시행하는 것이 더 효과가 있을 수 있다. 그리고 추진 과정에 참여하는 임직원이 기본현황을 파악할 수 있도록 홍보하는 것도 중요하다. 그래야 임직원에게 의욕이 생기고 각자의 역할을 중시할 수 있다.

한 가지 사례를 들어보면, 변화된 전, 후의 추진 과정의 확인 방법은 동일한 장소에서 동일한 각도의 사진을 각각 촬영하여 변화 전 사진과 변화 후 사진을 각각 비교하면 변화된 내용을 눈으로 확인할 수 있다. 또한, 추진 결과에 따른 재무성과에 대한 결과를 계량적(재무적인) 숫자로 산출하여 임직원과 공유할 필요가 있다. 그리고 재무적 성과가 있는 팀이나 임직원(개인)에게는 규정과 절차에 따라 반듯이 포상해야 한다. 제조업의 경우, 전 임직원이 참여하는 제안은 혁신의 원천이 된다.

경영실적을 임직원과 공유하고, 경영성과에 따라 약속한 대로 직원에게 성과를 공유하며, 성과 일부는 공정하고 공평하게 베풀어야만 기업의 지속가능성이 유지될 수 있다. 특히, 기업경영은 생물이라고 할 수 있다. 경영환경은 살아 움직이는 동물보다 더 민감한 것 같다.

그밖에, 직장생활 등을 하는 데 있어, 각자가 장단기 목표를 가지고 실천하기 위해서는 자기 자신을 남보다 엄격하게 관리하기, 다른 사람과 비교하지 않기, 남의 말을 하기보다 매 순간 최선을 다하기, 미래계획을 세워 각자의 삶에 맞도록 지속해서 추진하기 등이 필요하다.

필자는 계획수립도 중요하지만, 실천하여 재무적 효과를 거두는 것이 더 현명하다고 생각한다.

요약을 잘 하려면

글이나 말(대화)을 간단명료하게 잘 요약하려면, 책을 많이 읽고 견문을 넓히며, 회의나 대화 시에 신경을 더 쓰고, 경청과 메모하는 습관을 키울 필요가 있다.

대화를 하거나 회의 또는 강의를 듣거나 전화 통화 시 말(대화)의 내용을 머릿속으로 요약 정리하는 습관을 기르려면, 일단은 자기의 생각이 먼저 요약되어야만, 남에게도 짧은 시간 내에 제대로 된 의사(명확성)를 전달할 수 있다.

자기 생각도 자연스럽게 정리할 수 있고, 듣는 사람도 쉽게 이해시킬 수 있어 말하려는 의도(목적)가 명확(제대로)하게 드러나면, 업무 처리도 신속하게 공유될 수 있어 소통도 잘되고 상호 협조도 잘 이루어질 수 있다.

요약을 잘하기 위해서는 다음과 같이 6가지를 명심해야 한다.

1. 핵심 내용을 파악 : 요약하려는 글의 핵심 내용을 파악하는 것이 중

요하고, 주요 아이디어와 핵심 내용을 파악하여 요약에 포함시켜야
한다.

2. 구조적으로 정리 : 글을 구조적으로 정리하여 주요 아이디어와 관련
된 내용을 그룹화한다. 이렇게 하면 요약할 때 핵심 내용을 놓치지 않
을 수 있다.

3. 자신의 언어로 표현 : 요약할 때는 자신의 언어를 사용하여 핵심 내용
을 간결하게 표현해야 하며, 글의 스타일을 따라 하거나 인용문을 과
도하게 사용하지 않도록 주의한다.

4. 불필요한 세부사항을 제거 : 요약할 때는 불필요한 세부사항을 제거
하고 핵심 내용에만 집중해야 한다.

5. 예시를 활용 : 예시를 활용하여 핵심 내용을 더 명확하게 설명한다.

6. 요약문을 다시 읽어본다 : 요약문을 작성한 후, 다시 한 번 읽어보면
서 핵심 내용이 잘 전달되었는지 확인하고, 필요하면 수정하고 보완
한다.

디테일의 힘

"1%의 실수가 100%의 실패를 부른다(디테일의 힘, 왕중추 지음)"는 글
은 디테일을 무시하면 대가를 치를 수 있음을 의미한다. 그만큼 디테일
이 중요하는 점을 강조한 것이다. 디테일은 기업의 성패를 좌우할 수 있
으므로, 업무추진 시 대충주의와 적당주의 관행에서 탈피할 필요가 있
다. 상부 지시에 따라 무조건 열심히 일만 하면 된다는 생각을 버리고,
세부 체크리스트(목록)에 따라 차근차근 점검하여 실수를 방지하는 것

이 바람직하다.

자료를 꼼꼼히 점검하는 습관이 우선이고, 자세히 살피지도 않은 채 서류보다 자네만 믿고 결재하겠다는 자세를 버려야 하며, 디테일이 얼마나 중요한지를 깊이 인식할 수 있도록 정기적인 사내교육(교안준비, 성공·실패사례 중심 교육 권장)이 필요하다.

디테일의 힘의 영향은 아래와 같이 5가지를 생각할 수 있다.

1. 작은 것들이 큰 차이를 만들 수 있다 : 작은 세부 사항들이 모여 큰 영향을 미칠 수 있다는 점을 기억해야 한다.
2. 세심한 주의가 중요하다 : 작은 것들에 주의를 기울이고 세심하게 처리하는 것이 중요하다.
3. 완벽을 추구하라 : 디테일의 힘은 완벽을 추구하는 태도를 장려하고, 작은 것들에도 신경을 쓰고 최선을 다하는 것이 좋다.
4. 품질이 중요하다 : 디테일의 힘은 품질의 중요성을 강조하고, 작은 것들에도 신경을 쓰면, 더 높은 품질의 결과물을 얻을 수 있다.
5. 지속적인 개선이 필요하다 : 디테일의 힘은 지속적인 개선을 장려하고, 작은 것들도 계속해서 개선하고 발전시키는 것이 중요하다.

디테일의 힘은 작은 것들이 큰 영향을 미칠 수 있다는 것을 상기시켜주며, 세심한 주의와 지속적인 개선으로 더 나은 결과물을 얻을 수 있다.

바람직한 조직문화 조성

기업은 인사(사람)와 자금(돈)이 중요하다고 생각한다. 리더십과 경영조직관리에 관한 정기적인 교육으로 안정적인 조직문화를 구축하고 지속가능한 기업으로 성장·발전할 수 있도록 기업은 기본조직(사람과 자금, 결국은 사람)이 튼튼해야 하며, 회의 수와 시간, 보고서의 분량, 경영층 보고 시 대기시간 등을 줄여, 기업이 성장하는데, 인력과 시간을 제대로 배려하고 소통할 수 있는 문화가 필요하다.

성공사례는 물론, 감추려는 실패사례(인사상의 불이익 배제)도 자연스럽게 보고·발표할 수 있는 조직문화가 조성돼야 한다.

잘한 일은 부하 직원에게 공을 돌리고, 책임질 일이 있으면 상관이 먼저 책임지며, 고의적인 실패가 아니라면, 진취적인 사고전환을 위해 오히려 격려해 주는 직장문화가 성숙돼야 한다. 지시보다는 질의 응답식으로 소통하면 즐거운 마음으로 업무를 수행하는 것이 가능하다. 회사 조직과는 무관한 동호회 활동 참여도 진정으로 소통하면 마음이 열리는 바람직한 조직문화가 싹트는 길이라고 생각한다.

스피드경영에 동참

스피드경영은 정확하고 신속한(시간적 의미) 의사결정을 한다는 의미다. 이는 고객의 요구에 신속히 대응하기 위해 시간적 측면에서 우위를 확보하는 경영방법이다.

경영층은 긴 문장의 학술식 내용이 아니라, 요약된 내용을 신속하게 볼수 있도록 가능하면 한 장짜리(더 좋은 것은 의사결정이 가능한 한 줄)보고서를 원하고 있다. 시간을 다투는 기업 현장에서 정확한 내용으로구성된 한 장 보고서로 1시간 이내에 처리할 수 있어야 스피드경영이 가능하다.

우리 회사가 실행 계획을 검토하고 있을 때, 경쟁회사는 이미 실행을하고 있다면, 시장에 진입하기도 전에 이미 실패한 셈이다. 신속한 판단력을 실행하지 못하는 기업은 미래가 없고, 여유 있는 경영자에게 내일이란 없다. AI 환경에서 스피드경영은 경쟁에서 살아남기 위한 생존조건이다. 성공적인 직장인이 되려면 스피드경영에 동참하는 것이 필수적이다.

12월 말 결산기인 상장회사 중, 한동안 정기주주총회를 가장 먼저 개최했다. 대부분 3월 마지막 주에 몰려있는데, 1개월 이상의 기간을 앞당긴2월 중순 개최는 신의 한 수였다. 계열회사의 회계팀 임직원의 부정적인입장에도 불구하고, 대주주께서 굳은 결심을 하시니, 각사 회계팀 임직원은 단계별로 세부계획을 수립하여 실행에 옮겼다. 물론 진행과정은 복잡하고 어려움이 많았지만, 총괄책임자의 일일결산계획(일일결산 목표와 실행) 대비 실행에 관한 일일점검으로 성공했다. 조기결산 실시로 타사보다 여유가 생겼고, 연말결산 후, 계열회사 간 회계팀 워크숍에서 서로의 애로사항을 공유하여 스피드경영에 적극 동참했다.

직장생활을 잘 하려는 한 줄

1. 목표 설정 잘 하기 : 명확한 목표를 설정하고, 목표 달성을 위해 노력한다

2. 시간 관리 잘 하기 : 시간을 효율적으로 관리하여 업무를 원활하게 처리한다

3. 커뮤니케이션 유지 잘 하기 : 상사, 동료, 하위 직원과 원활한 커뮤니케이션을 유지한다

4. 자기계발 제대로 하기 : 지속적인 자기계발을 바탕으로 전문성을 높인다

5. 긍정적인 마인드셋 유지 잘 하기 : 긍정적인 마인드셋 유지로 문제 해결에 집중한다

6. 인간관계 유지 잘 하기 : 동료들과 좋은 인간관계를 유지하며, 상호 협력한다

7. 업무 우선순위대로 처리하기 : 업무의 우선순위를 정하고, 중요한 일부터 처리한다

8. 업무 협업 잘 하기 : 팀원들과 협업으로 업무를 효율적으로 처리한다

9. 유연성 있게 대처 잘 하기 : 변화에 빠르게 적응하고, 유연하게 대처한다

10. 자기관리 잘 하기 : 건강한 생활습관과 충분한 휴식을 취하며, 스트레스를 관리한다

11. 열정과 도전정신 필요 : 새로운 도전과 열정적 태도는 성공적인 경력 개발에 필요하다

12. 리더십과 팀워크 필요 : 리더십 능력을 키우고 팀워크를 통해 조직

의 목표를 달성한다

13. 실패와 배움 대처 잘 하기 : 실패를 계기로 배우고 성장하는 마인드셋을 갖는다

3부

직장생활

계획과 실천

중앙일보 기사에 따르면, 20~30대 신입 취업준비생 10명 중 6명은 첫 직장에서 정년까지 다니는 것을 목표로 하지 않는 것으로 나타났다. 더불어 목표 여부와 관계없이 첫 직장에서 정년까지 다닐 수 있을 것으로 생가한 20~30대 MZ세대 구직자는 27%로 10명 중 3명이 채 되지 않았고, 가장 가고 싶은 첫 직장은 직무 전문성을 기르고 직무 경험을 쌓을 수 있는 직장인 반면, 가장 입사하기 싫은 기업 유형은 상사, 동료의 능력과 인성이 나쁜 기업으로 조사되었다.

직장생활을 시작할 무렵에는 첫 직장에서 정년퇴임을 하겠다는 각오로 입사했고, 정년이라는 단어가 더욱 가슴을 설레게 하였다. 세월이 흐르면서 그 중심이 직장생활에서 자기중심으로 변했고, 지금은 직장보다 자기를 먼저 생각하는 시대다.

필자가 첫 직장에 입사할 때는 단순히 먹고 살기 위함이었다. 직장생활 내내 정말 열심히 살았다. 한편으론 해가 거듭날수록 직장에서 무언가를 하고 있다는 자긍심도 있었다. 어려운 시대에 태어나 한마디로 먹고살려고 직장생활을 했지만, 생계문제의 본질은 과거나 현재나 거의 같다고 본다.

직장생활을 하면서도 멋진 인생을 설계할 수 있었는데 하는 생각도 해본다. 일류대학을 나왔거나 더 많이 배운 사람에게 더 큰 꿈이 있었을까? 공부를 잘하는 학생은 일류직장에 취업하고, 통상 그렇지 못한 학생은 창업하는 사례가 많았다. 그러나 여러 매체에서 보고 들은 바에 따르면, 선진국에서는 공부를 잘하고 아이디어가 있는 학생은 취업보다 창업을 더 많이 한다.

사업으로 아이디어가 있으면, 학교 졸업 전에 창업하여 학생 신분의 기업체를 경영하는 것은 어떨까? 일반직장에서는 일만 하면 정해진 날짜에 월급이 꼬박꼬박 나온다. 월급쟁이가 오히려 마음은 편하고 걱정이 없는 듯하지만, 월급을 받으니 나이가 들어도 거의 같은 마음으로 매월 급여를 기다리게 된다. 하지만 월급쟁이는 나이가 들었다는 이유로 가정에서 중요한 시기임에도 직장에서 퇴직을 권유당한다.

이런 사실을 직접 경험을 하지 못한 세대는 잘 모르겠지만, 세월이 지나면 나이는 저절로 먹게 된다. 그때 진실을 알게 될 것이고, 실제로 경험한 세대는 누구보다 잘 안다. 미리부터 두려워하지는 말고 장기계획을 수립하여 차근차근 준비하는 것이 바람직하다.

직장 차원에서 볼 때 깊이는 모르겠지만, 공무원은 돈 버는 것보다 운영하는 쪽이고, 수입보다 지출 쪽에 가깝다. 일반기업은 사용하는 비용이 들어오는 수입보다 많을 경우에는 망한다. 수입이 비용보다 더 많이 발생할 수 있도록 각고의 노력을 기울이고 있는 곳이 바로 기업이고, 돈을 잘 벌기 위해 경영자의 커다란 비전에 따른 경영목표가 수립된다.

각자가 맡은 업무를 성실히 수행하는 것이 중요하다. 대다수 직장인이 부러워하는 평생직장 근로자인 교육자(교수, 선생님)와 공무원, 공공기관 종사자와 비교적 잘 나가는 안정적인 대기업 근로자가 아닌 한, 대부분은 한 직장에서 정년퇴직(현재 60세)을 못 하고 각종 여건에 따라 중간에 직장을 옮긴다.

자신의 환경과 여건 또는 타의에 따라 직장을 옮기는 사례도 있다. 우리나라 직장인도 선진국처럼 직장 옮기기에 조금은 익숙해지는 것 같다. 첫 직장에서 정년을 맞이하고 싶지만, 대다수는 여러 가지의 사정으로 중도 하차하게 된다. 평생직장에서 평생직업의 시대가 도래하고, 전문직(전문직 자격증)을 선호하는 시대는 점점 빨리 다가오고 있다.

월급쟁이는 자기의 일보다 남의 일을 더 많이 해준다. 월급쟁이는 사업하는 사람에 견줘 더 편한 것 같다. 젊었을 때, 정신없이 바쁜 직장생활을 했기 때문에 세월도 그만큼 정신없이 흘러갔다. 매일같이 '집에서 직장, 직장에서 집으로' 같은 길을 오가는 반복적인 생활을 했다. 출퇴근이 길이며, 집과 직장은 고정된 출퇴근길이다. 이야기를 바꾸어 보자.

필자는 계획을 수립해 실천하는 것을 선호한다. 그래서 5개년 계획을 세워 실천하려고 노력했다. 그렇게 수립한 필자의 5개년 계획은 아래와 같다.

첫째는 즐겁고 행복한 가정,
둘째는 용돈으로 개인 노후자금(2천만 원 이상) 만들기,
셋째는 사회봉사,
넷째는 끊임없는 학문연구,

다섯째는 평생 친구 5명 만들기,

여섯째는 국내 10대 명산 등산,

일곱째는 양서 60권 읽기가 바로 그것이다.

5개년 계획의 달성을 추구하는 연유는 자신감과 소신이 있어 매사에 거리낌이 없는 탓이다. 필자는 여유와 자신감으로 사랑하고 존경하는 내 가족의 삶이 중요하다는 점을 느끼면서 하나님께 항상 감사하는 마음으로 생활하려고 노력했고, 지금도 노력하는 중이다.

직장과 집에서 한정된 생활을 하는 것보다는 시간에 맞는 계획을 수립하여 절차에 따라 수행하는 것이 중요하다. 과연 계획했던 대로 진행되고 있는지 중간점검도 필요하다. 자기 자신을 감독하는 것이 어찌 보면 고달픈 삶을 사는 것 같지만, 자신을 좋을 길로 인도할 수도 있고, 게으름을 방지하는 최소의 효과도 있다. 필자는 5개년 계획수립 때 누구의 간섭도 받지 아니했다. 자신만이 자신을 감독할 수 있기 때문이다.

영업, 생산, 관리 순환 근무

CEO(최고경영자)는 기본적으로 나보다 직원들이 잘 할 수 있다는 생각을 늘 맘속에 담고 있어야 한다. 직원들이 CEO와 다른 생각을 할 때, 합당한 근거자료가 없다면, 문제 해결을 위한 충분한 대화가 필요하다. 가벼운 인사도 직원 간 소통의 첫걸음이 될 수 있다. 데이터를 수집·분석하여 충분한 대화로 결론을 내는 것이 적절하다. 대화 없이 CEO의 단순한 한마디로 기업의 매우 중요한 내용이 순간에 결정되는 것은 바람직하지 않다.

직무분석에 따른 업무의 세분화로 직원들에게 보직을 부여하고 성과에 따라 대우할 필요가 있다. 사업계획을 수립하여 계획 대비 실적을 분석하고 더 좋은 실적을 낼 수 있도록 사기를 북돋는 것이 CEO의 덕목이다. 과거에는 공급자 위주였다면 현재는 소비자 위주의 시대라고 할 수 있다. 아무리 좋은 제품을 생산해도, 소비자가 등을 돌리게 되면 아무 소용이 없다. 출시된 제품은 시장에서 꾸준한 인기를 유지해야만 한다.

시장의 장악능력과 자본력이 있는 대기업은 중소기업 업종의 시장을 잠식하거나 특허를 침해할 수도 있다. 중소기업은 장기간 연구 개발한 귀중한 연구내용을 하루아침에 대기업에게 빼앗길 수도 있다. 따라서 대기업의 협력업체인 중소기업은 협력 관계를 무조건 따르는 것보다 일단은 기술보안을 지키고, 자기계산을 먼저 해야 한다. 아무리 협력업체라고 하더라도 납품하는 대기업에 기술을 공개하기 전, 사전에 특허를 획득하는 것이 더 바람직하다.

생산과 관리부서 직원들은 연구개발 분야의 시장 변화 내용도 모른 채 망해가고 있는 기업에서 근무하기도 한다. 그만큼 영업정보가 중요한 것이다. 직원들은 자신의 미래를 위해 직장 관련 경영정보를 어느 정도는 파악하고 있어야 한다. 직장마다 시기는 다르지만, 정기적으로 인사평가를 한다. 직장에서 하는 인사평가는 시기와 평가가 중요하다. 스스로 자신에 관한 평가를 할 수 있어야 한다. 근무능력과 실적은 자신이 제일 잘 알기 때문에 그것이 바로 정확한 인사평가다. 상사가 진정으로 원하는 것은 직원들이 스스로 일을 잘하는 것이며, 일을 잘하는 사실엔 많은 내용이 포함되어 있다. 필자는 직장생활을 많이 했지만 직속상관은 불과 몇 사람만 모셨고 그렇게 많지는 않았다.

인사배치는 주로 대학교 전공과 자신의 희망(적성)부서를 감안해 이루어지는데, 단기적인 이익이나 승부보다 장기적인 관점에서 단계별 일을 배우기 위해서는 신입사원부터 실무책임자(부장 또는 팀장)가 될 때까지 한 부서(팀)에서 계속 근무하는 것보다 부서(팀)별로 순환 근무할 것을 권장한다. 기업의 업무는 크게 영업, 생산, 관리업무로 구성된다. 필자는 한 부서에서 계속 근무하는 것보다 3개 부서(팀)에서 실무 경험을 권장하고 싶다. 직장인이 임원이나 CEO를 꿈꾼다면 3개 부서의 업무를 전부 다 경험하는 것이 승진하는데 더 유리하다.

포기는 없다

신념과 고집의 모양은 종이 한 장 차이라고 하지만, 최종 결과는 큰 차이를 가져온다. 필자는 직속 상관에게 괴롭힘을 당했거나 혹독한 시련을 겪지는 않았다. 그러나 개인 발전을 위해 환경을 비관하는 사례는 있었다. 젊은 시절, 잘난 사람과 그렇지 못한 사람의 구분은 학력의 차이가 제일 큰 것 같다.

필자는 조기 취업으로 말미암아 제 시기에 맞는 정규교육을 받지 못했다. 많이 배운 사람과 학력이 좋은 사람은 직장생활에서도 그만큼 여유가 있었다. 고졸 출신은 대졸이 되고 싶어 했다. 다들 내놓고 말은 하지 않지만 갈망하고 있고, 대학교에 입학하려면 대학입학 예비고사를 거쳐야 했다. 직장생활하면서 대입고사를 준비하는데 시간적·장소적인 애로가 많았다. 야간대학교에 입학할 경우, 회사에서 상당한 배려가 있어야만 정시에 학교수업 참석이 가능하다.

닭장 속의 닭은 높은 울타리를 넘을 수 없다고 지레짐작하고 스스로 자포자기를 하는 것으로 보인다. 하지만 비록 담이 높더라도 난관을 극복하고 뛰어 넘겼다는 야망이 있어야만 한다. 사람은 닭들의 세상을 잘 모른다. 닭을 사람에 비유할 수는 없겠지만, 대학을 졸업하지 못한 사람은 대학 졸업장이 꿈이다. 부끄러운 일이지만, 필자는 대학 졸업장이 있어야 출세를 할 수 있다고 생각했다. 분주하게 돌아가는 직장생활은 하루가 1년이 되고 10년이 되어 결혼하면 또 아이가 생긴다. 세월이 지나면 열심히 일해도 부족한 생활비 탓에 마누라의 바가지 소리에서 벗어나지 못한다. 이렇게 회사에 다니다 보면 정년 전에 직장에서 쫓겨나는 것을 현장에서 목격했다. 직장인은 각자가 원하는 일을 할 수 있고, 근무시간에 일하면 제시간에 퇴근한다.

직장인은 야근하면 야근수당을 제대로 받기를 원하고, 급여는 동종업체보다 많이 받는 것은 당연하고, 제때 승진하기를 원한다. 사람은 거의 같은 생각을 하는 것 같다. 상사가 지독하게 일을 많이 시켜도 질적으로 배우는 것이 있다면, 이를 악물고 일을 소화하고, 그래도 의문이 생기는 내용이 있다면 정리해 두었다가 시간을 두고 상사를 다시 찾아가 구체적인 내용에 관해 충분한 대화를 나누는 것이 자신에게도 도움이 된다.

직원 중에서 성장기에 어려움을 많이 겪은 사람은 업무를 추진하는데 협력관계에서 소외될 수 있겠지만, 이를 극복하고 최대한 역량을 발휘할 수 있도록 관심과 지도가 필요하며, 자신의 경험을 바탕으로 올바른 실력을 차근차근 쌓아야 사회에서 인정하는 직장인이 될 수 있다. 당장 어렵다고 스스로 포기하면 다른 일도 마찬가지다. 한 번의 기회를 절대 포기하지 말아야 또 다른 기회가 찾아온다.

말보다는 실천

직장에서는 말보다 재무적 효과가 있는 실천이 필요하다. 생각이 나쁘다는 것은 아니다. 물론 넓고 깊게 생각할수록 좋은 결과가 나올 수도 있을 것이다. 다만, 실천 없이 단순 생각만을 하거나 단지 말로만 백번 이야기하게 되면 실없는 사람이 된다. 세상이 많이 변하고 있는 스피드(Speed) 시대에는 더욱 그러하다.

1890년 철강왕인 앤드루 카네기가 파티장에서 30대의 젊은 테일러를 만났을 때의 유명한 일화를 소개하면, 카네기는 당시 과학적 관리법으로 한창 주가를 높이고 있던 테일러에게 "내게 가치 있는 이야기를 해준다면 1만 달러를 주겠다"라고 제안했다.

그러자 테일러는 망설이지 않고 "당신이 할 수 있는 가장 중요한 일 10가지를 기록하고, 1번부터 차례대로 시작하라"고 이야기했다. 며칠 후 카네기는 테일러에게 약속한 1만 달러를 주었다고 한다. 이런 맥락에서 말보다 한 가지라도 실천하여 결과를 도출하기를 당부한다.

시간은 돈이다. 특히 기업에서는 더 그러하다. 성과가 없는 일에 시간과 돈을 투자할 수는 없다. 일의 중요도에 따라 우선순위를 정해야 한다. 시급성도 중요하지만 급한 일부터 처리하는 습관이 있다면 그 기업은 후퇴할 것이다. 일에는 우선순위가 있다. 실무에서는 일의 순서가 어떤가? 중요한 일보다 급한 것부터 처리하면 하루가 급하게 가고 또 일주일이 훌쩍 지나간다. 그러다 보면 또 1년이 지났는데 정작 중요한 일을 놓치기에 십상이다. 직장에서 일의 우선순위는 급한 일보다 중요한 것부터 단계별로 실행하길 부탁한다. 필자도 급한 일부터 처리했다. 그러나 정답은 중요한 일부터 처리해야 개인이나 기업이 더 많이 성장할 수 있다. 다시 강조하지만, 급한 일보다는 중요한 일부터 단계별로 실행해야 한다.

직장에서 본업은 맡은 바 일이다. 일반적인 직장은 영리기업이고 수익성을 창출해서 돈을 버는 곳이다. 어디나 그렇겠지만, 특히 여러 사람이 근무하는 직장은 인간관계가 중요하다. 일을 순조롭게 처리하려면 협업이 필수적이다. 일할 때 혼자서 일을 하는 것 같지만, 대내외적으로 상대방은 상시로 존재한다. 일을 추진하려면 협조해야만 가능한 일, 독창적이면서 질적인 일, 스스로 좋아해서 하는 일을 하며, 상사의 지시를 받아서 하기 싫은 일도 부하로서 어쩔 수 없이 해야만 한다.

직장 내에서 협조해야 할 수 있는 일은 너무 많다. 일하는데, 혼자인 것 같지만, 거미줄처럼 얽혀 있다. 자기 집과 동네 카페에서 재택근무를 해도 가능한 일은 있다. 직장에서 목표로 하는 일이 무엇인가, 먼저 파악한다면 업무를 효과적으로 처리하는 데 도움이 된다. 어떤 일은 혼자서도 할 수 있는데, 누군가와 협업이 필요한 경우에는 소통이 우선이다. 맡은 바 목표를 이루기 위해 열심히 일하는 사람은 똑똑해 보이지만, 함께 해야 시너지 효과를 낼 수 있는 일이 너무 많다.

일반직장인들은 매일 반복적인 일을 하다가 그날 퇴근하고 또 다음날 출근한다. 직장은 본업(특히, 수익사업은 영리를 목적으로 한다)이 일하는 곳이며, 일을 수행하면서 남들과 다른 무언가를 창조하여 성과를 이루어내야만 한다. 일반적인 일보다 혁신적이며 성과 있는 일이 더 생산적이다. 재무적 숫자로 생산적인 일, 즉 효과적인 일로 숫자상(재무적)으로 성과를 내는 일이 진짜 중요한 일이라고 믿는다.

하루하루 일하다 보면 자기도 모르는 사이에 어느새 나이가 든다. 보통 직장인의 일과는 거의 비슷하다. 하루를 일하더라도 본인이 하고 싶은 일을 하는 것이 더 의미가 있다. 필자는 단계별 계획에 따라 즐겁게 일하고 남들보다 좋은 평가를 받기를 권장하고 싶다. 이렇게 하기 위해서는 의욕과 열정이 뒷받침되어야 한다.

직장인은 빠른 승진도 필요하지만, 전문적인 업무 숙지와 함께 장기근속을 권장한다. 승진과 장기근속은 동시에 이루기는 어렵지만, 자기계발로 경쟁력을 갖춘다면 가능하다. 나이 들수록 자기만이 잘 할 수 있는 경쟁력이 있어야만 직장에서 살아남을 수 있고, 자기사업도 가능해진다. 젊었을 때부터 계획에 따라 차근차근 준비하면 노후를 맞이해도 걱정할 필요가 없다.

사람은 나이가 들수록 머리가 굳어지고 현실적인 측면에서 용기가 줄어든다. 젊었을 때 가능했던 것도 나이 들면 용기가 나지 않은 것은 분명한 현실이다. 마냥 정신없이 놀지만 말고 노후를 위한 단계별 사전 순비가 중요하고, 스스로 자신의 인생을 책임진다는 각오가 필요하다. 직장인은 직장인으로서 인생의 원칙을 단계적으로 정립하고 계획에 맞춰 추진한다면 삶의 의미가 달라질 것이다.

자신만의 기본적인 원칙과 삶의 존재로 자신의 철든 주인으로 살아가는 것이 중요하다. 현실적인 측면에서 보면, 나이 들어서 취업유지 또는 자기사업이 가능한 전문자격증의 취득이 필요하다. 나아가 야망을 품은 창업자, 즉 직장의 주인이 되는 것을 꿈꾸길 바란다.

진짜 성공한 직장인은 단계별로 실천하여 은퇴하기 전에 결실을 보고 (실천하면 성공), 은퇴 후에도 나이에 적합한 전문적인 일(또는 좋아하는 일)을 계속하며, 별도 공간에서 동료들과 함께 멋진 점심식사와 맛있는 커피를 마시는 사람이라고 생각한다.

직장인의 기본

직장생활을 하는 이유는 무엇일까? 어려운 시기에 태어나 배고픔을 경험한 세대는 생계유지를 위해서라고 말할 수 있다. 필자는 기본적으로 그렇게 생각했다. 거창한 이유를 거론한 사람 중에는 세계 발전을 위한다는 사람, 대한민국의 발전, 무언가를 창조하여 인류평화의 번영을 기하겠다는 사람도 있다.

필자가 사는 곳은 서울 강남구의 동남쪽 끝인 수서와 송파구의 초입인 탄천 둘레 길을 끼고 있는 지역이다. 필자는 서울 동남쪽에서 30여 년 이상을 살고 있는데, 집 근처 산보코스인 송파에서 강남 양재 방향의 탄천 둘레 길을 주로 걷는다. 길을 걷다 보면 나이 들면서 고향과 지나간 일들이 자꾸만 떠오른다. 아마도 지속·반복적으로 하던 일을 그만두니까, 빈 머리를 채우느라 그런지도 모른다. 세월은 그렇게 짧지 않은데, 왜 이렇게 빨리 지나갔는지 모르겠다. 이런저런 생각을 하면서, 지난 일과 현재, 그리고 희망찬 미래를 꿈꿔본다.

'나는 누구이고, 어떻게 살아왔으며, 어떻게 살아갈 것인지' 생각한다. 나름 여유를 부리는 것은 성격에 불구하고, 부품회사에서 퇴직한 후 사고 관점이 많이 변한 것 같다. 젊었을 때는 나이 70이면 늙었다고 생각했다. 70이 돼 보니, 어릴 때 나이 먹으면 죽어야 한다는 할머니와 할아버지의 말씀이 그냥 자연스럽게 기억난다.

그동안 직장에 열심히 다닌다고 운동이 부족했고, 일찍 출근하느라 잠도 많이 부족했다. 필자는 통상 오후 10시에 취침하고, 새벽 4시에 일어난다. 직장에 다닐 때는 이런저런 일로 중간에 깨면 다시 잠을 이룰 수 없는 날이 허다했다. 잠을 제대로 못 자면 불행하게도 출근해서 생각의 깊이가 없고 피곤한 하루를 보낸다. 잠을 설치는 이유는 주로 직장 일로 복잡다단한 생각 때문이다. 개인 또는 가족과 직장문제로 고민하고 또 고민한다 직장문제는 매주간, 매월, 매 분기가 왜 이렇게 빨리 오는지 모를 정도로 필자의 마음을 억누르곤 했다.

직장에서 전문경영인의 평가는 곧 경영실적이다. 손익계산서란 숫자가 전부다. 애초 계획보다 실적이 저조하면 그 원인을 자료 검토와 직원 면담 등을 토대로 분석하고, 향후 대책을 수립해야만 한다. 어떤 때는 정말 도망가고 싶었다. 그러나 경영자는 맡은 업무를 회피할 수 없는 탓에 고통스러운 시간이 더 많았음을 고백한다. 직장생활을 하는 이유는 일상생활을 하기 위한 것이다. 소위 의식주 해결이 1순위이겠지만, 개인적·사회적 책임과 의무를 다하는 대의적인 문제 해결이 더 중요한 이유가 아닐까 생각한다.

직장생활은 출근해서 일하고 급여를 받아 먹고살려고 한다. 필자도 다른 사람과 다르지 않았다. 그렇지만 좀 더 생각해보면 좋은 사람들과 어울리면서 생활의 지혜를 얻어 제일 나은 선택으로 더욱더 인간답게 살기 위한 터전을 마련하기 위한 것이 아닐까.

필자는 1970년 11월 1일부터 철강회사에서 근무를 시작하였다. 벌써 많은 세월이 지났지만, 그 당시엔 주 52시간이라는 단어 자체가 없었다.

서울의 중심인 소공동의 고층건물에서 야근을 밥 먹듯이 했다. 창밖으로 보이는 조선호텔의 투숙객들이 술을 마시면서 즐기고 있을 때도, 필자는 장부기장과 주판알을 튕기면서 잡념 없이 열심히 근무했다.

당시엔 자정부터 야간통행금지가 있어 집에 가는 시간을 역산하여 퇴근 시간이 조정됐다. 토요일은 오전 이후부터, 일요일은 공식 휴일이었다. 당시 제대로 된 관리시스템이 없어 경리사원은 매월 결산과 연말 결산을 계속해야 했기 때문에 평일에는 야근과 휴일근무도 마다하지 않았다. 불평도 하지 않고 열심히 배우고 지시받은 일을 즐겁게 소화했다. 그야말로 경리 분야의 기초인 회계지식을 배우기 위해 모든 열정을 쏟아부은 셈이었다.

필자는 대학 출신을 어느 정도 따라잡는 방법이 무엇일까 곰곰이 생각해 보았다. 학력보다 실무적인 실력을 쌓는 것이 좋을 것 같았다. 일단 회계 업무에서 중요하고 어렵고 난해해 보이는 세법을 공부하는 것이라고 생각했다. 시간이 날 때마다 세법 관련 법전을 무작정 외우려고 노력했다. 날마다 세법 공부를 하니 상사의 질문에 나름대로 답변할 수 있었다. 처음에는 상사가 의아하게 생각했는데, 반복되면서 필자를 인정해주기 시작했다. 이는 필자의 꾸준한 노력의 대가였다.

필자는 철강회사에서 회계업무에 필요한 세법을 계속해서 공부했다. 야간 또는 주말에 전문학원에서 강의를 들었다. 아울러, 자동차제조공정에 관한 '자동차 회계 차종별 공정별 원가계산 고찰'이라는 논문을 세무회계전문지(대한세무협회-세무와 회계)에 게재했다. 회사 경리부 내 회계학석사이자 공인회계사 자격보유자인 회계과장은 세무회계 관련 전문잡지를 보시다가 필자에게 농담 삼아 질문했다. 필자가 논문의 저자가 바로 '나'라고 말하자 매우 놀라던 그의 모습은 지금도 생생하다. 그 후로 상사들이 필자를 대하는 태도가 많이 달라졌다. 지금 생각하면 우스운 일이지만, 소위 '담배 사 와'라는 심부름은 일부 면하게 되었다. 그 당시 담배 심부름은 후배 사원이 할 수 있는 일이었고, 심부름 자체에 부담감은 전혀 없었던 시대였다.

직장인은 기본적으로 정직하고 성실해야 하고, 겸손한 자세로 꾸준히 배우면서 협조를 잘 하려는 기본자세가 중요하다.

원가절감 초저가 기조

첫 직장에서 시간이 많이 지났다. 근무 초기에 비해 근무조건은 말할 수 없이 많이 좋아졌고, 날이 갈수록 사람 같은 대접을 받게 되었다. 정부 정책으로 2018년 7월 1일부터 주 52시간 근무제도가 시행되었다. 주 52시간 근무제도는 2021년부터 근무환경이 열악한 중소기업에도 적용되기 시작하였다. 중소기업의 고민이 하나 더 늘게 된 셈이다. 나이든 직장인에게는 조금은 생소한 내용이긴 하지만, 젊은이들은 근무시간을 정확하게 따지는 편이다. 대기업과 중견기업은 주 52시간에 따라 근무하고 있다. 문제는 중소기업의 사정이 그렇지 못하다는 데 있다. 그러면 중소기업 수와 종업원을 살펴본다.

우리나라의 중소기업은 기업 수의 90% 이상이고, 고용의 80% 이상을 차지하고 있다. 경제의 근간이라고 할 수 있다. 중소기업은 대기업보다 경영환경이 열악하다. 그래서 정부는 중소기업을 위해 다양한 육성정책을 펼치고 있다. 하지만 새로운 정책을 수립할 때 경영환경을 제대로 파악하여 시장에 급격한 충격을 주지 않도록 기업인의 생각을 들어보고 정책에 반영해야 하는데, 그렇지 못해 이런저런 목소리로 원성이 높다.

최근 몇 년 동안 최저시급이 급등해, 기업은 인건비 부담이 매우 커졌다. 최저시급은 2017년 6,470원에서 2018년 7,530원으로 16.4%가 올라 기업의 원가부담이 매우 커졌다. 최저시급은 2019년에 10.9% 올라 8,350원, 2020년에는 2.87% 인상으로 8,590원, 2021년에는 1.5% 올라 8,720원, 2022년에는 5.05% 인상돼 9,160원, 2023년에는 5.0% 상승해 9,620원, 2024년에는 2.5% 올라 9,860원이 되었다. 1개월 근무시간인 209시간(평균)을 월급으로 환산 시 최저시급은 2,060,740원인 셈이다.

기업은 최저임금을 올린 만큼의 수익성을 창출할 수 없는 것이 현실이다. 어찌 보면 기업을 경영하기가 무척이나 어렵고 의욕도 많이 꺾인 것 같다. 최저임금 관련 행위가 누구의 책임인가? 전부 '나는 아니다'라고 답변할 것이다. 근로자들은 우리나라도 선진국처럼 근무시간이 개선되어야 한다고 요청했다. 주 52시간을 대기업에서 막상 시행해 보니 직장인들은 일찍 퇴근하더라도 직장 밖에서 딱히 할 일이 없다고 한다. 정부가 주 52시간을 시행하면서 기업이나 근로자에게 홍보를 제대로 했는지, 아니면 기업과 근로자에게 다른 문제가 있는지에 관한 판단은 독자의 몫이다.

산업화 초기부터 직장 근로자들은 여가보다 열심히 일만 했다. 과거의 직장인은 노는 연습이 부족해 여가시간을 제대로 활용할 줄 몰랐다. 직장생활을 많이 했던 직원의 현실인 것이다. 시간이 흐름에 따라 사람은 변힌다. 잘 노는 연습도 중요하다. 철이 들어 생각해보니, 진정한 힐링(healing)이 가능해야 한다. 이런 과정을 겪으면서 단순한 노농에서 값어치 있고 사업성 있는 일에 집중할 수 있어야 한다. 여가시간을 제대로 활용하려면 체력운동, 세계화에 동참할 수 있는 어학실력 등 각자가 지속 성장하기 위해 철저한 준비가 요구된다.

향후 근무조건이 좋아지면 인건비는 크게 늘어날 것이다. 제조업은 지속적인 자동화가 예측되는바, 직장인들은 이에 대비하여 자기계발에 힘쓰지 않으면 직장생활을 계속하는 데 어려움을 겪을 수도 있다. 과거에 중국 제품이 싸더라도 품질 문제 때문에 국산품을 사용했는데, 이젠 중국 제품도 국산품 못지않게 품질이 좋아졌다. 해서 품질도 중요하지만, 가격 측면에서 우리 기업도 원가절감은 필수라고 생각한다.

특히 중국을 구체적인 측면에서 주목한 이유는 다음과 같다. 중국은 내수부진에 따른 내수시장 성장률 하락으로 해외시장을 재고 방물 출구로 이용하고, 기업들의 추가 성장을 위한 해외시장 확장이 불가피하다. 아울러 중국 플랫폼의 인공지능 등 첨단기술 역량은 매우 우수한 수준이고, 판매·반품 데이터를 활용해 소비자들과 직접 연결이 가능한 기술력이 축적되어 있다. 그리고 막강한 자본력을 기반으로 마케팅과 물류투자 확대가 가능하고, 자본이 초저가 전략에 따른 적자 출현 뒷받침도 가능하며, 풍부한 생산 기반(세계공장)과 저렴한 노동력(인구강국)을 활용하여 초저가생산원가로 세계시장을 공략할 수 있다.

위와 같은 원인과 배경을 고려할 때 우리도 초저가 원가관리 기조 유지의 마인드가 절실하다.

주경야독

임원은 개인 생활보다 기업을 더 생각해야 한다. 임원의 근무시간은 시작과 끝이 없다. 필요에 따라 일을 수행하며, 일반 직원이 쉬고 있는 휴일에도 예외는 없다. 회사가 필요하면 일을 해야 한다. 임원의 일은 휴일과 밤낮이 없어야 기업은 제대로 운영되며, 소위 '갑'이라는 대기업인 납품회사의 담당자가 갑자기 만나자는 약속을 요청하면 협력회사인 '을'은 안 들어 줄 수가 없다. 한국 사회는 '갑'과 '을'이라는 어쩔 수 없는 관계에서 일을 수행하는 분위기가 있다. 결과적으로 직장과 자신을 위해 일한다고 할 수 있다.

필자가 학교에 다닐 때의 이야기다. 늦은 나이에 학교에 다니려면 여러 가지 힘이 든다. '갑'이 갑자기 '을'에게 전화해서 오늘 저녁에 만나자고 하거나, 아니면 고위임원이 고객사를 만나 줄 것을 요청·지시할 경우 학교에 간다는 이유로 회사 일을 뒤로 미루거나 명령을 거부할 수는 없다. 그때는 마음의 눈물만이 있을 뿐이다.

일을 남겨 두고서 학교에 갈 수도 없고, 그렇게 말할 수도 없다. 나이 50인데 학교에 가는 것을 스스로 포기해야만 했다. 그날은 학교에 갈 수 없어서 결석한다. 학교에 출석하여 공부하는 것은 그렇게 쉬운 일이 아니다. 대학생이다 보니 중간중간에 시험을 보기 위해 퇴근 후나 주말에도 시험공부를 해야 한다. 한참 생각을 해 보니 필자가 지금 무엇을 하고 있는지 도무지 이해되지 않을 때도 있었다. 학위를 취득하기 위한 것인지, 아니면 견문을 넓히기 위한 것인지 종종 모를 때도 있었다. 그만큼 직장생활과 학교공부의 양립은 어렵다.

주경야독하는 분이 쉽게 이야기를 하지만 속마음은 그대로 간직하고 있을 것으로 생각한다. 필자의 이력은 아주 간단하다. 4개의 직장을 다녔고, 경리 중심의 관련 부서에서 기획, 경영관리, 회계, 세무, 인사, 총무, 법무, 전산 등의 업무를 수행했다. 그리고 임원으로 승진하면서 여러 부서(팀)의 업무를 폭넓게 담당·수행하게 되었다.

대표이사 경험

리더는 보이지 않는 것도 볼 수 있어야 한다. 필자는 표면적으로 드러나지 않은 기업에서 추정되는 현상인 향후의 트렌드(추세)를 볼 수 있어야 한다는 믿음으로 부품회사의 계열회사 소속 제조업체의 대표이사를 겸임하여 평소에 생각했던 경영철학을 기본으로 멋진 기업을 만들기 위해 동료 임직원들과 함께 밤낮으로 노력했다.

기업경영의 성공은 혼자의 힘만으론 결코 이뤄지는 것이 아니다. 대주주(회장)의 지휘 감독 아래(그룹 경영이념에 따른 경영방침), 대표이사가 생각한 내용은 반드시 임직원과 함께 공유해야만 더 안전하게 더 멀리 갈 수 있다. 기업경영은 원활한 소통에 따른 합심의 힘이 절대적으로 필요하다. 경영성과의 과실은 공정하고 공평한 분배절차의 공개가 필요하다. 약속한 대로 반드시 실행해야 한다. 바로 실행력이 중요한 지점이다.

부품회사의 계열 소재회사 대표이사 재직 시, 필자는 하루하루 노력하여 진행했던 혁신활동의 내용을 글로 적어 임직원 공동명의(전체 직원이 소책자의 저자)로 사내 교육용 소책자를 만들었던 경험이 있다. 부품회사에서 인수 전, 경영환경이 매우 어려웠던 기업을 정상화하기 위해 준비된 절차에 따라 많은 일을 했다.

"혁신활동 기간에 추진했던 내용은 매우 힘이 들었다"는 평가가 많았지만, 혁신활동 종료 후엔 임직원 다수로부터 좋은 평가를 받았다. 생산성 활동에 참여했던 간부 직원이 다른 회사에 영입되어 그곳에서 그동안 제조회사에서 수행했던 내용을 동일하게 적용하였다. 그 직원은 영입된 회사에서 수행한 혁신활동을 높이 평가받아 임원으로 승진하게 되었다고 한다.

그리고 퇴직한 직원이 필자를 찾아와 활동 당시에는 무척 힘이 들었지만, 개인이 발전하는 데 큰 힘이 되었고, 직장인으로 성장하는 데 큰 도움이 되었다며 거듭 고맙다고 말했다. 그때 필자는 혁신활동의 보람을 온몸으로 느낄 수 있었다. 다시금 이 책 속에 무엇을 남길 것인지 고민하게 되었다. 제조공장 내부의 환경상태는 한마디로 걸레 상태였다.

더러운 걸레를 깨끗한 행주로 만드는 혁신활동이 필요했다. 임직원과 회의 결과 슬로건(표어)은 '즐겁게 일하자'로 결정됐다. 직장에서 제일 잘 보이는 곳에 '즐겁게 일하자'란 슬로건을 걸어놓았다. 신경 쓰지 않아도 출퇴근 시 모두 잘 보이는 장소를 선택했으니 모른다고 말할 수가 없었다.

필자는 혁신활동으로 크게 두 가지를 수행했다. 첫 번째는 폐기물을 사용하다가 버린 기름으로 악취가 심했던 쓰레기장을 임직원의 힘으로 아름다운 꽃밭으로 변화시킨 것이다. 지저분한 쓰레기장은 임직원이 날마다 보고 감상할 수 있는 아름다운 꽃밭으로 변했다. 악취가 심한 쓰레기장에서 꽃향기가 있는 꽃밭으로 변하자 임직원의 눈빛이 달라졌다. 쓰레기장은 제조공장에서 볼 수 없는 참으로 깨끗한 환경으로 탈바꿈하게 되었다.

필자는 보기에 흉측하고 지저분했던 제조공장이 깨끗하고 밝은 환경으로 변화되는 걸 보고, 또 1개월간의 시한을 정하여 필요한 예산을 할당했고, 임직원에게 공장 내의 설비를 중심으로 3정 5행 실시를 주문했다. 물론 대표이사도 직접 참여했다. 첫 번째 주문은 대표이사가 생산현장을 맨발로 순회할 수 있게 하는 것이었다.

임직원은 노후화된 설비에서 기름이 많이 새는 제조공장의 현실에서 3정 5행이라는 단어는 생각할 수 없다는 눈치였다. 설비에서 기름이 새지 않으려면 설비의 기본 상태부터 바로 잡아야만 가능했고, 바로 잡는 데 보수시간과 자금이 필요했기 때문이었다. 필자는 촘촘한 계획을 수립하여 매일 매일 실행에 옮겼다. 사람이 마음을 먹으면 안 되는 일은 결코 없다는 믿음이 있었다. 한 번 깨끗해지면 깨끗함의 상태가 유지된다고 강조했다. 전국에 있는 고속도로의 사례를 들었다. 고속도로 화장실은 깨끗한 장소로 환골탈태해 자랑할 만한 곳이다.

옛날 고속도로를 이용할 때 화장실에서 볼일을 보려면 매우 힘들었던 기억이 남아 있다. 필자는 1개월 후 생산현장을 정식 순회했다. 대표이사부터 공장 내부를 맨발로 순회했다. 이어서 임원과 팀장이 차례로 맨발로 순회했다. 맨발 순회가 가능해진 것이다. 모든 임직원은 한순간에 놀라는 모습이었고, 임직원으로부터 작은 혁신활동의 결과는 향후 지속 발전할 수 있겠다는 가능성을 확인할 수가 있었다. 지저분한 걸레가 깨끗한 행주가 된 셈이다.

두 번째는 부품회사의 계열회사 중에서 가장 멋진 소나무를 옮겨다 심은 것이다. 처음에는 임직원 모두 신임 대표이사가 미쳤다고 한마디씩 거들었다. 하지만 식수한 소나무와 함께 공간마다 작은 꽃밭을 조성하니 직원들의 마음은 하나같이 순화되었다. 생산성과 품질향상은 자동으로 따라 왔다. 정말 기분 좋은 일이었다.

직장생활하면서 기억에 남는 좋은 일과 부끄러운 일, 그리고 직장인이 경험하기 힘든 서글픈 일도 있다, 이런 내용을 후배 직장인에게 알려주는 것이 선배 입장에서 좋은 일인 것 같아 더욱 힘이 난다. 기업 규모의 대소를 막론하고 제조기업 대표이사는 공장에서 기계 소리가 멈추지 않는 한 걱정이 없는 날이 거의 없는 것 같다.

회계업무의 전반적 업무 경험

회계 업무는 비즈니스 또는 조직의 재무거래를 기록 및 분류하고, 재무보고서의 정확성 유지와 재무 데이터를 분석한다. 재무 기록은 매출, 비용, 자산, 부채 등의 거래를 기록하여 재무제표를 작성하고, 재무 분석은 재무 데이터를 분석하여 비즈니스 또는 조직의 재무 상태와 성과를 평가하고 경영진에게 재무제표를 제공한다. 예산 및 예측은 수익, 비용, 현금흐름 등을 예측하여 조직의 재무 계획을 수립 및 관리한다. 또한 세금 신고 및 세금 관련 법률을 준수하기 위해 세무관련 보고서를 작성 제출하고, 재무 기록 및 거래가 관련 법률과 규정을 준수하는지 확인하고, 내부 감사 및 외부 감사에 대응한다. 회계업무는 비즈니스 또는 재무 건전성을 유지하고, 의사 결정에 도움을 주는 역할을 하며, 경영활동에 미치는 전반적인 경영관리에 포함되어 있다.

앞에서 언급한 바와 같이 회계는 일종의 기술이자 기능으로, 복잡함을 요약 정리할 수 있다. 복잡한 업무도 분개처리로 요점 정리가 가능하다. 다른 사람에게 설명도 할 수 있다. 이런 것이 회계인의 특징이고 장점이다.

첫 번째 직장인 철강회사 그룹은 지주회사였다. 사업상 합병을 거듭하여 자동차 제조 판매업, 철강제조 판매업과 건설업 그리고 해운업, 산림업을 수행하는 회사다.

두 번째 부품회사와 세 번째 안전회사도 자동차부품 제조업이었다. 결과적으로 3사 모두 자동차 관련 회사였다. 철강회사에서 32년, 부품회사에서 15년, 안전회사에서 3년, 도로회사에서 2년 이상을 각각 근무했다.

필자가 이처럼 4개의 직장에서 업무를 순조롭게 추진하는데는 지속해서 수행했던 회계업무가 가장 큰 뒷받침이 되었다. 회계업무는 기업의 전반적인 업무를 파악하는 지름길이며 최고경영자 코스를 밟는 데 더 유리한 것 같다.

시간은 계속 흐른다

필자는 첫 직장인 철강회사에 고졸로 들어가 상무이사로 승진해, 회계 중심의 업무를 수행했다. 그 후, 부품회사에 입사하였고 전무이사가 되어 업무를 총괄했다. 직업 선택 시 가장 잘 할 수 있는 일이 무엇인지 생각해 봐야 한다. 직장에서 혼자서 잘할 수 있는 것은 거의 없다. 업무를 수행하기 위한 내부 팀이 있고, 직장의 다른 팀과 외부 거래처인 상대가 있다. 그러나 골프 연습은 혼자서도 할 수 있다. 취미가 직업이 되는 경우가 더 좋다. 자기가 좋아 하는 일은 더 즐겁게 할 수 있다. 대학입학 시 전공을 선택할 때, 자기가 원하는 학과를 선택하는 학생은 별로 많지 않다. 취업하기 위해 학생들은 직장에서 기본적으로 선호하고 요구하는 공과대학이나 상과대학을 선호했다. 어렵게 입사하여 한동안 일하다 보면 나이가 든다. 직장에서 나이 들면 퇴직을 한다. 정말 운이 좋아 정년에 퇴직을 한다고 하더라도 나이 60에 불과하다.

60세 이상은 관리직에서 드물다. 사회에서는 60세면 초년생이다. 그만큼 젊어졌다는 반가운 소식이지만, 과연 그럴까 하는 의구심이 든다. 직상에서 니이가 들어 집에서 편하게 쉬라는 60세가 되어 집에서 놀고 있으면, 젊은 사람이 할 일도 없이 빈둥거린다고 손가락질하는 세상이 되었다. 필자가 어릴 때만 하더라도 60이면 오래 살았다고 동네에서는 어른 대접으로 회갑 잔치를 했다. 가족은 물론 친지와 고객을 초청하여 성대한 행사를 치르곤 했다. 지금은 칠순 잔치하는 사람도 거의 드문 세상이 되었다. 그만큼 장수시대로 접어든 것이다.

조상에게 물려받은 가업인 농축산업은 허리가 꾸부정한 나이에도 불구하고 의욕과 건강만 따라 준다면 누구나 가능하다. 그러나 산업사회에서는 일정한 나이가 되면 대부분은 정년규정에 따라 나이든 직원은 은퇴하고 빈자리는 젊은 직원으로 채워 순환시킨다. 아마도 일본에서 전해온 문화의 영향이 아닌가 생각한다. 일본사람의 평균수명이 65세일 때, 55세에 정년퇴직 후 10여 년간 편히 쉬다가 죽음을 맞이하라는 취지였다고 한다. 세상은 많이 변했다. 지금도 변하고 있다. 이제는 100세 시대라고 한다. 평균수명이 늘어날수록 그만큼 일을 더 많이 하라는 사회적인 주문일지도 모른다.

필자가 초등학교에 다닐 때, 부모님 직업을 묻는 시간이 종종 있었다. 농경사회에서는 지금과 같이 각종 산업이 발달되지 않아, 다른 직업을 갖는 것이 쉽지 않았다. 당시에는 그럴듯한 직장이 별로 없었고, 직장인도 별로 없었다. 공무원과 교사와 공기업 직원 정도였다. 직장에서 자기가 희망하는 업무를 수행하는 것이 제일 좋은 선택이지만, 이런저런 사정으로 그렇지 않은 것이 사회 분위기다. 사람마다 선호하는 바는 다르고, 개인별로 취향이 있겠지만 누구나 좋아하는 업종이 따로 있다. 좋은 보직을 맡으려면 사전에 준비가 필요하고, 기회가 되면 가능하지만 일반적으로 힘든 일이다. 자기가 하고 싶은 업무를 배정받아 그 일을 하면 다른 일보다 즐겁게 하고 성과도 낼 수 있다. 이런 행위는 각자의 노력도 필요하겠지만, 경영자의 합리적이고 체계적인 인사관리가 중요함을 시사한다.

사회에 이바지할 수 있는 일을 하는 것보다 자기 혼자만 부자가 되겠다는 사람이 있다. 외딴섬에서 혼자만 부자가 된다면, 무슨 재미가 있겠는지 반문해본다. 사람은 재미있는 일을 해야 하고 보람이 있어야 한다. 사람들은 아이디어와 기업가정신을 발휘하여 창업을 택하는 것보다 안정적인 직장생활을 더 원한다. 필자도 안정을 택했다. 하루하루 성실하게 근무하면 급여가 나오고 나아가 더 오르길 기대한다. 급여가 적지만 그래도 참고 또 참는다. 퇴근 후에는 직장동료나 친구를 만나 하루의 피곤한 일과를 논하곤 했다. 그러면 스트레스는 풀렸지만, 유익한 행동은 아닌 것 같다. 필자도 그랬었다.

무엇을 해야 사회에 이바지할 수 있는가? 물론 직장생활도 사회에 이바지하는 방식이다. 지구촌은 그동안 경험하지 못한 중국 우한발, 코로나19라는 무서운 바이러스가 대유행했다. 이것이 우리에게 무엇을 암시하는지 생각해본다. 어찌 보면 모든 사람은 평등하다고 할 수 있다. 문화, 종교, 직업, 재정상태 혹은 유명도 여부와 관계없이 코로나19는 모든 사람에게 침입할 수가 있기 때문이다. 그리고 세계는 모두 연결되어 있다. 우리 모두에게 같은 영향을 미칠 수 밖에 없다. 코로나19는 국경선이 없기 때문에 국제여권도 필요 없다. 아울러 억압 속에 살아가는 사람도 있다. 코로나19는 건강이 얼마나 소중한지를 말하고 있다.

과거 세대는 영양이 부족한 인공식품을 먹고 화학물질에 오염된 음료를 마시면서 건강을 모른척했다. 코로나19는 오염된 음식을 먹으면 병에 걸린다는 것을 알려주었다. 더불어 우리가 해야 할 더 중요한 일이 무엇인지를 가르치고 있다. 인생이 짧다는 사실과 우리가 해야 할 일이 무엇인가를 알려주고 있다. 노인이나 병자들을 돕는 것이 더 중요하다. 그리고 인간이 물질의 노예로 전락한 점을 깨우쳐주고 있다. 우리 사회가 얼마나 물질 위주로 변했는지 가르치고 있다. 어려운 시기에 우리에게 정작 필요한 것은 식료품과 물, 약과 같은 본질적인 것이다. 때론 필요 없는 가치를 부여하는 사치품들이 아님을 깨닫게 한다. 가족의 유대도 다시 한번 깨닫게 한다. 가족과 가정생활이 얼마나 중요한지, 우리가 이것을 얼마나 무시해왔는지 가르치고 있다.

무섭게만 느끼던 코로나19는 우리를 가정으로 돌려보내 가족의 유대를 튼튼하게 할 수 있게 해 준다. 진짜 우리 일이 무엇인지를 가르치고 있다. 우리가 하는 일은 단순 직업일 뿐이다. 코로나19는 우리의 뜻대로 서로 보살피고 보호하며 보탬이 되게 하는 것을 가르친다. 그리고 우리의 자아상을 계속 점검하라고 알려준다. 우리가 스스로 대단하다고 생각하거나 다른 사람들이 우리가 훌륭하다고 해도, 코로나19가 세상을 멈춰 서게 할 수 있다는 점을 깨우쳐주고 있다.

지구가 병들어 있다는 사실도 일깨워 주고 있다. 화장지가 슈퍼마켓 선반에서 재빨리 사라져버리는 것처럼 살림의 황폐화도 같은 속도로 진행되고 있다는 사실을 가르치고 있다. 많은 사람들이 코로나19를 거대한 재앙으로 보지만, 위대한 선각자들은 위대한 교정자로 볼 수도 있다. 그동안 우리가 잊고 살아온 중요한 교훈들을 제시한 것으로 볼 수 있다. 다행히 빠른 신약개발과 의료진의 헌신, 정부와 국민 모두의 노력으로 코로나 위기를 극복했다.

한 전해진 이야기는 우리에게 많은 것을 시사해준다. 미국의 네바다주 사막 한복판에서 낡은 트럭을 몰고 가던 '멜빈 다마'라는 젊은이가 허름한 차림의 노인을 발견하고 차를 급히 세워 지나가던 노인에게 "어디까지 가십니까. 제가 태워드리겠습니다"라고 말했다. 그 노인이 "고맙소, 젊은이! 라스베이거스까지 태워다 줄 수 있겠소"라고 부탁해서 그 청년은 노인을 태우고 노인의 목적지 라스베이거스에 도착했다. 그 젊은이는 부랑하고 가난한 노인이라고 생각한 그에게 25센트를 주면서 "영감님, 차비에 보태십시오"라고 얘기했다. 그러자 노인이 "참 친절한 젊은이로구먼, 명함 한 장 주게나" 해서, 젊은이는 무심코 명함을 건네주었고, 명함을 받아든 노인은 "멜빈 다마! 고맙네. 이 신세는 꼭 갚겠네. 나는 하워드 휴즈라는 사람이라네"라는 말을 남기고 떠나갔다. 얼마의 세월이 흘러 이 일을 까마득히 잊어버렸을 무렵에 기상천외한 사건이 벌어졌다.

세계적인 부호인 하워드 휴즈 사망이라는 기사와 함께 유언장이 공개되었는데, 하워드 휴즈는 영화사, 방송국, 항공사, 호텔, 도박장 등 50개 업체를 가진 경제계 거물이었다. 그런데 더 놀라운 사실은 그의 유산 중 16분의 1를 멜빈 다마에게 증여한다는 내용이 유언장에 기록이 되었다는 점이었는데, 당시에 그를 알고 있는 사람이 없었다. 다행히 유언장 이면에는 휴즈가 직이 놓은 멜빈 다마의 연락처와 함께 자신이 평생 살아오면서 만났던 사람 중 가장 친절한 사람이란 메모가 있었다. 그 당시 휴즈의 유산총액이 250억 달러 정도였으니 16분의 1은 최소한 1억5천만 달러이고 한국 돈으로 2천억 원가량이 되었다. 이는 다른 생각 없이 건네준 25센트의 친절금액을 환산해 놓은 것이라고 할 수도 있다.

이 이야기는 우리에게 크게 2가지의 교훈을 준다. 친절한 가치는 이렇게 클 수 있다는 점과 그 많은 재산을 그냥 남겨 두고 이 세상을 떠난다는 점이다. 실제 휴즈가 마지막으로 남긴 한마디는 'Nothing Nothing'이었다. 돈도 명예도 죽어가는 그에게는 아무것도 아니었고, 친절을 베풀어준 멜빈 다마만이 오직 마음에 와닿는 사람이었다는 것이다.

돈이 많은 사람이나 재벌은 돈의 힘으로 자신의 선행을 베풀 수 있다. 하지만 대주주가 아닌 월급쟁이는 첫째, 오로지 성실한 자세로 책임과 임무를 완수해야 하고, 둘째, 직장에서 원하는 일을 더 능숙하게 처리하면서 직장의 발전에 보탬이 되는 일이나 가성비가 높은 일을 하는 것이 더 중요하다.

비단은 귀하지만 모든 사람에게 반드시 필요한 물건이 아니다. 그러나 걸레는 모든 사람에게 반드시 필요한 물건이다.

어리석은 사람은 인연을 만나도 인연인 줄 알지 못하고 보통사람은 인연인 줄 알아도 그것을 살리지 못하며, 현명한 사람은 소매 끝만 스친 인연도 살릴 줄 안다. 어떤 사람을 만나고 어떤 책을 읽고 어떤 배움을 얻느냐에 따라 인생은 크게 달라진다. 19세기와 20세기를 대표하는 위대한 화가인 빈센트 반 고흐와 파블로 피카소, 둘 중 누가 더 뛰어난 예술가인가를 판단하기는 힘이 든다. 하지만 누가 더 행복하고 성공적인 삶을 살았느냐는 명백하다.

고흐는 생전에 단 한 점의 그림도 팔지 못해 찢어지는 가난 속에서 좌절을 거듭하다가 37세의 젊은 나이에 스스로 목숨을 끊었고, 피카소는 생전에 20세기 최고의 화가로 대접을 받으며 부유와 풍요 속에서 90세가 넘도록 장수하였다. 도대체 무엇이 두 화가의 인생을 갈라놓았을까? 수많은 원인이 있을 수 있겠지만 많은 경영학자는 '인맥의 차이'를 중요한 요소로 꼽는다. 인생에 실패하는 가장 큰 원인은 인간관계라고 한다. 고흐는 사후에 피카소를 능가할 만큼 큰 이름을 떨친 화가임이 분명하다. 고흐가 남겨 놓은 걸작들이 피카소의 그림보다 값이 더 나가고 있기 때문이다.

그러나 죽고 난 뒤의 성공이 생전의 성공과 같을 수는 없다. 훌륭한 인맥의 장점은 크게 3가지이다. 첫째는 질 높은 정보를 얻을 수 있고, 둘째는 다양한 재능을 가진 사람들을 접할 수 있다. 마지막 셋째는 인맥이 일종의 권력이므로 일을 더 쉽게 처리할 수 있다.

결국은 이 시대를 살아가는 데 비단과 같은 사람보다는 걸레와 같은 사람이 더 소중하고 필요할 것인데, 과연 사회에서도 그런가는 견해 차이에 따라 다른 판단을 내릴 수도 있을 것이다. 직장에서 일반 직원과 기업을 경영하는 경영자의 눈높이가 다를 수 있다. 직원은 경영에 관심이 부족한 반면, 경영자는 직원들의 목소리에 늘 관심이 있다. 직원은 사기가 지히되면 일을 할 때 그저 시키는 일만 할 뿐이다. 경영자가 창의성을 강조하지만, 정작 창의성을 발휘하는 직원은 거의 없다.

조선시대 흥선대원군이 날아가는 새도 떨어뜨린다던 시절, 한 선비가 찾아와 큰절을 했지만, 대원군은 눈을 지그시 감은 채 아무 말이 없었다. 머쓱해진 선비는 자신의 절을 보지 못한 줄 알고 한 번 더 절을 했는데 대원군이 벼락같이 호통을 쳤다.

"네 이놈! 절을 두 번 하다니 내가 송장이냐?." 그러자 선비는 "처음 드리는 절은 찾아뵈었기에 드리는 절이고, 두 번째는 그만 가보겠다는 절이었사옵니다"라고 응수했다.

선비의 재치에 대원군은 껄껄 웃으면서 기개가 대단하다며 앞길을 이끌어 주었다고 한다. 현대그룹을 창업하신 고 정주영 회장이 조그만 공장을 운영할 때의 일화를 소개하면 다음과 같다. 정회장이 새벽에 화재가 났다는 급한 소식을 듣고 공장으로 달려갔는데 피땀 흘려 일군 공장은 이미 흔적도 없이 타버렸다. 모두가 고개를 숙이고 있을 때 정회장이 웃으며 한 말은 좌절하고 있던 모든 사람의 가슴을 따뜻하게 적셔 주었다고 한다. "허허, 어차피 헐고 다시 지으려 했는데 잘 되었구먼. 걱정하지 말고 열심히 일들 하게". 직원들의 목소리는 경영자인 리더가 어떻게 행동을 하는지에 따라 그 메아리를 들을 수 있을 것이다.

리더가 직원들의 아름답고 듣기 좋은 목소리를 듣고 싶다면 이처럼 용서하고 모범을 보여야 하고 그 대가는 바르게 돌아올 수 있을 것이지만, 대부분은 그 반대되는 행동이나 언행을 하고 만다. 그리고 좋은 답이 오기를 기대하는 경영자가 많다는 현실이 씁쓸하다.

AI와 같은 신기술이 지속적으로 발전하고 있는 시기다. 오랫동안 성과 창출에 중요한 개인 요소 중 하나는 인지능력이었지만, 생성AI는 인지, 추론이 가능한 머신이다. 앞으로 필요한 스킬, 역량은 증강지능(인공지능과 인간의 지능이 상호작용하여 더 나은 결과를 만들어 낼 수 있는 것)이다. BCG컨설턴트는 챗GPT를 쓸 경우 업무성과 40% 향상, 작업 속도가 25% 증가할 수 있다고 했다. 앞으로 어떤 스킬, 역량을 가진 사람을 채용해야 하고 무엇을 육성할 것인지, 시대적 대응이 필요하겠다.

비밀유지

직장은 경영조직과 사람(인재)으로 구성된다. 사람이 있기 때문에 조직 속에 직장이 있고 인사관리도 필요하다. 참다운 인사관리를 위해서는 사람을 제대로 대우해줘야 한다. 대우를 잘 해주면 일도 잘 한다. 일을 잘 하면 대우를 잘 해주겠다는 것은 구시대의 발상이다. 일을 잘 할 수 있도록 유도하기 위해서는 선진화된 인사고과가 필요하다. 직장은 인사고과로 사람(경영실적에 따른 성과측정)을 평가한다.

인사고과를 참조하여 정기 또는 비정기 승진이 있다. 대다수 직장은 사규에 따라 입사와 동시에 연봉을 책정한다. 인사부서에서 채용 품의 시근무부서와 직책, 그리고 연봉을 결정한다. 과거와 달리 최근에는 이런 부분이 취업지원사와 사전 합의 후 결정된다. 근무 기간이 늘어남에 따라 근무연한과 성과를 감안하여 승진도 되고 연봉도 인상된다. 한마디로 직장인은 직장에서 승진과 연봉을 바라보면서 근무한다.

연봉은 대체적으로 대내외 비밀로 관리한다. 공식적인 자리에서는 공개할 수가 없다. 연봉은 절대 대외비다. 그러나 친한 동료들끼리 술이라도 한잔하면 연봉 관련 비밀은 거의 없어진다. 술자리만 지나면 바로 다음날 공개 아닌 공개가 된다. 이것이 상호 간에 불만의 씨앗이 된다. 한국 사람은 동료와 자신을 비교한다. 동료보다 못하면 그 순간부터 몸부림친다. 불행의 씨앗이 시작된다. 동료보다 못한 대우를 받았다면 무엇이 문제인지를 세부적인 내용을 파악해서 이를 극복하겠다는 각오가 더 중요하다.

자신의 약점보다 타인의 약점을 강하게 거론하는 것은 나쁜 습관이다. 남을 자신보다 내려야 자신이 산다는 생각은 못난 생각이다. 절대 비밀인 연봉도 다른 사람, 특히 동료와 비교하기 때문에 불만의 요소가 된다. 자신이 최고다. 다른 동료는 뒷전이다. "내가 왜, 그 친구보다 못한데"라고 생각하며 인사담당자나 직속 상관을 향한 불만은 하늘을 찌른다. 누군가는 세 번을 더 생각하고 세 번을 참으라고 했는데, 직장인은 자신과 관계

되는 부분 중 이유 없이 동료보다 부족한 대우를 받았다는 사실을 알면 더 참지 못한다. 남 탓하지 않고 불만이 있더라도 일단은 내색하지 않고, 더 노력하면서 느긋하게 기다리는 사람이 언젠가는 이기는 법이다.

연봉보다는 승진

직장인의 승진과 연봉이 중요하다. 직장에 다닐 때는 몰라도 은퇴하면 절실히 느낀다. 필자의 경우, 직장인은 연봉보다 승진이 더 중요하다고 생각한다. 일반직장에서 승진 시 연봉은 자동 인상되기 때문이다.

직장인은 승진하면 도전할 수 있는 용기와 더 많은 기회를 가질 수 있다. 승진은 직원을 위한 보상이다. 특히 중소·중견기업에서 이직하는 경우 돈(연봉) 때문이라고 이야기하는 직원은 거의 없다. 이유는 연봉을 이야기하면 나름 창피하기 때문이다. 솔직하게 말하면, 사람들은 대부분 돈때문에 이직을 결심한다. 신입사원 때는 급여에 별로 신경 쓰지 않는다. 돈이 가장 많이 필요한 시기는 결혼하여 가정을 이룬 후, 첫아이가 태어나 육아를 할 시기다. 그때는 신입사원 때나 신혼 초기의 달콤한 시기가 지나고 현실의 세계로 돌아온다.

결혼한 부부는 태어난 아이와 함께 3명의 식구가 되면서 사랑하는 아이에게 많은 돈이 들어가기 때문에 생활하는 데 돈이 더 필요하다. 돈의 진가를 맛보게 된다. 친구를 만나 식사나 술이라도 한잔하면, 자연스럽게 결혼생활에 관한 이야기를 한다. 그러다 주변 회사의 연봉 이야기로 넘어간다. 그 시기가 대리에서 과장 때이다. 대리와 과장은 직장에서 가장 왕성하게 일할 수 있는 직급이다. 다른 직장도 가장 선호하는 나이에 맞는 직급이다. 직장상사는 그 시기에 직원 관리를 더 철저하게 해야 한다. 특히 중소기업은 이직하기 쉬운 젊은 직원을 위한 가족적인 인사관리가 필요한데, 기업에서 대주주만이 가능한 진정한 인사관리가 중요하다.

이런저런 사정으로 유능한 직원을 놓치면 직장에서 원하는 직원으로 대체하기 위한 인적 물적 요소가 필요하다. 사람 머릿수만 채워서 조직을 이끌어 갈 수도 있겠지만 그것은 절대 아니다. 중요한 것은 일과 인력을 연결하는데 많은 시간과 노력이 필요하다는 점이다. 열악한 근무조건 때문에 나가는 직원을 막을 수가 없겠지만, 경영자는 직원이 이직하지 않도록 세심하고 따뜻하게 인사관리를 해야 한다. 직장의 특성에 따라 직장마다 독특한 인사관리가 필요하다. 경영자는 직원 인사관리의 절차를 준수했고, 많은 공을 들였어도 이직하는 사람을 도저히 막을 수가 없었다고 고백할 수 있을 만큼 노력해야 한다.

연봉은 1년 동안 받은 일종의 임금(급여)이다. 보통 매월 월급으로 수령하지만, 일급으로 받는 경우도 있다. 고용주와 계약에 따라 근로 대가로 주급이나 다양한 형태로 받는다. 승진은 기업조직에서 관리·감독권한이나 지휘, 명령 권한의 상하관계에 있는 직책으로의 상승을 말한다.

직장인의 꿈은 연봉상승과 승진이다. 통상 승진하면 연봉은 저절로 올라간다. 필자의 경험상 승진되면 호칭이 바뀌고 사기가 올라 걸어 다니던 사람도 뛰어갈 수 있는 자신감이 생긴다. 사람의 사고는 무궁무진하다.

사기가 오르면 내면적으로 보유한 지혜를 충분히 발휘하여 목표 이상의 성과를 낼 수도 있다. 고액연봉과 승진은 직장인의 희망이고 노력의 대가다. 직장인은 연봉과 승진의 힘으로 희망을 품고 오늘도 달려간다. 사람마다 다를 수 있지만, 필자는 연봉 인상보다 승진을 더 권하고 싶다.

인간관계 중요

장기간의 직장생활에서 느끼는 바는 인간관계가 더없이 중요하다는 점이다. 인간관계가 항상 중요하다는 것을 모르는 직원은 거의 없다. 자기 일보다 팀워크(Team Work)가 중요하고 팀워크를 위해서는 직원 간 소통이 중요시된다. 직장에서는 남보다 빠른 출세를 위해 팀워크를 무시하는 개인주의가 나타날 수 있다. 혼자만 출세하면 무엇이 그렇게 좋을까? 공동의 이익을 무시하고 자기만을 생각하는 행동은 다른 직원이 모를 수 없다. 말을 하지 않을 뿐이다. 독자적으로 행동하는 직원은 잘될 수가 없다. 업무성과를 위해 우선 동료들과의 합심과 화합된 모습으로 다 함께 가야 편안하게 더 멀리 갈 수 있다.

임원과 직원 업무

일반적으로 법인의 임원은 회사의 이사와 감사, 협동조합의 이사와 감사 등 법률상 임원으로 구성되어 있다. 상법상의 임원인 이사와 감사는 이사회의 추천으로 주주총회에서 선임된다. 임원은 조직에서 중요한 업무를 수행한다. 임원과 직원의 업무가 같다고 생각하면, 임원의 임무를 잘 못 알고 있는 셈이다. 특히, 대기업에서는 업무한계가 명확하다. 그러나 규모가 작은 소기업은 기업을 대표하는 사장이 직원의 업무까지 겸하고 있는 사례가 많다. 같은 기업이지만, 대기업과 소기업의 경영환경은 크게 다른 반면, 목적하는 바는 거의 비슷할 것이다. 영리기업의 목표는 이익 추구라고 할 수 있다.

임원은 기업을 이끌어 간다. 경영자의 입장에서 한 기업의 경영을 수행한다. 이를 위해 기업의 경영방침을 결정하고, 목표하는 방향으로 나갈 수 있도록 관리·감독한다. 직원은 임원(중요사항은 주주총회 또는 이사회나 임원회의에서 결정)이 수립한 경영방침에 따라 기간별·단계별로 수행한다.

임원은 경영계획보다 실적이 미진할 때 직원에게 그 책임을 떠넘기지 말고, 임원이 중심이 되어 중간중간 점검하고, 미진한 사항이 있으면 적극적으로 지원해야 한다. 최종적으로는 임원이 책임지는 경영자의 참모습을 보여 주어야 한다. 업무 범위는 임원이 거시적이라면 직원은 미시적이다. 임원과 직원의 업무가 조화를 이루어야만 기업은 제대로 운영될 수 있다.

임원(경영자)의 기본적인 덕목을 생각해 보면, 첫번째, 막중한 업무를 추진하려면 우선 건강해야 한다. 몸과 마음(정신)의 건강 유지를 위해서는 분주함에도 정기적인 건강관리는 필요하다. 두번째, 기업과 직원에게 미래의 희망을 주는 비전 제시와 상상력이 풍부해야 한다. 세번째,

자기의 생각이나 정책에 대해 직원이나 주주 또는 거래처를 상대로 이해하기 쉬운 설득력과 순수함을 바탕으로 끈기 있게 추진해야 한다. 네번째, 도덕적(깨끗함)이고 일관성 있는 추진력이다. 계획된 내용은 우선 순서에 따라 끝까지 추진해야 하고, 방향 등이 변경될 경우, 관계인이 납득할 수 있도록 디테일한 설명이 필요하다. 다섯번째, 민첩(스피드)해야 한다. 정확한 판단력과 과감한 추진력(실행력)이 필요하다. 여섯번째, 먼저 전체(숲)를 보고, 세부사항(나무)을 자세히 살펴보고 판단해야 한다. 마지막으로 제한된 자원을 활용하여, 우선 순위에 따라 효과(특히, 재무적)를 극대화한다.

대표이사 경영책임

대표이사는 대내적으로 업무를 수행하고, 대외적으로는 회사를 대표하는 주식회사의 상설기관이다. 일정규모 이상의 주식회사는 반드시 두어야 하는 대표적인 집행기관이다. 대표이사는 원칙적으로 이사회에서 선임하지만, 정관에 따라 주주총회에서 직접 선임할 수도 있다. 대표이사는 이사회의 위임 범위 내에서 업무 집행에 관한 세부적이고 일상적인 사항을 결정하고 집행할 수 있다.

지속경영을 위해서는 경영책임 권한이 있는 대표이사가 중심이 되어야 한다. 기업은 사업모델을 기반으로 그 가치를 평가할 수 있으므로, 기업의 미래설계를 기본으로 사업 확장, 특히 시장 확장 가능성 여부에 따라 기업 가치가 평가된다.

다음은 기업에서 중시하여 적용되는 원칙경영이다. 지속성장을 위해서는 반칙경영이 금물이며 반칙으로 말미암아 자칫하면 경영진의 도덕적 해이라는 불명예가 나올 수도 있다. 더불어 작은 실수가 기업의 존폐를 가름할 수 있어, 눈에 보이지 않는 리스크 관리가 중요하다. 이는 경영자 능력에 속한다고 볼 수 있다.

그다음으로 기업에서 인적자원은 매우 중요하다. 경영진과 경영계획이 구성원의 신뢰를 받고 있는지에 관한 일종의 지표인 이직률도 한 부분을 담당한다.

우리나라 기업은 산업화와 함께 급속도로 발전했다. 여기에서 배놓을 수 없는 것이 재벌그룹이고, 한국 기업의 역사는 곧 재벌기업의 역사라고 할 수 있다. 확장 지향주의와 혈통주의라는 한국형 기업문화는 재벌그룹이 주도했던 것 같다. 재벌그룹은 그동안 돈이 되거나 동종기업에서 추진하면 전문분야가 아니더라도 사업 분야와 업종을 가리지 않고 확장을 시도했다. 확장시킨 대기업을 2, 3세에게 순조롭게 물려주면서 재생산을 거듭하고 있는 것이 현실이다. 최근에는 신생 대기업의 창업자가 자신의 욕심보다 함께 잘 사는 문화를 자연스럽게 선도하고 있는 것 같다. 바로 기부문화가 그것이다. 선진국에만 있는 줄 알았던 기부문화가 우리나라에서도 서서히 마음의 문을 열어가고 있는 듯하다.

기업경영과 연관해서 조선시대 폭군을 다시 생각해보자. 필자는 조선시대 연산군의 폭정으로 조선의 운명이 달라졌다고 생각한다. 당시 신하들은 연산군의 국정운영이 잘못됐다며 충언을 하기도 했지만, 연산군은 자기 생각에 반대하는 신하가 아무리 훌륭한 인재라도 사형을 시켰다. 그러나 아부한 신하에겐 높은 벼슬을 주는 안하무인의 정치를 펼쳤다. 연산군은 신하들이 연산군의 잘못을 말하지 못하도록 신언패(慎言牌)를 목에 걸어 주기도 했다.

말의 중요성은 백번 말해도 부족하지만, 연산군은 비판의 소리를 듣지 않고 자신이 듣고 싶은 말만 듣고자 이런 조처를 한 것으로 보인다. 결국, 신하들은 나라를 위해 바른말을 하기를 멈추었고 조선은 점점 쇠퇴해졌다. 기업도 결코 예외는 아니다. 기업의 임직원도 대표이사에게 기분이 좋아지라고 달고 좋은 말만 해서는 안 된다. 기업의 발전을 위해서는 대표이사에게 경영에 보탬이 되는 올바른 제안을 하는 것이 필요하다. 기업에 제공되는 제안은 기업의 정책수립에 기초가 되어야 하고, 기업은 이를 바탕으로 더욱 발전할 근거로 삼아야 한다.

대표이사는 대표이사가 아닌 회장이나 부회장, 사장 또는 부사장과 전혀 다르다. 대표이사는 법적인 책임이 상상하기 힘들 정도로 무한하다. 기업의 비전수립부터 직원의 매월 급여까지 책임져야 한다. 아울러 직원에게 약속한 급여는 정해진 날짜에 지급해야 한다. 물건을 팔아 수금한 자금이나 보유자금으로 지급해야 한다. 보유자금이 없거나 자금이 부족하면 금융기관 등에서 차입해서라도 임직원의 급여는 지정 일자에 반드시 지급해야 하는 의무가 있다.

대표이사의 임무는 직원의 생계유지가 기본이고, 미래지향은 둘째 문제다. 대표이사인 최고경영자는 기업을 대표하고 기업경영을 총괄하며 조직을 관리한다. 최고경영자가 되기 위해서는 사전에 단계별 훈련이 필요하다. 각 대학교의 경영대학원 등에서 운영하는 이론적인 최고경영자과정도 있지만, 실제 기업에서 복잡다단하게 이루어지는 현장경영 경험이 필요하다.

최고경영자의 공통적인 중요한 업무는 인사관리 중 인재채용과 인재유지, 자금관리 중 유동성 확인이다. 기업문화는 기업을 유지·발전시키는데 기본적인 요소이며, 지속적인 혁신활동은 지속성장을 위한 촉진제이자 리더십이다. 최고경영자는 임직원의 제안을 고려하거나 참고하여 최종적인 의사결정을 해야 하고, 임직원을 믿는다고 중요한 기업의 업무를 통째로 위임해서는 결코 안 된다. 중요한 업무는 최고경영자가 사실관계를 직접 확인하고 판단해야 하며, 의사결정은 필수요소다.

임직원에게 중요한 업무를 위임하여 개인적인 손해가 발생하면 감당할 수 없는 일이 발생할 수 있다. 인사관리 중 임직원의 급여 결정은 매우 중요하고, 원칙이 없는 불합리한 급여 관리 때문에 기업의 미래가 암울해질 수도 있다. 기업에서 필수요원인 유능한 직원일수록 건의나 요청사항이 없지만, 급여 관련 반응은 아주 민감하다. 입사 시나 회의시 또는 별도로 약속한 내용을 지키지 않거나 다른 직원에 비해 역차별을 받는다는 느낌만으로도 조용히 이직을 준비할 수 있다. 직원의 급여는 기본이고 매우 중요하며, 인적 가치평가의 기준이다. 한마디로 급여는 그 사람의 몸값이다. 더군다나 매월 급여 지급의무는 기본이므로 하루라도 밀리면 신뢰를 잃는다.

공휴일이나 토요일, 일요일에 겹쳐있는 날의 급여는 급여일 전에 지급해야 직원 사기에 좋다. 직원들의 생계유지가 걸려있는 급여의 지급일은 더없이 중요하다. 아무런 사유 없이 혹은 양해를 구하지 않고 직원의 급여지급을 뒤로 미루거나 이를 망각해서는 처벌을 받을 수도 있다. 과거에는 직원의 급여를 제때 지급하지 않더라도 나라의 전반적인 경제 사정상 이해하고 넘어가기도 한 적이 있었다. 이제는 근로기준법의 강화로 최고경영자는 이를 간과해서는 안 되며, 어떤 경우라도 직원의 급여는 체불되어서는 안 된다. 체불된 급여는 최우선으로 해결할 필요가 있다.

더 나이가 들기 전

자연의 계절도 봄, 여름, 가을, 겨울이 있듯이 직장인에게도 시기가 있는 듯하다. 신입사원 때는 만물이 소생하는 초봄에 해당하고, 중견사원인 대리, 과장, 차장급은 각각 익어가는 늦은 봄과 활력을 느끼게 하는 여름, 조석으로 추위를 느끼는 초가을에 해당할 것이다. 부장이 되고 나면 나이가 들었다는 신호가 온다. 마음속 건강과는 달리 머리에 어느새 하얀 이슬이 내리고 눈이 침침해진다. 직장에서 나이든 직원으로 분류되어 신입사원은 그 앞을 피해 다닌다. 경기가 좋지 않거나 구조조정 등 찬바람이 불면 우선 가족 생각으로 가득해지는 나이다.

정상적인 시기에 혼인한 부장급의 자녀들은 고등학생이거나 대학생 정도다. 자녀들에게 한참 돈이 많이 들어가는 시기다. 기업에서 부장급은 기회가 있을 때마다 내보내려고 구실을 붙이는 인기가 없는 나이다. 참으로 서러운 나이다. 같은 나이지만 나이를 느끼는 사람과 느끼지 못하는 사람으로 분류된다. 55세 전후의 나이는 직장에서 비교적 많은 나이에 해당하지만, 사회에서는 그렇지 않다. 직장과 사회에서 직접 느끼는 온도의 차이다.

직장인은 정년을 맞이하면 후배직원을 위해 다니던 직장을 떠난다. 퇴임의 시기는 매우 중요한 문제다. 정년시기에 맞추어 단계별로 스스로 준비해야 한다. 조기퇴임은 조직의 역량으로 이루어지기 때문에 본인의 힘으로는 어려울 것이다. 퇴임의 시기를 본인이 결정하고 직장에서 수락해주는 것이 제일 좋다. 관리직인 경우 정년에 퇴임하는 직원이 흔하지 않다. 생산직은 정년까지 채우는 직원이 관리직보다는 훨씬 더 많다. 직장의 사정이나 권고 등으로 퇴임을 강요당할 수도 있다. 그러므로 먹고 살 수 있는 대안이 있다면 조금 아쉬울 때 스스로 퇴임을 결정하는 것이 좋다.

체계적으로 준비된 은퇴는 월급쟁이의 희망사항이다. 건강함과 더불어 노후의 삶을 걱정하지 않을 정도의 많은 재산을 보유한 직장인은 흔하지 않다. 매월 생활비와 자녀의 교육비로 소득의 많은 부분을 지출했던 직장인 중 은퇴 후 여유 있게 살아갈 수 있는 많은 재산을 보유한 월급쟁이가 얼마나 될지 의문이다. 우리나라는 근로기준법상 정년이 만 60세이므로, 모든 사업체는 정년시기(만 60세)를 준수해야 한다. 정년에 맞춰 퇴임했다면 그 이후에도 본인의 나이에 맞는 직업을 찾아 일을 더 하는 것이 건강 유지에도 좋다.

은퇴 후 새로운 직장을 구하는 경우, 과거의 경력을 전부 버리고 사회 초년생의 기분으로 새롭게 출발하면 마음이 가벼울 수 있다. 직장마다 상황이 다르긴 하나 만 60세까지는 자녀의 혼인을 거의 시킬 수 있는 나이다. 직장 근무 시 크게 보이지 않았던 국민연금은 월급과 비교할 바는 아니겠지만, 생활비의 일부를 담당하여 많은 도움이 된다. 별거 아니라고 생각했던 국민연금이 크나큰 효자가 될 것이다. 매월 국민연금만큼 용돈을 주는 자식이 그렇게 많지는 않을 것으로 생각한다. 국민연금은 죽을 때까지 계속 지정된 날짜에 수령 가능하고, 기본적인 생활유지에도 큰 보탬이 된다.

직장인들은 매달 일정 소득이 있으므로 앞으로의 삶을 걱정하지 않는다고 큰소리 치지만, 미래가 불확실한 세상은 어떻게 변할지 아무도 모른다. 각자의 일을 스스로 챙겨야지 남이 도와주지 않는다. 은퇴하면 결국은 혼자다. 자기 스스로 결정하고 모든 걸 해결해야만 한다. 월급쟁이의 한계이고 삶이다. 이러한 삶은 직장인이라면 거의 겪게 된다. 그것도 한동안이 아니라 나이가 들거나 거동이 불편하게 되면, 사랑하는 가족과 생이별 후 요양원이나 요양병원에 입원하여 죽을 때까지 외로운 생활은 계속된다. 결코 남의 일이 아니라는 점을 확실히 해 둔다. 직장인이라면 누구에게나 닥칠 일이므로 나이 들기 전에 미리미리 준비하는 것이 최선이다.

경영자 점검 업무

매일 점검

1. 출근 시 - 일일 중요업무 점검, 퇴근 전 - 일일결산
2. 퇴근 전 - 내일 해야 할 주요 업무 기록
3. 일일 자금현황 점검 및 지시(수금, 결재)
4. 일일 성공 및 실패사항에 대한 개선 방안 점검
5. 일일 주요현황 점검 및 보고서 검토
6. 일일(또는 수시) 고객에게 회신할 사항 최종 점검
7. 일일 유익한 경영서적 보기와 메모 후 임직원 교육 시행
8. 일일 임직원 중 1일 1명 칭찬하기
9. 일일 책상 정리하고 퇴근하기

매주 점검

1. 주간 임원회의 개최 및 참석
2. 주간 주요 팀과 간담회 개최 및 참석
3. 주간 임직원 면담(면담일지 작성)과 건의사항 청취 및 회신
4. 주간 중요업무 요약(상사에게 보고 대비)
5. 주간 재무현황 점검
6. 주간 품관회의 개최 및 참석
   * 주간 품질평가회의 실시-관련 임원과 생산팀 및 품질팀 참석
7. 주간 성공 및 실패사항에 대한 개선 방안 점검

매달 점검

1. 월간 매출현황 점검
2. 중요 고객 월 1회 이상 방문
3. 월간 경영실적(재무분석 및 자금실적) 점검
   * 장기미결, 재고현황(장부와 실물 일치 여부) 점검
4. 다음 달 경영계획(사업계획, 자금계획) 점검
5. 월간 품질(개선 및 클레임)실적 및 계획 점검
6. 월간 임직원 대상 내부교육 실시
7. 월간 벤치마킹(동종업체 중 우수기업) 대상 업체 방문

매년 점검

1. 연간 결산 내용 점검
   * 영업, 재무, 자금, 인력, 개발, 생산, 품질 보고서 점검
2. 연간사업 계획 대비 실적 점검
   * 영업-수주, 재무, 자금, 인력, 개발, 생산, 품질 및 3개년 실적 대비
     점검
   * 성공 및 실패사례 점검
3. 내년 사업계획 수립 및 발표
4. 매년 우수 임직원 표창(다수 권장)
5. 매년 주주총회 개최 및 보고

4부

오늘과 내일

생산관리

사람들은 다른 세상을 동경한다. 그리고 언제가 다른 세상에서 사는 자신을 꿈꾼다. 다른 세상은 무엇인가? 지금보다는 살기가 더 좋은 세상이다. 즐겁고 행복한 세상이다. 세상은 계속 변한다. 과거보다는 현재의 變化 속도가 빠르다. 미래에는 더 빨라질 것이다. 우리나라도 고대부터 조선시대에 이르기까지 변화를 거듭했다. 신라시대의 성덕여왕신종(일명 에밀레종)은 약 19톤의 구리를 용해하여 제작한 매우 크고(직경 2m23cm, 높이 3m66cm) 아름다운 종으로 음색도 곱다. 당시의 기술 수준으로는 놀라운 일이다. 제작 계획을 수립하고 공사 진행에 따른 감독과 생산관리를 정밀하고 철저하게 했을 것으로 추측한다.

조선시대 다산 정약용 선생은 기업윤리 정신 배양을 통한 경제 진흥을 주장하며 경세유표(經世遺表)에 "밥이 비록 귀하다고 하더라도 세상의 모든 백성이 모두 땅에 돌아가거나, 장인이 쇠, 나무, 흙 등을 다스려 옹기를 만들지 않거나 상인이 재화를 있는 데서 없는 데로 옮기고, 궁핍함을 구제하지 않으며, 목재를 만들어 내지 않고, 부녀자들이 옷감을 다스려서 의복을 만들지 않으면 죽음이 있을 뿐"이라고 하여 모든 사람이 자기의 직분을 다하지 않으면 먹고 살 수 없음을 강조하였다. 다산 사상의 특징은 다른 실학자와 마찬가지로 합리성에 있다.

우리나라에서 관영수공업이 붕괴되고 사영수공업이 성장하는 18세기 후반기 영국에서는 산업혁명으로 공장제(factory system)공업이 시작되었다. 영국의 공장제공업은 1764년 이래 하그리브(James

Hargreave)의 방적기와 와트(James Watt)의 증기기관차 발명에서 비롯되었다. 아담 스미스(A. Smith)는 국부론(The Wealth of Nations)에서 분업을 통하여 생산성을 향상시킬 수 있다고 주장하였다.

아담스미스의 주장은 찰스 바베지(Charles Babbage)에 의해 더욱 발전하게 되었다. 바베지는 공장에서 분업을 하면 아담스미스가 주장한 대로 노동생산성이 자동으로 향상될 것인가에 의아심을 가졌다.

바베지는 핀의 제조공정을 7개의 공정으로 나누어 제조시간과 제조원가를 비교·측정한 결과, 분업효과를 더욱 높일 수 있다는 결론을 내렸다. 바베지는 경영관리를 중요시하였는데, 각 업무에 적임자를 배치하고 임금을 개별공장의 임금구조에 맞도록 적용시켜 노무비를 최소화하여 노동생산성을 향상시키는 데 이바지했다.

위의 사례를 보면 우리나라와 영국에서는 생산관리를 기본으로 하여 과학과 생산기술이 발달한 것으로 추측된다.

오늘과 내일

오늘과 내일은 다르다. 날마다 같은 생활을 하는 것 같지만 오늘과 내일은 분명히 다르다. 어제 회사에 출근했는데, 오늘은 집에 있다. 퇴임하면 하루 사이에 세상은 달라진다. 직장인은 나이가 들면, 세상의 이치대로 퇴직 후의 삶을 걱정하게 된다. 무엇을 할 것인가 고민한다. 행동보다는 걱정, 또 걱정할 뿐이다. 은퇴 후 금방 느낄 수 있는 것은 날마다 일어나서 언제나 다녔던 길이 없어졌다는 허전함이다.

타인 또는 탁상시계(따르릉) 등에 의존해 눈을 비비고 일어나, 회사에 출근하는 그런 시기가 좋았는데, 날마다 직장에 출근하는 동안에는 정작 느끼지 못했다. 오늘 하루는 삶에 있어 돌아올 수 없는 귀중한 시간이다. 오늘 무탈하면 오늘이 최고의 날이다. 몸과 마음이 건강하여도 직장이 있어야 출근할 수 있고, 할 일이 있다. 그동안 느끼지 못한 행복한 출퇴근 길, 날마다 정신없이 바쁘게 오간 그 길이 이제야 소중하였다는 걸 느끼게 된다.

사회 통념상 전문직(전문적인 지식이나 기술이 필요한 직업)은 몸과 마음이 건강하면, 죽는 날까지 그 직업을 유지할 수 있다. 경영환경 변화와 개인사정, 사업성과에 따라 사무실 운영비 등 제반 비용문제가 생길 수는 있겠지만, 전문자격증 소유자는 지속해서 전문직업을 이어갈 수 있다. 다만, 고정적인 지출이 수입보다 많으면 자격증 소유자도 사업 유지가 불가능하다. 수지 타산이 맞지 않아 결과적으로 문을 닫는 사례도 있을 것이다. 나이를 먹으면 젊은 사람과 의사소통이 잘 안되고 비슷한 연령대 사람과는 은퇴로 연결 고리가 끊어지기 때문이다. 특히 한국사회에서는 혼자서 일을 할 수 없다. 사람관계가 중요한데, 학연, 지연, 사회구성원, 친지 등으로 구성된 관계가 단순 만남이 아니라 일로 연결되기 때문이다.

일도 대부분은 관계 속에서 연결되고, 연결은 비슷한 세대의 사람들로 이루어진다. 나이의 중요함은 젊었을 때는 느끼지 못한다. 중요한 일을 의뢰할 때 실력 여부보다는 젊고 활기찬 사람에게 더 눈길이 간다. 필자역시 그랬던 것 같다. 젊었을 때는 항상 젊음이 지속될 거라는 착각 속에서 덧없이 살아간다.

전문직업도 나이를 중요시한다. 일반직장은 더 중요하게 생각한다. 그래서 나이가 들면 퇴직을 권유한다. 직장에서 나이가 많은 임직원을 내보내려고 하는 상황에서, 은퇴세대의 신규 취업은 정말 힘든 일이다. 창업은 더욱 어렵고 잘못되면 생계까지 걱정해야 할 수도 있다. 그렇다면 나이를 먹는 것이 죄란 말인가? 그것은 결코 아니다. 젊었을 때는 노후 준비란 단어가 쉽게 와닿지 않고, 준비의 절실함도 모른다. 그러나 나이가들면 직장이 없어진다. 고정수입이 없는데도 매월 일정한 지출은 대기하고 있다. 그러면 어떻게 생활해야 할까? 은퇴자들은 그러한 속사정을 누구한테 이야기할 수도 없다. 한동안은 죽을 맛이다. 세상의 변화를 절실하게 느낄 수밖에 없다.

젊은 사람들은 우리나라가 정말 어려웠던 시절을 직접 경험하지 못했다. 우리나라가 어려웠던 1960~1970년대를 생각하면 눈물이 눈앞을 가린다. 그 이전에는 더 어려웠을 것이다. 고생이란 단어가 익숙한 시절이었다. 배가 고프면 물을 먹거나 산에서 풀을 뜯어다 가마솥에 삶아 먹던 의지의 한국인이다. 현재 겪고 있는 일반적인 어려움을 힘들다고 하는 것은 배부른 투정일 수도 있다. 옛날에 비해 세상이 좋아졌음에도 더 여유롭게 살겠다고 많은 사람이 하는 고민은 의미 없는 걱정이다.

일반 직장인의 오늘과 내일은, 목표는 오늘 할 일은 오늘 한다. 직장인의 오늘은 오늘의 할 일을 계획하고, 오늘의 목표를 추진하여 성과를 관리하고 개선한다. 내일도 오늘과 거의 비슷하다. 직장인의 오늘과 내일을 요약하면, 업무 계획과 수행 및 목표 달성도에 따른 성과 관리다. 이를 위해 계획을 수립하고, 목표 달성을 위해 노력하고, 성과를 관리하면서 오늘도 내일도 근무하고 있다.

직장은 일하는 곳

직장은 사람들이 일정한 직업을 가지고 일하는 곳이다. 큰 곳(대기업)도 있고 혼자서 일하는 곳(자영업, 1인 기업)도 있다. 직장은 경영조직에서 여러 사람이 모여 일을 하는 곳이다. 크기와 업태는 매우 다양하다. 한국인들은 모여 있는 자체를 좋아한다. 함께 일하고 비난도 하며 술을 마실 때는 조직에서 있었던 일을 안주라고 생각하며 얘기하기도 한다.

직장은 하루 대부분을 일과 함께 생활하는 곳이다. 일을 좋아하는 사람도 있지만, 생계를 위해 어쩔 수 없이 매여 있기도 하다. 직장에 다닐 때는 그곳이 그렇게 좋은 곳인지는 몰랐다는 사람이 너무 많은 것 같다. 젊은이들은 그들의 말을 귀담아듣지 말아야 한다. 직장보다는 직업을 선택하는 것이 현명한데 한국인은 직장을 더 선호한다.

직장생활을 계속할 것인가? 창업으로 나설 것인가? 경계선의 나이 제한은 없다. 다만 결정의 나이는 만 35세 전후라고 한다. 은퇴가 없는 자기

사업인지, 은퇴가 있는 직장인지에 대한 결정은 오로지 자신의 몫이다. 필요한 시기를 선택하는 것도 자신만의 역량이다. 직장에서 자기사업으로 다시 직장으로 왔다 갔다 하는 것은 결과적으로 불행을 초래할 수 있다. 한 번 결심하면 한동안은 고통스럽더라도 그 길로 꾸준히 나아가야 성공할 수 있다.

우리나라 고용의 대부분은 중소기업(2024년 5월 기준, 81%)에서 이루어진다고 봐도 과언이 아니다. 대기업 정규직은 매력적이나, 지금의 대기업은 과거처럼 정년이 보장되지도 않고, 한창 일할 나이에 명예퇴직 또는 정리해고가 일상화되어 있다. 본인이 하고 싶은 일과 정년이 보장되는 창업을 생각한다면, 다양한 기회를 만날 수 있는 중소기업이 더 나을 수 있다. 100세 시대다. 젊었을 때 중소기업에서 다양한 업무를 경험해 보는 것도 나쁘지 않을 것 같다.

경험

옆에서 보면 걱정이 없는 듯한, 화목하고 편안한 집안이 더러 있을 것이다. 그러나 그런 집안은 별로 없다. 아무리 부자라도 한두 가지의 걱정은 있기 마련이다. 부잣집보다는 가난한 집에서 웃음소리를 더 자주 들을 수 있다. 가난한 집은 딱 한 가지가 부족하기 때문이다. 바로 돈이다. 돈만 벌면 전부 해결될 수 있다. 가난했던 사람이 부자가 되면 가난한 시절보다는 형제간에 우애가 덜한 경우가 있다. 사람이 살면서 겪은 희로애락에 대한 경험은 너무나도 다양하다.

아이디어가 무궁무진하게 서술된 책을 사는 데 절대 돈을 아끼지 말아야 한다. 책값처럼 싼 것이 없다. 만약 구독자가 책을 쓴다면 많은 노력과 시간이 필요할 것이다. 투입된 시간과 노력을 고려하면 책값에 관한 구독자의 생각은 달라질 것이다. 세상에는 반드시 좋은 일만 있는 것은 아니다. 슬프고 어렵고 안타까운 일도 있다. 세상을 즐기라고 하지만, 그렇게 단순하지는 않다. 직장인의 진짜 속내는 무엇일까? 직장생활을 즐겁게 하길 바란다면 자기만의 방법을 찾아야 한다.

즐겁게 사는 것이 무엇인가의 정답은 전속력을 다하여 목표를 이루겠다는 의욕적인 삶이라고 할 수 있다. 많은 직장인은 몸과 마음이 편하고 돈도 많이 버는 것을 꿈꾼다. 이는 도둑님의 심보이다. 보통 흔하게 하는 질문이 있다. "직장인이 제일 중요하게 생각하는 것이 무엇입니까?"라고 물으면 인간관계라고 답한다. 그러면 인간관계는 무엇일까? 이것은 매우 어려운 질문이다. 이같은 어려운 질문을 아주 쉽게 하고 답하는 것 자체가 바로 인간관계에서 나온다.

세상의 고민은 혼자만의 것이 아니다. 누군가는 드러내고 누군가는 혼자의 힘으로 해결하려고 한다. 고민을 혼자의 힘으로 해결하는 것보다는 먼저 친한 친구와 상의하는 것이 몸과 정신건강에도 낫다. 물론 고민을 함께 할 친구는 흔하지 않다. 젊을 때부터 죽을 때까지 동행할 마음이 있는 친구를 사귀는 것은 무엇보다도 중요하다. 때론 고민을 세월이 해결해 주는 것 같다. 아무리 큰 고민거리라도 아침과 저녁때 다르고 사안별로 다르다.

고민이 있다고 술로 해결하려 하면 자신의 몸만 망가질 뿐이다. 최고의 적은 바로 자신이다. 고민이 많을 때는 사람들을 자주 만나 고민을 얘기해 볼 필요가 있다. 여러 사람을 만나다 보면, 그중에 책을 많이 읽어본 사람은 삶의 지혜가 풍부할 것이고, 해외여행을 많이 다닌 여행가는 지역적인 환경에 대한 경험이 풍부하겠고, 사업에 성공한 사람이나 실패한 사람은 사업의 진수를 알 것이며, 자신과 다른 장소에 있던 사람은 다른 세상을 알 수 있을 것이다. 다양한 사람과의 만남을 계기로 자신의 고민이 사라질 수 있고, 자신감을 얻을 수도 있을 것이다. 홀로 고민을 하면 해결되는 것 없이 머리만 아프다. 다양한 사람들을 만나 자신이 경험하지 못한 타인의 경험을 들어보는 것이 지혜를 얻고 해결방법을 찾는 데 도움이 될 것이다.

은퇴하면 변한다

은퇴가 무엇이고, 어떻게 피할 수 있을까? 우리 사회는 나이가 든다는 사실에 잘못된 기대를 갖고 다소 후진적인 논리로 여긴다. 대부분은 신체적으로 가장 힘이 넘칠 시기에 사회에서 필요한 일을 하다가, 나이가 들어 쉽게 피곤해져 더 오래 앉아 있어야 하는 시기가 오면, 자유의 시간을 선물 받게 된다. 은퇴는 우리가 스스로에게 주는 놀라운 선물이어야 하지만, 제대로 준비되지 않은 은퇴는 축복보다는 재앙에 가깝다는 것을 보여준다. 은퇴가 우리에게 어떤 영향을 미칠 수 있는지, 그리고 그것에 대비하기 위한 구체적인 사전 조치들은 무엇이 있는지를 한 번 더 생각해보는 시간이 필요하다.

사람은 잘난 사람이든 그렇지 못한 사람이든 살면서 삶의 굴곡과 크고 작은 사연을 겪는다. 태어나서 죽을 때까지 일만 하다가 죽으라는 법은 없다. 인생의 설계를 잘한 사람은 죽음에 앞서 조금은 후회가 덜 할 것으로 보인다. 과연 필자는 어떤 사람이냐? 이제야 철이 든 것 같다. 한참 일을 열심히 할 때는 사람은 죽을 때까지 일을 해야 하는 줄 알았다. 아침부터 저녁까지 일하지 않고도 필자보다 더 잘 사는 사람이 너무 많다. 평생을 엉뚱한 데 돈을 쓰지 않고 먹을 것 제대로 못 먹고 절약하면서 모았는데, 정년퇴직을 하고 나니 쓸 돈이 절대적으로 부족하다.

임원으로 일찍 진급했고 월급쟁이로도 적지 않은 월급을 받았는데 성실한 태도만으로는 세상을 이길 수 없는 것 같다. 필자는 장기간 열심히 일하다가 은퇴한 사람이다. 사람은 변하지 않을 것 같지만, 살면서 환경에 따라 변한다. 어렵고 힘들수록 강해지는 것이 사람이다. 그런 의미에서 사람이 변한다는 것이다. 더불어 직장에 다닐 때보다 은퇴하면 시간적인 여유가 있어 변한다.

개인의 일반적인 정보를 작성할 때 간혹 직업란에 기입할 때가 있다. 직장인은 회사원이라고 기록한다. 직장이 없으면 무직이라고 적을 수밖에 없다. 사소한 것 같지만 사람의 심정을 살펴야 할 지점이다. 그만큼 직장과 직업이 중요하다. 직장만 있으면 일반적인 내용은 걱정이 없다. 그런데 무심코 직장에 다닐 때는 그냥 직장인이다. 통상 대주주가 아니면 거의 모든 직장인은 사규(연령과 업무적인 역할)에 따라 퇴직이 정해진다.

직장인이라면 누구나 한 번 이상의 퇴직을 경험하게 된다. 대다수 직장인은 직장을 다닐 때 은퇴에 대해 별생각이 없다. 그저 다른 사람들의 이야기라고 생각한다. 은퇴한 사람들의 진솔한 경험담을 들어볼 필요가 있다. 대부분 은퇴하면 생활환경이 순식간에 변한다. 은퇴하면 직장생활의 기본인 출근과 퇴근이 없어지고, 늦잠을 자거나 계획 없이 생활해도 일체 간섭하는 사람이 없다. 일에 대해 잔소리를 하는 사람도 없다. 경우에 따라, 생계유지를 위해 계속해서 돈을 더 벌어야 한다.

한마디로 직장이 없고 놀게 되면 바로 실업자라고 불린다. 실업자가 되면 국민건강보험공단에서 변경 통보가 온다. 의료보험증에 다니던 직장에서 지역으로 가입이 변경되었다는 통지다. 직장의료보험료는 정확하게 알 수 없다. 직장에 다닐 때, 월급에서 국민연금과 의료보험료를 얼마나 공제하는지 그리고 통장에 실제로 입금되는 금액은 얼마인지를 부인이 먼저 확인하고 관리하기 때문이다.

은퇴 후에는 주로 집에서 삼식을 한다. 이런 사람을 흔히 '삼식이'라고 부른다. 직장에 다닐 때는 업무상 직장동료 또는 지인과의 약속으로 외식을 하는 경우가 많다. 직장에 다닐 때도 휴일에 집에서 일식 내지 이식만을 한다. 아내가 밥을 제대로 차려주지 않는다. 하물며 직장을 그만두면 과연 밥을 주겠는가? 남편들아 제발 정신 좀 차리세요. 여자의 생리는 남자보다 우월하다. 여성 대부분은 나이가 들수록 지지 않으려는 습성이 더 강해지는 것 같다.

은퇴로 말미암아 남자는 한순간에 정신적으로 하층으로 전락하게 되어 있다. 돈을 벌었던 사람에서 돈을 쓰는 사람이 된다. 그동안 가족들을 부양하는 데 온힘을 다했다가 나이가 들어 어쩔 수 없이 은퇴했다면 기를 죽이는 일부터 삼가야 한다. 은퇴 전에는 이미 은퇴한 지인에게 경험담을 듣기도 하며 사전에 스스로 준비해야 한다. 은퇴 이후, 그 누구도 믿거나 의지하지 말고 자신의 일은 직접 챙겨야 한다. 은퇴하면 주위의 사람은 대부분 떠나고 가진 자만이 살아남는다.

은퇴와 재취업

은퇴의 시기는 근무기간과 나이를 생각하면, 대부분은 자녀 결혼을 시킨 후일 것이다. 살림에는 큰 도움은 안 되겠지만, 대부분 늦어도 만 65세(조기수령 또는 연장수령이 있고, 정부 정책상 국민연금 수령시기가 점점 늦어지고 있음)부터 매월 일정액의 국민연금을 수령하기 때문에 수입이 전혀 없는 것은 아니다. 정년이 없는 계약직인 임원은 퇴임의 시기를 본인이 스스로 결정하고 직장에서 수락해주는 것이 가장 이상적이다.

관리직 중에서 정년에 퇴임하는 임직원은 많지 않다. 생산직은 정년까지 근무하는 직원이 관리직보다 훨씬 많아 최근에는 오히려 생산직을 더 선호하는 현상도 나타났다. 직장인이 근무하는 직장에서 강제로 퇴임을 당할 수도 있지만, 대안이 마련되어 있으면 스스로 퇴임을 결정할 수 있다. 자기 결정으로 맞이하는 퇴직은 정직하게 살아온 월급쟁이의 최고목표다. 노후를 위해 넉넉하게 재산을 저축한 사람이 과연 몇이나 되겠는가? 젊었을 때 친구들과 소주 한잔할 때는 잘 모른다. 지나고 보면 그때가 인생의 황금기다. 나이가 들면 그 당시 어울렸던 친구 생각으로 가득 찬다.

퇴임 후 매월 들어오던 급여 수입이 없는 상태에서 생활비 문제, 불규칙적인 생활에 따른 건강문제, 가장의 퇴임으로 불거진 자녀문제, 이제껏 집에서 자유스럽게 지내던 아내와 간섭하려는 남편으로 인한 부부간의 갈등 혹은 주택문제 등 여러 가지의 문제가 눈앞에 산재할 것이다.

직장은 생활을 위한 기본 장소이고, 하루의 일과 대부분은 직장에서 보낸다. 한국인들은 무리를 지어 어울리는 것을 좋아하기 때문에 퇴근 후 동료들과 가벼운 호주머니를 털어 소주 한 잔으로 그날의 안 좋았던 기분을 날려 보낸다. 술안주에는 항상 상사가 등장한다.

직장에서 시작해서 직장에서 모든 일을 끝내는 것이 지난날의 젊은 인생이었다. 직장인 중 일하는 것 자체를 좋아하는 사람도 있지만, 대부분은 생계 때문에 일을 한다. 직장이 좋은 곳이라고 많은 사람이 얘기하는데, 독이 될 수도 있다는 걸 알아야 한다. 일찍 알수록 좋다. 직장생활은 언젠가는 끝이 있기 때문이다.

직장보다는 직업을 중요시하는 것이 현명하다. 한국인은 직장을 더 선호한다. 자신을 보호해 줄 우산이 필요하다고 생각한다. 스스로 우산을 제작하면 되는데, 제작할 용기가 나질 않는다. 남이 만들어준 우산 속에서 일을 하는 것이다. 남의 집에서 사는 것과 다르지 않다. 필자도 예외는 아니었다. 젊었을 때 용기를 잃으면 다 잃는 것이다. 가진 돈이 없으면 일을 해서 벌면 되지만, 용기를 잃으면 돈은 물론 돈보다 더 중요한 건강까지 잃을 수도 있다. 다만 은퇴자는 건강이 허락된다면, 눈높이를 낮추어 재입사할 것을 추천한다.

사고의 전환

사고의 전환이 필요하다. 행동으로 옮기기엔 용기가 나지 않는다. 결국 나이 들어 정년퇴임을 하면 몸이 건강하더라도 용도 폐기된 퇴물이 된다. 대주주는 건강이 허락하면 죽을 때까지 직장이 보장된다. 병상에서도 그 직을 유지한다. 대주주의 힘은 대단하다. 반면에 소시민인 월급쟁이는 몸과 마음은 대주주보다 편할지 모르나, 자기 무덤을 파는 행위인 줄 모르고 자신의 일생을 직장에 바친다. 월급쟁이의 애환이다. 돈을 벌기 위해 직장생활을 할까? 과연 그럴까? 돈은 기본적으로 생활하는 데 꼭 필요하기는 하다. 돈은 많을수록 좋다고 말하는 사람이 대부분이다.

돈 때문에 젊은 인생을 건다. 요즘 젊은이는 더 돈을 밝히는 것 같다. 돈을 벌기 위해 새벽부터 일터로 달려가고 온갖 열정을 쏟아부어 근무해야만 한 달 급여를 받는다. 그런데 월급만으로 생활하기에는 항상 부족하다. 가계부를 책임지고 있는 가정주부는 부족한 부분을 충당하기 위해 지혜를 발휘하여 아끼고 또 아낀다. 가계부를 작성하지 않더라도 수입과 지출을 맞추는 가계 재정 운영에 매우 능숙하다. 전업주부인 경우, 부족한 수입을 보충하기 위해 효율적으로 돈을 쓰고 조금 남는 돈을 모아 저축도 하고, 저축한 돈으로 집도 사고 아이들 교육에 투자한다,

나이가 들면, 자기 자신을 위해서는 돈을 거의 쓰지 않는다. 자기보다는 가족을 먼저 생각하는 것이 한국의 주부들이다. 왜 그럴까? 아마도 가난했던 시절을 생각해서 그런 것 아닌가 조심스럽게 생각해본다.

은퇴 후, 행복한 노후를 보내려면 건강, 돈, 여가활용, 대인관계가 원활해야 한다. 한국보건사회연구원이 발표한, 35세~69세 1,500명을 대상으로 조사한 노후조사실태보고서에 따르면 건강이 100점 만점에 74.1점으로 가장 높다. 그다음은 대인관계가 67.3점이고, 돈은 60.3점이다. 최우선이 되어야 할 여가활용은 가장 낮은 59.6점이다. 그만큼 다수가 중요하다고 생각하는 것은 건강이다. 돈은 생활하는 데 일부지만, 건강은 인생의 전부라고 할 수 있다.

돈 많은 부자도 언젠가는 죽음을 맞이한다. 그런데 죽음에 대해 전혀 준비를 하지 않는다. 건강과 돈은 노후준비의 기본이다. 그리고 사람이 사는 동안 중요한 것은 여가활용이다. 그러나 여가는 뒷전으로 밀려있다. 직장인이 젊었을 때 퇴직 후를 준비하지 않는 것과 거의 같다. 하루하루가 매우 중요하지만, 매일 반복적인 삶을 살고 있으므로 하루가 얼마나 중요한지 전혀 모른다. 불의의 사고로 정상적인 생활을 못하는 경우, 평범한 하루에 무엇보다도 감사함을 느끼고 또 느낀다. 돌이켜보면 하루를 아무 일 없이 무탈하게 지내는 것이 큰 행복인 것 같다. 무탈하고 중요한 하루를 모든 가족이 감사함을 느끼며 살아야 한다. 하루는 정말 중요한 날이기도 하다.

가령 불의의 교통사고로 병원에 입원하면 병실에서 보내는 시간이 얼마나 답답할까? 병실에 있는 환자가 친인척과 친구를 제대로 만날 수 있을까? 돈 없는 사람이 나이 들어 아프면 주위에 자식들은 보이지 않는다. 돈이 있을 때는 자식들이 찾아온다. 자식들이 남들보다 못한 사례도 있다. 몸이 불편하면 병원에 입원한다. 요양병원이나 요양원에 입원하기도 한다.

중증환자는 신체를 묶어 놓은 경우도 있다. 동물도 아닌 사람에게 그런다는 것은 정말 끔찍하다. 돈 없는 사람은 나이 들어 아프면 불쌍한 사람이 된다. 이런 것을 보고 들을 때 인생은 허무하고 불쌍하고 비참하게 다가온다. 최근 우리나라에서 벌어지고 있는 병든 노인들의 실상이다. 젊었을 때부터 자기관리에 철저해야 한다. 눈으로 보고서도 느끼지 못한다면 노후에 불행해질 것이다. 특히, 가장은 가정을 책임지기 위해서라도 건강해야 한다. 건강은 그냥 유지되는 것은 아니므로 관리에 힘써야 한다.

은퇴 후, 기본운동은 물론이고, 스트레스를 받는 행위를 최소화해야 한다. 애주가라고 해도 술에는 장사가 없다. 사례를 든다면, 누런 주전자에 막걸리를 1주일간 저장해두면 주전자의 아랫부분이 구멍이 날 정도로 부식한다. 누런 주전자는 알루미늄 제품인데 사람의 위장보다 약할까? 그만큼 술이 건강에 해롭다는 것은 술을 넣어둔 노란색 주전자의 바닥이 분명하게 증명한다.

100세 시대에 정년이나 은퇴를 과거의 관점에 굳이 맞출 필요는 없다. 적당한 일자리가 생기거나 각자에 능력에 따라 봉사를 할 수도 있다. 은퇴를 했다고 하더라도 과거의 경력을 바탕으로 새롭게 일을 시작할 수 있을 것이다. 그러나 현실은 여러 가지의 상황과 개인적인 사유로 녹록하지는 않다. 직장생활을 할 때 은퇴 후를 사전에 차근차근 준비해야 하는 이유다. 평생직업이라는 단어가 있다. 그런 의미에서 일하면서 즐기는 인생도 나쁘지 않을 것 같다. 시니어 세대여 파이팅!

5부

경쟁력

이길 수 있는 힘

경쟁력은 한 기업이나 나라가 다른 기업이나 나라를 이길 수 있는 힘이다. 돈이나 자원은 모든 사람이 원하는 만큼 가질 수 없다. 따라서 원하는 것을 갖기 위해서는 경쟁을 해야 한다. 경쟁에서 앞서거나 이겨낼 수 있는 힘을 경쟁력이라고 할 수 있다.

세상은 경쟁시대이고, 누구 할 것 없이 경쟁에서 이겨야 살아남는다. 동물의 세계도 약육강식이다. 힘센 동물은 힘이 약한 동물을 인정사정없이 잡아먹는다. 모두가 살기 위해서다. 죽느냐 사느냐의 두 갈래 길인 생명을 노리는 행위다. 한마디로 약한 자는 강한 자를 이길 수가 없다. 스스로 강해지려고 노력해야 한다. 기업의 경우도 동물의 세계보다 더 할 것이다. 참으로 냉혹하고 비참한 세상이다.

한가지 사례를 살펴보면, 자동차시장도 경쟁의 시대다. 자동차를 제조하는 기업은 개발 초기부터 동종업체와 무한경쟁을 하고 있다. 자동차업계에서 살아남으려고 경쟁하는 것이다. 자동차시장은 급하게 변하고 있고, 자동차 기술도 계속 발전해 왔다. 고객이 진정으로 원하는 자동차를 만들기 위해 연구개발에 힘쓴 결과다. 한마디로 자동차는 정말 좋아졌다. 최근에 출시되는 전기자동차는 기계소리가 크게 느껴지는 예전과 달리 안락하고 고요한 느낌을 준다.

오늘의 친구가 내일의 적이 되기도 한다. 기업은 살아남아야 한다. 최종 승자는 누가 될 것인가? 휴대폰 제조기업이 다른 분야로의 진출을 꿈꾸고, 자동차를 만드는 기업도 다른 사업을 하고 싶어 한다. 다른 기업과 결합이나 기술제휴도 검토한다. 생존전략일 것이다. 미래의 기업은 관련 사업 간 협업의 시대로 갈 것 같다.

70년대 우리나라의 완성 자동차 제조회사는 조립공장 수준이었다. 현재는 초기 자동차의 기능인 운송수단의 개념에서 더 나아가 안락한 자동차에서 오디오를 즐기는 전자시대가 되었다. 혹자는 자동차산업을 기계산업이 아니라 전자산업이라고 한다. 최근에는 자동차의 개념이 변하여 참으로 맞는 말이다. 선진국일수록 탄소배출이 적은 가솔린자동차가 대세였다. 기술 중심의 디젤자동차에 관심을 두기도 했다. 그리고 이제는 친환경 자동차시대가 열리고 있다. 시대의 흐름에 따라 환경을 중시하는 세상이 되었다.

누구의 말이 맞는지는 세월이 지나면 결과에서 알 수 있다. 세상의 변화를 예측하면서 이런저런 이론과 경험에 기초한 주장과 함께 자동차의 기술은 급격하게 발전하고 있다.

국가기후환경회의 제안대로 2035년부터 내연기관차 판매를 중단한다면 연간 최대 28조 8000억 원에 달하는 수출 감소가 발생할 수 있다. 산업통상자원부에 따르면 한국자동차산업은 국내에서 생산된 완성차의 60% 이상을 수출하는 구조라고 한다. 수출하는 차량의 대부분은 내연기관차이다. 2030년 이후에 하이브리드, 전기차, 수소차 등 친환경차가 전체 자동차 판매량의 30% 이상을 차지할 전망이라고 한다. 이에 영향을 미치는 한국의 부품업체 중 60%가 준비 부족이다. 미래자동차의 개발과 생산에 대응하지 못하고 있는 실정이다. 정부의 지원 없이 친환경차 생산을 서두르면 자칫 자동차산업의 공멸을 초래할 수도 있어 걱정되는 부분이다.

과연, 전기차

최근, 내연기관차인 가솔린 자동차에서 주로 전기차로 넘어가고 있는 추세다. 시장이 급격하게 변하고 있다. 수소차가 대망이지만, 아직은 가솔린 자동차와 전기차가 대세다. 문헌에 따르면, 전기자동차 배터리를 1938년 바그다드 부근에서 독일 고고학자 빌헬름 쾨니히가 발견했으며, 납축전지를 사용한 전기자동차가 1873년 개발되었다.

이는 독일의 벤츠가 휘발유 자동차를 발명한 1885년보다 앞섰다. 전기자동차는 화석연료를 태워 동력을 얻는 엔진이 필요 없으며, 구조가 단순해서 차량가격도 더 쌌지만, 1912년 생산 대수 최고치를 기록한 후점차 쇠퇴했다. 이 자리를 대량생산 체계를 도입해 가격을 절반으로 낮춘 포드의 가솔린 자동차가 차지했다.

전기자동차의 몰락은 배터리 성능 때문이었을 것으로 추측된다. 배터리성능의 한계로 주행거리가 짧았고, 충전하는 시간도 오래 걸렸으며 가격도 비쌌다. 미국의 테슬라를 필두로 20세기에 전기자동차가 다시 부상한 것은 과거보다 가볍고 강한 리튬이온 배터리 덕분이다. 2019년 노벨화학상도 일본 소니가 처음 시판한 리튬이온 배터리를 탄생시킨 개발자들에게 돌아갔다. 테슬라 관련 리튬이온 배터리에서 해결되어야 할 과제는 크게 두 가지다.

첫째는 액체 전해질이 누출되더라도 폭발이 일어나지 않아야 하고, 둘째
는 한번의 충전으로 장거리 운행이 가능해야 한다. 전문가들은 배터리의
기술적 한계는 언젠가는 해결될 것으로 본다며 문제는 배터리 혁신 속도
가 시장의 기대에 부응할 수 있느냐가 관건이다.

글로벌 자동차 시장에서 큰 관심을 받고, 세계적으로 환경 보호와 지속
가능한 교통 수단에 대한 관심이 높아지면서, 전기자동차는 친환경적이
고 에너지 효율적인 측면에서 대안으로 주목받고 있다. 전기자동차의 수
요는 계속해서 증가할 것으로 예상되어 자동차 제조사들은 전기자동차
생산에 더 많은 투자를 하고 있다. 또한, 배터리 기술의 발전으로 전기자
동차의 주행 거리와 충전 시간이 개선되고, 배터리 가격도 하락하고 있
다. 일부 국가는 전기자동차에 대한 정부 보조금과 세제 혜택이 제공되
고, 충전 인프라 구축에 투자하고 있다. 또한 일부 국가에서는 대기 오염
문제를 해결하기 위해 전기자동차 사용을 장려하고 있다. 전기자동차 시
장은 지속 가능한 교통 수단으로 확대될 것으로 전망된다.

세상은 경쟁시대

세상은 경쟁시대다. 믿거나 말거나 사람도 경쟁하면 덜 늙는다고 한다.
세상을 사는 것이 온통 경쟁이고 잘 살려면 경쟁에서 아니 전쟁에서 이
겨야 한다. 학교에 다닐 때나 직장에 다닐 때도 경쟁은 수없이 많았고,

지금도 계속되고 있다.

경영학자인 피터 드러커는 "시간은 이 세상에서 가장 희소한 자원이다. 시간을 관리할 수 없다면 아무것도 관리할 수 없다"고 하였는데, 필자가 생각하는 경쟁력도 시간관리에서 나온다. 시간을 잘 관리하여 사용하는 사람은 일을 쉽게 더 많이 할 수 있다. 약간의 차이는 시간이 지나감에 따라 누적된 시간만큼 눈덩이처럼 불어난 결과를 가져온다.

시간은 어느 한 사람의 것이 아니고 혼자서만 소유할 수도 없다. 시간 계획에 따라 잘 활용하면 더 효과적이다. 필자는 자녀에게 늘 강조하는 말이 있다. 계획을 수립하여 제대로 실행하라는 것이다. 실수해도 후회는 없을 거라는 점을 강조한다. 그러나 계획을 수립해서 제대로 실행하면 성공하는 사례가 더 많다. 구체적인 계획은 실수를 줄인다.

경쟁은 시간관리에서 온다고 생각한다. 시간의 효율성은 계획하고 실천함으로써 그 성과를 보여준다. 경쟁은 나 혼자보다 나 이외 사람과의 비교에서 오는 것 같다. 경쟁의 결과는 재무적 숫자로 나타난다. 컴퓨터의 발달로 AI를 이용해 개인의 성과측정이 가능하게 되었다. AI 기능의 발전은 많은 자료를 활용하여 정확한 성과측정을 기대하게 한다.

경영학자인 피터 드러커(Peter Drucker)는 연말이면 장기적인 관점에서 지난 1년을 돌아본다. 리더십과 자기관리 전문가들은 많다. 피터 드러커는 옛날 스타일처럼 느껴진다. 그러나 그의 통찰력은 유용하다. 지난 1년을 어떻게 돌아봐야 할까. 드러커가 저술한 책 '프로페셔널의 조건'의 내용이다. 피터 드러커는 매년 두 주쯤 별도의 시간을 내서 지난 1년 동안 한 일을 검토했다. 젊은 시절 독일에서 기자로 일할 때, 당시 편집국장에게 배운 방법을 원용했다. 편집국장은 1년에 두 번 1박 2일 동안 기자들과 토론했다. 지난 6개월 동안에 겪은 내용의 자기평가이며 향후 업무를 개선하는 데 유용하게 사용했다고 한다.

첫째 : 잘한 일에 대해 토론하고,
둘째 : 잘 하려고 노력한 일에 대해 토론하며,
셋째 : 잘 하려고 충분히 노력하지 않은 분야를 검토하고,
넷째 : 잘못했거나 실패한 일에 대해 날카롭게 비판했다고 한다.

위와 같은 내용을 바탕으로 향후 집중해야 할 일은 무엇인지, 개선해야 할 것은 무엇인지, 각자가 배워야 할 것은 무엇인지를 논의하고 다음 6개월의 목표를 정하고 계획을 세웠다고 한다. 피터 드러커는 이 방식을 자기관리용으로 단순화했다. 지난 한 해를 돌이켜 보면서, 내가 잘했지만, 더 잘할 수 있었거나 더 잘했어야만 하는 일을 검토하고, 잘못한 일을 검토하고, 했어야 했는데 하지 않은 일을 검토했다.

그걸 바탕으로 다음 해의 계획을 수립하고, 일의 우선순위를 정했다. 한 번 생각해보는 게 아니라 2주일쯤 붙들고 고민해서 내년 계획을 세우는 것이 핵심이다.

빌 게이츠나 미국이나 유럽의 유명인사들은 혼자 어딘가에서 자기성찰을 하는 시간을 갖는다. 우리도 냉정하게 자기를 돌아볼 시간을 갖는 여

유 있는 연말을 보내는 것이 좋겠다.

의식주는 생활의 기본이다. 특히, 몇 년 동안 급등한 부동산(주택시장) 가격은 시장원리를 무시한 탁상행정에서 비롯되었고 시간이 지날수록 서민에게 부담을 줄 수밖에 없다. 피해는 일반 서민이 입는다는 것이 다년간의 경험이다. 주택시장의 안정화를 위해서라면 정부에서 인위적인 강한 통제보다 시장원리를 존중하는 것이 더 나은 방향이 아닐까 생각한다.

시장경쟁 체제에서 사업모델과 규모, 그리고 각자의 능력에 따라 돈을 버는 것은 자유다. 그러나 남에게 피해를 주는 것은 합리적이지 못하다. 돈 버는 것도 남들이 이해하는 수준의 범위 내에서 이루어져야 한다. 특히, 집은 사람이 사는 곳이지 돈을 버는 대상은 아니라고 생각한다. 누군가가 집을 많이 사면 돈 없는 사람은 자동으로 집을 못 사게 된다.

예를 들면, 비윤리적인 방법으로 돈 버는 사람은 손가락질을 당하는 세상이 되어야 한다. 돈이 많다고 으쓱대고 돈 없는 사람을 무능하다며 우습게 아는 세상이 되어가고 있다. 투기목적으로 집을 많이 보유한 사람을 비윤리적이라고 생각하지 않는 것 같다. 비윤리적인 사람에 관한 정의가 잘못된 것인지 모르겠지만, 필자가 생각하기로는 남을 괴롭히는 사람은 비윤리적이라고 생각한다. 시대의 흐름에 따라 특정인이 집을 많이 보유하면 다른 사람이 구입할 기회를 빼앗아 간다. 다주택자의 행위가 과연 올바른 일인지 되짚어 볼 필요가 있다.

집이 많으니 세금(종합부동산세)을 많이 부담한다. 일반인은 세금 납부할 돈이 없으면 보유한 집, 일부를 매각하면 세금은 줄어들 것으로 생각한다. 집이 많을수록 보유세가 늘어나고 적을수록 줄어들거나 없다. 여러 사정으로 자기 집이 없어 전세나 월세를 사는 사람은 집 보유와 관련해 일체의 세금이 없다. 비싼 집이 있기 때문에 세금부담이 크다. 다주택자는 세금을 많이 부담하는 것이 당연하다. 집은 사는 곳이지 돈을 버는 행위로 이용하면 안 된다고 생각한다. 다주택 보유자와 집 없는 사람 중 누가 더 억울한지 생각해 보았으면 한다.

집값은 계속해서 올랐다. 물론 하락할 때도 있었지만, 큰 틀에서 계속 오른다. 특히 서울 집값은 필자가 신입사원이었던 시절보다 너무 많이 올라있다. 앞으로도 그럴 것인가? 인구의 감소 등으로 과거와 같지만은 않을 것이다. 그러나 모른다. 집은 기본재산이고, 누구에게나 필요한 주거지로 항상 수요가 있기 때문이다. 주택시장은 안정되어야 한다. 주택은 기본적으로 사람이 살아가는 곳이기 때문이다. 최근에는 생각의 차이로 캠핑카에서 거주하는 사람이 있고, 야외 텐트에서 거주하는 사람도 있다. 사람의 취향은 각양각색이다.

홍보 매체에서 우리가 사는 집이 자꾸 거론되고 있다. 집값 문제와 관련해서다. 직장생활을 하면서 지켜본 경험으론 집값은 지속 상승한 것 같다. 주택정책을 담당하는 공무원 중에서 서울 강남의 다주택자가 많다. 일반국민이 과연 누굴 믿고 마음 편하게 집을 살 수 있겠는가? 집은 돈을 버는 수단이 아니다. 안심하고 거주할 수 있는 장기적이고 투명한 정책이 필요하다. 최근 발표한(2024년 1월 10일) 바와 같이 재건축 안전진단이 완화되면, 당연히 재건축에 속도가 붙겠지만 과거와 같이 활성화가 될지 의문이다. 최근 급매물을 찾는 매수 문의는 많아졌다고 하는데, 적잖은 추가부담금 소식에 발길을 돌리는 분위기라고 한다.

부동산 대책의 수혜자는 누구인가? 세계 리더들이 추진했던 내용을 살펴보자. 미국 엘리너 루스벨트(Eleanor Roosevelt, 1884~1962년)는 미국의 제32대 프랭클린 루스벨트 대통령(재임 1933~1945년, 민주당 출신으로 미국 역사상 유일무이한 4선 대통령이고, 대공황을 극복하기 위하여 뉴딜(New Deal)정책을 강력하게 추진하였다)보다 더 대통령다웠던 퍼스트레이디로, 다음과 같은 인상적인 말을 했다.

"내 인생 이야기의 유일한 가치는 특별한 재능을 전혀 갖지 못한 사람도 불가능해 보이는 장애물을 극복해 낼 수 있음을 보여준다. 특별한 재능이 없는 사람일지라도 폭넓고 충실하게 사는 방법을 발견할 수 있다. 무언가에 관심이 깊고, 도전하면서 더 배울 수 있는 기회로 받아들이며, 내면에 강력한 열정과 자율성을 갖고 있다. 소수가 아닌 다수를 위해 이해하며 헌신하고 올바르게 일하려는 사람들은 언젠가는 꼭 그렇게 할 수 있으리라고 믿는다".

약자의 편에 서서 대중을 일깨운 마틴 루터 킹2세(Martin Luther King Jr., 미국, 1929~1968년)는 1967년 4월, 미국 맨해튼의 리버사이드 교회 연단에서 베트남 전쟁을 아래와 같이 공개적으로 비판했다.

"우리는 그들의 가장 소중한 안식처인 가정과 마음을 파괴했습니다. 우리는 그들의 땅과 작물을 파괴했습니다. 우리는 그 나라의 유일한 비공산 혁명세력인 통일 불교사원을 말살시키는 데 협력했습니다. 우리는 사이공 농민들의 적을 지원했습니다. 우리는 그곳의 여성들과 아이들을 더럽히고 남성들을 죽였습니다. 이게 무슨 해방군입니까? 우리가 최신무기를 그들에게 시험할 때 그들은 무슨 생각을 하겠습니까? 이것은 독일이 유럽의 강제수용소에서 새로운 약과 고문법을 시험했던 것과 다를 바 없습니다".

또한, 그는 1963년 8월 28일 미국 역사상 자유를 원한 가장 위대한 시위인 워싱턴 행진에서 세계를 향해 "나에게는 꿈이 있습니다. 그 꿈은 아메리카 드림에 깊숙이 뿌리내리고 있습니다"라고 8분간의 연설을 끝내며 "드디어 자유라네! 전능하신 하나님 감사합니다. 드디어 우리는 자유를 얻었다네!"라고 강조했다.

킹목사는 죽음을 예견했는지 1968년 4월 3일, 멤피스시 청소부의 파업을 지지하기 위한 연설에서 " 앞으로 무슨 일이 일어날지 모릅니다. 앞으로 우리는 어려운 나날을 겪게 될 것입니다. 하지만 지금 저는 그것을 걱정하지 않습니다. 왜냐하면 저는 그 산에 갔다 왔으니까요. 그리고 약속의 땅을 보았기 때문입니다. 저는 여러분과 함께 그곳에 가지 못할지도 모릅니다. 하지만 오늘 밤 여러분에게 이것만은 밝혀두고 싶습니다. 우리는 모두 한 종족으로서 그 약속의 땅에 도달할 것입니다"라고 말했다.

명확한 정체성으로 영국을 이끈 마거릿 대처(Margaret Thatcher)는 "나를 정말로 흥분시키는 재미있는 사실은 어린 시절 작은 도시의 그 소박한 집에서 배웠던 것들이 선거에서 나를 승리로 이끌었다는 점입니다. 나는 이 나라를 구할 수 있으며 다른 누구도 그것을 할 수 없습니다"라고 말했고, 자서전에서는 아래와 같이 강조했다.

"우리는 더 이상 후퇴하는 국가가 아닙니다. 우리는 경제와의 전쟁에서 살아남았고, 8,000마일 떨어진 곳에서 시험받아 입증된 새로운 자신감을 갖게 되었습니다. 영국은 지난 수 세대 동안 영국의 추진력이던 정신에 불을 붙였고, 이제 그 불은 예전처럼 활활 타오르기 시작했습니다. 영국의 대외정책은 오랫동안 후퇴해 있었습니다. 종전 후 내가 가는 곳마다 영국이라는 이름은 예전과 다른 의미를 가지고 있었습니다. 몇 년의 시간이 흐른 후, 한 러시아 장군은 내게 당시 소련은 영국이 결코 포클랜드 전쟁에 나서지 않을 것이라고 확신했다는 얘기를 했습니다. 그리고 우리가 전쟁을 하더라도 패배할 것이라고 예상했다고 했습니다. 우리는 두 가지 추측이 모두 틀렸다는 사실을 입증했고, 그 점을 잊지 않았습니다".

경쟁시대는 이해관계자들이 한정된 자원을 놓고 경쟁하는 시대를 의미한다. 이를 대처하기 위해서는 자신의 역량을 강화하고, 창의적인 아이디어와 노력을 통해 경쟁력을 키우는 것이 중요하다. 또한, 협력과 협업을 통해 함께 일하는 것도 중요할 것이다.

내면에서 이기는 경쟁력

사람들은 흔히 '경쟁력은 돈이다'라고 생각한다. 그게 아니라 사람이다. 권력이다. 명예다. 사람마다 인식하는 바가 각각 다를 수 있다. 핵심기술력의 보유와 같은 크나큰 경쟁력을 가지고 있는 것에 견줘 큰 욕심 없이 하루하루를 성실한 자세로 본인이 하고 싶은 대로 자유롭게 살아가는 것도 작은 경쟁력이다.

어떤 경영자는 기록하는 데 선수다. 기록을 해야만 살아남을 수 있다고 한다. 기록생존이다. 다른 사람이 이야기하는 중요한 내용을 깨알처럼 기록하여 정리하고 있다. 기록에 쓰이는 색깔도 3가지다. 검정색, 빨간색 그리고 파란색이다. 자기만이 알아볼 수 있도록 기록하는 습관으로, 내용 파악이 더 쉽도록 기록하는 것도 일종의 경쟁력이다. 말보다는 하나라도 실천하려는 습관이 더 중요하다.

생각만 하는 것보다는 생각한 것을 실천에 옮겨야 한다. 아울러 "실천해서 숫자로 나타낼 수 있는 결과치가 나와야 효과적"이라고 생각한다. 기업체에서 전문경영자로 장기간 근무했던 영향인 것 같다. 어떻게 보면 이는 이기는 경쟁력이 아닌가 생각한다. 남을 이기는 것보다는 자신을 이기는 습관을 갖는 것이 중요하다. 계획을 수립하고 실천하여 좋은 결과를 내는 것이 이기는 습관이고 경쟁력이라고 생각한다.

계서야담(溪西野譚)에는 재미있는 이야기가 기록되어 있다. 조선시대 명재상 류성룡과 얽힌 전설 같은 확인되지 않은 이야기다. 류성룡에게는 바보 숙부가 있었다. 그는 콩과 보리를 가려볼 줄 모를 정도로 바보였다. 그런데 어느 날, 그 숙부가 류성룡에게 다가와 바둑을 한판 두자고 제안했다. 류성룡은 국수라고 할 만한 출중한 바둑 실력이 있었다.

류성룡은 아무리 생각해도 어이가 없었지만, 아버지와 같은 항렬인 숙부의 말이라서 거절도 못하고 바둑을 두게 되었다. 막상 바둑이 시작되자 류성룡은 바보로 보였던 숙부에게 초반부터 몰리기 시작하여 한쪽 귀를 겨우 살렸을 뿐 나머지는 몰살당하는 참패를 당했다. 바보로 보인, 류성룡의 숙부는 대승을 거둔 뒤 껄껄 웃으며 "그래도 재주가 대단하네. 조선팔도가 다 짓밟히지는 않았으니 다시 일으킬 수 있겠구나"라고 말했다. 이에 류성룡은 숙부가 거짓 바보행세를 해 왔을 뿐, 이인이라는 사실을 알게 되었다. 그래서 의관을 정제하고 큰절을 올리고 무엇이든지 가르쳐 주시면 그 말씀에 따르겠다고 말했다. 그러자 숙부는 아무 날 한 중이 찾아와 하룻밤을 자고 가겠다고 할 것인데, 재우지 말고 숙부한테로 보내라고 했다.

실제로 어느 날, 한 중이 찾아와 재워달라고 청하자 류성룡은 그를 숙부에게 보냈는데, 숙부는 그 중의 목에 칼을 들이대고 "네 본색을 말하라"고 말했다. 알고 보니 그는 토요토미 히데요시가 보낸 자객이었다. 조선을 치러 오기 전에 먼저 류성룡을 죽이려고 자객을 보낸 것이다. 그리하여 류성룡은 죽음을 모면했고 임진왜란이 일어나자 영의정의 자리에서 사실상 국난을 극복하는 주역이 되었다. 사람들이 모두 바보라고 부르던 이인이 위기의 조선을 구했던 셈이다. 사람은 겉모습만을 보고 판단하지 말고 내면을 깊이 살펴보아야 한다.

박사과정에는 회갑이 지나고서야 다녔다. 박사과정에서 동문수학했던 학우 중에는 자동차부품 제조업종의 재무구조가 비교적 건실한 중소기업 대주주의 자녀가 있었다. 함께 학교에 다닐 때 필자가 당시 부품회사를 그만두면 본인이 대주주인 회사에 꼭 와 달라는 간곡한 부탁을 여러 차례 받은 적이 있었다.

당시만 해도 일반적인 직장에서 60세를 넘기는 임직원은 거의 없었다. 불과 10여 년 전 일이다. 필자도 마음에 없는 것은 아니었지만 부품회사에서 퇴직하면 60세가 훨씬 넘게 되었다. 나이 걱정을 하니까 100세 시대라면서 건강이 허락할 때까지만이라도 도와달라고 했다.

필자가 2016년 12월 말에 부품회사를 퇴직하고 한동안 쉬고 있는데, 2017년 초 갑자기 연락이 와서 점심식사를 하게 되었다. 그가 학교 다닐 때보다 더 간곡하게 부탁을 하기에 아무 조건 없이 입사해서 성과를 낼 수 있는 일을 하겠다고 약속했다. 그가 대주주로 있는 안전회사에서 하루라도 빨리 일을 함께 하자고 해서 바로 입사를 결심하게 되었다.

입사 관련 서류를 제출하기 위해 중소기업인 안전회사를 방문하였고, 인사담당 직원에게 이력서를 건네주니 "프로필이 좋아 보이네요"라고 했다. 왜 그렇게 생각하냐고 물으니, "회사에 근무하면서 학교에 다니는 것이 그렇게 쉽지만은 않았을 텐데 노력을 많이 하셨네요"라고 대답했다. 맞는 말이었다. 세상은 어려운 것이 많지만 모두가 그런 것만은 아니다. 인생 계획에 따라 이를 악물고 꾸준히 실행하면 얼마든지 좋은 결과가 나올 것으로 생각한다.

현시대에는 효율적인 업무를 요구하고 있다. 이를 통해 기업은 성과를 창출하고 개인은 재충전의 시간을 확보하여 노동시장에서 자신의 가치를 높일 수 있다. 대주주와 아무리 친하더라도 직장에서는 일을 해야 하고, 재무적인 경영성과를 내야 한다. 경험을 토대로 한 효율적인 업무관리로 더욱 생산성 향상에 기여해야 한다. 우리나라가 선진국보다 자원과 인프라는 부족하지만, 창업자의 기업가정신과 직원들의 강한 정신력으로 최고의 글로벌 경쟁력을 가진 나라로 인정받을 수 있었다.

필지는 후배 직장인의 지적인 갈증을 해결하는 데 충분하지는 않을 것이지만, 경험에 근거한 전문지식을 전하려고 노력했다. 필자가 직장에서 경험했던 내용 중에서 적합한 내용을 선별 응용하여 더 좋은 성과를 내기를 바란다. 학벌은 좋지 않더라도 실행 가능한 추진계획과 세부적인 목표를 설정하여 꾸준히 노력하는 사람은 좋은 학벌을 소유한 사람을 어느 정도 따라갈 수 있고 때에 따라서는 앞설 수도 있을 것이다. 꾸준히 공부하고 연구하는 사람이 승자가 되는 세상으로 변하고 있다.

좋은 기술로 창업해서 기업을 성장시켰지만, 관리능력이나 마케팅능력이 부족하여 더 이상 성장하지 못하는 중소·중견기업이 많다. 기본적으로 중소기업이 경쟁력을 가질 방법은 고유한 기술력을 갈고 닦는 것이며, 이는 시장의 경쟁에서 살아남을 수 있게 하고 성장할 수 있는 요인이 된다.

중소기업 창업자 중에는 대기업에서 근무했던 사람이 많다. 서로 기업의 사정을 잘 알기 때문에 효율적으로 협업을 할 수 있다. 중소업체일수록 대기업에서 주문한 제품만 단순 생산할 것이 아니라 미래의 먹거리인 경쟁력 있는 기술을 보유해야 한다. 과거 우리나라는 가난이 공통 분모라고 할 수 있었다. 이제는 막연히 기업규모를 키우는 것보다 기술력을 바탕으로 비전을 가지고 기업을 경영하고 발전시켜야 한다.

도요다의 뺄셈식 시간관리는 직원들이 더 효율적으로 근무시간을 사용하도록 돕기 위해 시작되었다. 하루 업무시간을 스스로 측정하여 개선해보는 4단계로 권장 내용은 다음과 같다.

1단계 : 업무시간과 업무내용을 5분 단위로 적어본다.
2단계 : 기록한 작업을 주 업무, 보조업무, 불필요한 업무로 구분한다.
3단계 : 불필요한 업무라면 낭비 요소를 찾아내 제거한다.
4단계 : 타인과 공유가 가능한 업무를 구분한다.

다만 단발성 업무측정을 일기를 쓰듯 날마다 기록해야 되는지는 그 기업의 실정에 따른 효과를 분석한 후 지속 여부를 결정하는 것이 바람직하다.

일 잘하는 시간관리 습관(238쪽 일부 인용, 삼성경제연구소 시간관리연구팀 지음)에서 미국의 린든 존슨(Lyndon Johnson)대통령이 미 항공우주국을 방문했을 때 경비원과 관련된 유명한 일화를 소개했다. 존슨 대통령이 우연히 정문 경비원에게 하는 일이 무엇이냐고 물었는데, 경비원은 당당한 모습으로 "저는 달에 가는 꿈을 실현하기 위해 사람들의 안전을 책임지고 있습니다"라고 대답했다. 일반인이 생각하는 경비원의 임무를 생각했는데, 그 경비원은 자신이 하는 일에 가치를 부여한 것이다.

가정과 사회에서 사람을 만나면 다 좋을 수만은 없다. 대화를 하다 보면 화기애애한 분위기를 즐기기보다는 이해관계를 따지거나 성격상 화를 잘 내는 사람이 있다. 화를 다스리는 방법은 누구나 같을 수는 없지만, 미국 에이브러햄 링컨(Abraham Lincoln) 대통령(재임 1861~1865년)

은 잘못한 사람에게 그 구체적인 잘못에 대해 편지를 쓰되 정작 붙이지는 않았고, 조선시대 정조대왕(재임 1776~1800년)은 잘못한 사람에게 그 구체적인 잘못을 편지로 써서 그에게 전달하여 화를 다스렸다고 한다. 포용력을 가지고 참으면 화를 낼 일은 줄어들겠지만, 자기만의 독특한 방법으로 조기에 화를 다스리는 것이 최선이다.

코로나19 사태 이후에는 업무를 부여하고 평가하는 보스에서 일이 되게 도와주는 협력자로 전환된 것이다. 미국 기업의 직장인 역시, 조직 리더는 신뢰를 바탕으로 적극 소통하고, 성과를 실현할 수 있게 지원하는 역할을 해줄 것을 기대하는 등 상사의 역할이 협력자로의 역할로 전환되고 있는 추세다. 같음은 연결을, 다름은 성장의 의미를 생각한다. 미래가 어떻게 변할지 잘 모르기 때문에 이해관계자와 사람과 더욱 공감하려고 노력한다. 기술이 빠르게 변화해도 일과 사람(HR)에 공감한다면 지속적인 성장이 가능하다는 강력한 증거다.

소회

직장에서 미결업무가 있으면 정신적으로 괴로울 수 있다. 그날 일은 그날 끝을 내라고 권유하는 바이다. 필자 또한 그렇게 행동한다. 이를 위해 일일 결산을 한다. 일간신문도 매일 매일 읽는 것은 일도 아닌데, 1주일 혹은 1개월간의 신문을 한꺼번에 보려고 한다면 큰일이 될 것이다. 한마디로 미결업무가 없어야 머리가 깨끗하고 다른 일을 하는 데 더 쉬워진다.

사람들이 장난삼아 개구리에게 돌을 던지지만 정작 그 개구리는 생사기로에 놓인다. 상대방에게 기분 좋은 이야기까진 아니더라도 언짢은 내용은 삼가는 것이 좋다. 꼭 필요한 말이라도 말은 적게 하는 것이 최선이다. 말은 한 번 뱉으면 회수할 수 없고 잘못하면 돌이킬 수도 없다.

사람은 태어날 때부터 죄인이다. 교회의 신자는 그렇게 이야기한다. 아담이 선악과를 따서 먹었기 때문이라고 한다. 욕심이 없는 사람은 거의 없다. 필자도 배우고자 하는 욕심 때문에 어려운 환경에서도 야간대학에 다녔다. 시간이 부족해 동기들과 많은 친분을 쌓질 못했다. 공부 열정이 있었던 것 같다. 사람이 사는 목적은 과연 무엇인가를 생각해보면 아주 간단하다. 그러나 바쁘게 사는 동안에는 잘 모르고 지나간다. 각자가 잘난 것 같지만 옆에서 보면 모순덩어리인 것이 사람이란 존재다. 필자는 평소 자신의 고민을 상담할 수 있는 멘토가 필요하다고 생각한다.

멘토와 멘티는 일상을 주제로 이야기를 하고 듣는다. 한꺼번에 많은 이야기를 하는 것보다 일상에서 일어난 이야기를 날마다 조금씩 하다 보면 스스로의 생각이나 복잡한 문제에 관해 소통하면서 자연스럽게 고민거리도 해결할 수 있다. 큰 고민이 생기면 그동안에 쌓인 신뢰 속에 멘토가 제3자 입장에서 참된 이야기를 들려줄 수 있다. 본인의 고민은 스스로 해결해야 하지만 자기 일을 객관적으로 판단하는 데 어려울 수 있다. 그래서 멘토가 있으면 인생을 더 즐겁게 살 수 있다고 생각한다.

큰 조직의 경영자는 현재 상황 파악도 중요하지만, 무엇보다도 미래의 예견 능력이 있어야 한다. 국내에도 1세대 창업주는 실무적이고 과학적인 정확한 데이터보다 동물적인 감각으로 대기업으로 성장시켰다. 기업이나 사람은 한곳에 머물러 있지 않고 계속 변화한다는 사실을 직시하고 변화에 동참하여 무한경쟁에서 이길 수 있는 전략을 수립하고 실행해야 한다.

내가 주식을 사면 가격이 내려가고 팔면 오른다고 생각하는 사람이 많다 나쁜 일우 나에게 오는 것 같고, 일이 좀처럼 풀리지 않고 갈수록 꼬이기만 하는 경우에 '머피의 법칙' 같다고들 한다. 부동산도 비슷하다. 코로나19가 확산하던 시기에 낮은 금리와 풍부해진 유동성으로 집값이 폭등했다. 집을 사지 못한 이들은 '벼락 거지'가 되었다고 한탄했다. 반대로 포스트 코로나 시기에는 금리가 오르면서 집값은 하락했다.

무리해서 집을 샀던 이들은 빚을 갚느라 허덕이고 있다고 한다. 다른 의미의 벼락 거지인 셈이다. 최근 SNS가 발달하면서 유튜브 등에서 각종 부동산관련 정보가 넘치고 있다. 집값이 오르면 벼락 거지가 된다며 호들갑을 떨어 관심을 끌지만, 어렵게 집을 사면 집값이 오르는 사례가 있을까 생각해 본다. 수익형 부동산도 대부분은 유튜브에서 사두면 좋다고 말했던 곳이 많다. 오피스텔, 지식산업센터, 생활형 숙박시설 등을 투자용으로 사두면 이익을 볼 것이라고 홍보를 했다. 믿고 투자했던 투자자들은 어려움을 겪고 있다고 하는데, 어쩌면 과한 욕심이 아닐까 지난 날을 잠시 돌아본다.

변하는 것 대신 변하지 않는 것에 집중하는 최고경영자도 있다. 변하지 않는 것을 연구하여 기업에 맞는 경영전략 수립이 필요할 수 있겠다고 생각해 본다.

모건 하우절 저, Same as Ever 불변의 법칙에서, 아마존 창업자 제프 베이조스는, 1994년 아마존을 만들고 온라인으로 책을 팔기 시작했는데 그때의 핵심은 싼 가격과 빠른 배송이었고 30년이 지난 지금도 그런 고객의 욕구는 변하지 않았습니다 저는 변하는 것이 아닌 변하지 않는 것에 집중하고 있습니다 변하는 것보다는 변하지 않는 것이 중요합니다 그것을 알면 확신을 갖고 미래를 가늠할 수 있습니다"

성공적인 임무 수행을 위한 기본 요소가 무엇인지 생각해 본다.
기본에 튼튼하고, 작은 것에 충실하며, 내면에 충실함이 중요하다.

1. 기본에 튼튼 : 기본 원칙과 가치에 충실해야 하며, 전략의 기본을 탄탄히 다지고, 이를 기반으로 성장해야 한다.
2. 작은 것에 충실 : 작은 세부 사항에도 주의를 기울이고, 작은 일에도 최선을 다해야 하며, 작은 것들이 모여 큰 성과를 만들어내기 때문이다.
3. 내면에 충실 : 조직 내부 가치와 문화를 강화하고, 구성원들의 역량과 열정을 발전시켜야 하며, 내면의 힘과 단결력이 조직의 성공에 중요한 역할을 한다.

이런 원칙을 바탕으로 한 조직은 지속적인 성공을 이룰 수 있을 것이다.

경영자는 개인 주식이나 부동산 투자는 선택이지만 회사의 자원을 남용하지 않도록 주의해야 할 것이다.

6부

중소기업이 중견기업으로

기업의 내부 성장과 지속적인 발전에 필요한 다양한 방법과 전략 등이 있다. 우선적으로 생각해 볼 수 있는 방법은 영업력 확대와 강화를 통한 매출성장이다. 이를 위해 국내외 시장 조사와 경쟁회사 분석을 토대로 고객(시장)이 요구하는 신제품 개발과 서비스의 강화가 필요하다. 또한, 프로세스 개선으로 생산성 향상과 비용(원가)을 절감하여 가격경쟁력을 강화하고, 인력관리와 교육으로 우수 인재를 유치하고 직원들의 역량을 향상시킨다.

아울러, 국내외 다른 기업과의 협력과 제휴를 바탕으로 시너지 효과를 창출하고 글로벌 시장에서 신규 고객층을 확보하여 성장의 기회를 찾아야 한다.

재무, 인사 등 체계적인 경영관리가 필요하며, 영업과 생산 그리고 관리의 조화로 지속 성장을 이루는 것이 중요하다. 그리고, M&A 추진도 이를 달성할 수 있는 방안이 될 수 있다.

바로 M&A

M&A(Mergers and Acquisitions, 기업이나 조직 간의 합병과 인수)는 회사나 기관이 다른 기업이나 기관을 통합하거나 인수하는 절차란 뜻이고, 기업 성장 전략의 하나로 다양한 목적과 형태로 이루어질 수 있다. 합병(Mergers)은 2개의 동등한 기업이 합쳐져서 새로운 단일 기업이 되는 것이며, 주로 기업의 경쟁력을 강화하거나 시장 점유율을 확보하는

것이 목적이다.

인수(Acquisitions)는 한 기업이 다른 기업의 지분 또는 경영권을 인수해 그 기업을 자체의 일부로 만드는 것이며, 시장 진입, 기술 획득, 브랜드 강화 등의 다양한 목적이 있다.

필자는 대기업과 중견기업에서 현장경영을 담당하였다. 대기업에 입사하여 회계와 경영관리 업무의 기초를 닦았고, CFO와 기획조정 업무를 맡아서 기업의 인수·사후관리, 계열사 성과평가·구조조정, 계열사 매각 업무 등을 직접 수행하였다. 다수 기업에서 많은 계열사를 인수하고, 인수한 기업을 성장·발전시켰으며, 일부 기업은 구조조정을 거쳐 매각하는 업무를 담당하였다. 직장에서 근무하면서 기업 성장 관련 중요한 업무를 경험했는데 성장 비결은 바로 M&A다. 해서 필자에게 투자할 여유자금만 있었다면 많은 돈을 벌 수 있었을 것 같다는 생각도 든다. 근대화 초기에 대부분은 소기업에서 출발했지만, 중견기업은 물론 대기업으로 성장하는 데 많은 노력과 시간이 필요했다. 단숨에 거대 기업을 이루겠다는 꿈과 야망은 기업인 누구에게나 있다.

꿈꾸던 이상과 현실은 다르고, 남이 이루어 놓은 것은 쉽게 보일 줄 모르지만, 그 과정에서 그들이 겪은 고통은 수없이 많았을 것이다. 기업이 지속 성장하려면 어떻게 해야 하는지에 대한 특별한 공식은 없다. 다만 과거 기업가들의 경영 사례를 보면, 창업자의 정신은 무엇보다도 중요한데 기업경영도 성공할 수 있다는 확신을 갖고 임했던 것 같다. 어떤 업종과 아이템을 선택할 것인가부터 시작해 경영인의 기본적인 자세와 굳은 의

지가 매우 중요한 역할을 한다. 시간이 지나면 경영 결과는 반드시 나오고, 최종 결과는 성공이거나 실패다.

중소기업인의 꿈은 매출액 기준 1조 클럽에 진입하는 것이라는 말이 있다. 외국에서는 환경이 열악한 허름한 창고에서 어렵게 창업해서 거대한 그룹을 이룬 기업이도 많다. 소기업이나 중소기업으로만 계속 유지하라는 법은 없다. 기업인은 거대한 꿈이 있어야 한다. 필자는 중소기업이 중견그룹으로 도약하는 데 일조했다. 매출액을 일천억 원에서 일조 원 이상으로 끌어올리는 좋은 결과를 달성했는데, 대주주를 중심으로 하여 필자가 주도적인 역할을 담당하였다.

부품그룹의 대주주는 확장정책 의지가 분명했고, 큰 틀에서의 확고한 방향 제시를 했다. 기업이 지속성장을 이루려면 적정이익을 내야만 가능하다. 매출증대와 함께 흑자경영이 되어야만 종업원에게 희망도 줄 수 있다. 또한, 지속가능한 경영을 위해서는 인재육성과 시설투자가 필요하다. 기업의 성장은 종업원의 희망이고 행복의 기본요소다. 기업가치(주식가치)도 증가한다.

대주주와 중소기업 성장을 주제로 허심탄회하게 이야기할 기회가 있었다. 회사의 규모는 상장회사를 포함해 3개의 계열사로 전체 매출은 1,000억 원 정도였다. 부품회사는 IMF사태 바로 전, 다행히 코스피에 상장하였다. 대주주의 선견지명이 있었던 것으로 보인다. IMF사태를 거치면서 대다수 기업이 어려운 상황에 놓여 있음에도 불구하고, 부품회사는 코스피 상장으로 운영자금을 확보할 수 있어서 유동성에 전혀 문제가 없었다. 재무구조도 비교적 양호했다. 이런 배경에 있는 부품그룹의 대주주가 현재의 매출 규모가 1,000억 원인데 5,000억 원으로 키우고 싶은데 좋은 방법이 없겠는지라고 아주 가볍게 물어왔다.

아마도 대주주가 먼저 생각을 정리하고 말했겠지만, 필자도 준비된 것처럼 첫 번째 M&A 방법을 제안했다. M&A 경험에 대해서도 전 근무처인 철강회사에서 몇몇 기업 인수 시 재무책임자(CFO)로서 역할을 했다고 자신 있게 말했다. 이후, 구체적인 실행계획을 서면으로 작성하여 보고한 후, 제반절차에 따라 단계별로 실행에 옮기게 되었다. 이는 성공적인 M&A로 1조 원 이상 갈 수 있었던 첫 발걸음이 되었다. 지금도 살얼음판을 걸었던 지난했던 지난날을 생각하면 오싹한 느낌을 지울 수 없다.

M&A 주요 추진 절차

1. M&A 추진 정책 수립(인수전략, 자금운영과 자금조달계획)
2. 대상기업 발굴과 선정 : M&A 추진을 위한 대상기업 발굴과 선정
3. 예비조사 : 대상기업의 재무상태, 사업모델, 시장점유율 등 예비조사
4. 인수의향서(LOI, NDA 계약 체결) 접수
5. MOU 체결
6. 실사 : 대상기업의 재무상태, 사업모델, 법적문제 등 조사와 대조
7. 기업가치평가 : 대상기업의 기업가치 평가(자체 또는 회계법인 등)
8. 협상 : 대상기업과 협상 진행
9. 의사결정기구의 승인 절차 : M&A를 승인받기 위해 필요한 의사결정

절차 진행

의사결정기구의 승인절차는 M&A 거래에서 중요한 단계 중 하나이며, M&A 거래가 법적으로 유효하고, 관련 당사자들이 동의하고 승인·확인하는 절차가 필요함. 이런 절차에는 정부의 승인, 이사회와 주주총회 승인 등이 포함됨.

10. 본 계약 체결 : 대상기업 거래에 대한 인수자와 피인수자 간 본 계약 체결

11. 인수대금 결재 : 계약 제반조건에 따라 대금 잔금 지급(계약금, 중도금, 잔금)

12. 거래종결 : M&A의 모든 거래 종결

위의 절차는 M&A의 종류와 상황에 따라 달라질 수 있다.

M&A 시 확인사항

1. 전략 수립
거래 이후의 기업 통합 전략을 미리 수립해야 하며, 통합 전략이 없으면 기업문화 충돌, 운영의 불일치 등이 발생할 수 있다.

2. 실사(Due Diligence)
신중한 목표 실사는 거래의 성공을 결정짓는 중요한 단계이고, 재무, 금융, 법률(소송), 인사, 연구개발, 영업, 투자와 투자계약조건 등 다양한 측면에서 실사를 토대로 인수 대상기업의 잠재적인 리스크를 정확하게

평가해야 한다. M&A 업계는 대부분 인수자가 매도측 회사에서 실사를 주관하여 진행하므로 인수측(Buyer Side) 실사를 정리했다.

3. 매도 대상 기업 가치 평가

매도 대상기업의 정확한 가치를 평가해야 하며, M&A 업계는 이를 밸류에이션(Valuation)이라고 한다.

* 기업가치평가(Corporate Valuation) : 기업의 가치를 객관적(수치화)
  으로 평가한다.

이해하기 쉽게 제조업 회사 가치 평가를 예시로 들면 아래와 같다.
(대한민국주식회사)
매출액 : 200억 원
EBITDA : 20억 원, 자본총계 : 50억 원, 부채총계 : 0원

보통 가치평가를 할 때
자본총계 + EBITDA 3년 치로 계산하고, 회사의 가치가 110억 원
(〈20*3〉+50)으로 산출된다.

* EBITDA와 자본총계는 다음과 같다.
  EBITDA(세전영업 현금흐름): 영업이익이나 순이익처럼 회사의 이익
  을 나타내는 지표 중 하나로 기업이 영업활동으로 벌어들이는 현금 창
  출능력이다.
* 이자-세금-감가상각비를 반영하기 전의 순이익, 영업이익(EBIT)에다 감
  가상각비를 합친 것으로 '세전영업 현금흐름' 혹은 'EBITDA'라고 한다.

EBITDA는 실제로 현금이 반영(지출)되지 않은 감가상각비를 비용으로 간주하지 않으므로 설비투자가 많은 대기업이 선호하는 측면이 있고, 특정 회사가 대형 설비투자를 하면서 투자비를 비용으로 처리할 때, 영업이익은 적자이지만, EBITDA는 흑자가 될 수도 있다.

* 자본총계 = 순자산(총자산 − 총부채 = 순자산)
* 자본총계(Total Ownership Interest) : 자본과 사업의 대주주가 회사에 투자한 자본을 의미하며, 차입한 자본이 아니라 주주가 납입한 자본(자금)이라고 해서 '자기자본'이라고 하고 '자본총계'라고도 한다.

4. 인수 구조와 투자 전략
인수 구조와 투자 전략을 명확히 할 필요가 있다. 계약 조건이나 지불 방법 등을 정확히 계약서에 명문화해 양측의 이익이 최대한 보호되어야 하며, 양측의 원만한 서면으로 합의 없이 진행했다가 추후에 큰 불이익(분쟁)이 생길 수도 있다.

5. 법률전문가 자문
법률전문가의 자문을 받아 법적인 측면을 신중히 검토해야 하며, 지적재산권, 계약, 소송 위험 등을 면밀하게 살펴볼 필요가 있다.

6. 핵심 인력 이탈 방지
매도 기업의 핵심 인력을 유지하기 위한 인사전략(인센티브 제도, 승진, 스톡옵션 등)이 마련돼야 하며, 핵심 인력의 이탈은 기업 가치에 큰 영향을 줄 수 있다.

7. 투명한 의사소통

모든 당사자 간에 투명하고 개방적인 의사소통이 중요하며, 협상과 거래 진행 상황을 명확히 전달하고, 어떤 이슈나 우려 사항이 생기면 신속하게 대응하는 것이 바람직하다.

8. 정보 유출 방지

M&A에 관심 있는 최고경영자들이 가장 예민하게 생각하는 지점은 협상(딜) 진행 관련 상황 정보 유출이고, 대다수의 M&A 관련 업체는 해당 매도 기업(매물)의 정보를 공유하면서 인수대상 기업을 찾고 있으므로, 이를 방지할 수 있도록 M&A 착수 전, 구두 설명 또는 재무자료 등이 유출(제출, 공유)되기 전에 MOU(Memorandum Of Understanding, 양해각서) 또는 NDA(Non-Disclosure Agreement, 기밀유지 협약)상 비밀유지 관련 사항을 삽입(반영)하여 정보 유출 책임을 물을 수 있게 명확하게 서면화해 두는 것이 좋다.

9. 세부계획과 실천

인수 후 두 회사를 통합하는 과정은 복잡하고 어려울 수 있고, 조직 구조, 문화, 시스템 등을 조정하고 통합하는 과정에서 문제 발생에 대한 세부계획과 실천이 중요하다.

10. 기관 검토와 승인

M&A는 종종 규제 기관 검토와 승인을 받아야 하는데, 규제 요건과 절차를 준수하는 것은 시간과 비용이 많이 소요될 수 있어, 사전 검토가 필요하다.

11. 재무적인 위험관리

M&A는 큰 규모의 자금 투자가 필요한 경우가 많고, 재무적인 위험과 불확실성을 관리하는 것은 중요한 과제이므로 자금계획과 관리가 필요하다.
* 한국 M&A 거래소 자료 참고

이런 사항들은 M&A 과정에서 신중하게 고려되어야 하며, 적절한 계획과 관리가 필요하다.

<u>M&A 착안</u>

첫째, 국내와 해외 M&A사례 중 성공사례보다 실패사례를 더 많이 살필 필요가 있다. M&A추진에 앞서 현재 경영하고 있는 기업의 본업에 충실해야 한다. 현재 경영하고 있는 기업의 기반이 충분히 다져진 후 M&A를 시도해야 한다. 자동차 제조업종은 장기전략, 전자업종은 단기적인 전략이 중요하다.

국내 기업의 해외 진출 시, 과거 몽고족의 유목민 생활처럼 유동적인 소액투자가 필요하다. 해외투자는 해외공장 이전이 언제든지 가능하도록 제품 생산만을 위한 최소한의 시설투자가 필요하고, 주위에 믿을만한 협력업체가 있다면 장단기 외주화도 검토할 필요가 있다. 해외에서 장기투자를 고려한다면 일시에 모든 시설을 갖추는 것보다는 현지법인의 운영 수익금으로 추가투자를 하는 것을 권장한다.

대내적인 체면 유지 때문에 본사의 규모만큼 투자할 경우 경영환경의 변화로 생산량이 감소하거나 자국의 기술이 축적되면, 해외에 진출한 기업은 큰 낭패를 볼 수 있다. 중소기업이나 중견기업은 창업 시 자금이 부족했던 과거의 어려울 때를 생각하면 적절한 해답을 찾을 수 있다. 대부분의 기업은 국내사업장의 수준에 맞추어 해외에 투자한다. 그러나 해외사업이 목표대로 성과가 나지 않을 경우, 해외 과잉투자는 국내 본사의 부채로 합산되어 재무비율에 미치는 영향은 매우 커진다.

해외 진출 시 저개발국의 저렴한 인건비에 관한 장점만을 보고서 해외에 진출하면, 시간이 지나감에 따라 현지의 인건비 상승과 진출국의 세금감면 기한의 경과로 각종 부담이 커질 경우 해외 진출의 장점은 소멸할 수 있다. 해외 현지에서 지속경영이 불가하다고 예상되는 경우, 다른 경쟁기업보다 하루라도 빨리 다른 국가로 이전하거나 해외법인은 매각 조치 아니면 국내로 철수시키는 전략이 필요하다.

OEM생산은 납품하는 대기업을 결코 믿지 말아야 한다. 고정거래선 이외의 기업에 납품이 가능하도록 마케팅 능력을 스스로 갖추어야 한다. 해외 협력업체에 납품하는 수량이 감소하거나 납품가격이 하락하여 정상적인 납품을 못 하더라도 해외에서 생산한 제품을 그 지역에서 계속 납품이 가능하도록 해외업체의 발굴은 절대 필요하다.

해외 진출 시 공통된 전략으로는 현지사정(특히 현지문화)을 파악하고 현지인 중심의 현지화 경영이 필요하다. 처음에는 본사에서 전문인력 파견 등 인프라와 시스템구축을 지원하겠지만, 결국 현지의 모든 여건을 잘 알고 있는 현지인이 경영하는 것이 더 바람직하다.

기업인수 후, 정상화방안을 추진할 때 실수하면 곤란하다. 사전 점검을 소홀히 하면 실수로 이어져 기업을 더 성장시키려다 오히려 기존의 기업까지 망칠 수도 있다. 중소기업인 협력업체는 대기업인 발주업체의 지시를 받는다. 대기업이 협력기업이 관계로 통상 갑에게 지시를 받는 을로 생각하고 경영한다. 대체로 중소기업인 협력업체의 임직원은 순진하고 착한 직원들이다.

중소기업 생산현장에서의 실무 경험과 생산현장, 설비상태와 보수상황은 꼭 겪어봐야 한다. 생산성과 생산조건은 학력의 차이보다 경력의 차이에서 나온다. 학력은 단순 표시일 뿐이다. 생산현장에서의 생산 관련 경험이 있어야 이를 바탕으로 좋은 성과를 낼 수 있다. 생산현장은 이론보다 경력 중심의 현장 전문가로 조직이 구성되어야 성공할 수 있다.

필자가 근무했던 기업은 대부분 제조업 중심이다. 자동차부품과 전자제품 관련 제조기업이다. 자동차부품은 부품을 개발한 후, 최소 5년간은 지속 생산이 가능하다. 전자산업은 고객의 요구로 제품 형태와 기술의 변화가 빠르게 일어나고 있다. 제품의 트렌드 전환에 신속하지 못하고 머뭇거리다가 금방 낙오자가 된다.

질풍 같은 속력으로 목표를 향해 뛰고 있었음에도, 중요한 의사결정(특히 대형 시설투자) 관련 오판 시 한순간에 기업은 도산하고 만다. 전자부품을 생산하는 어느 기업의 오너는 잘 나갈 때는 눈으로 확인할 수 있을 정도로 성공의 가도를 달리고 있었다. 하지만 시간이 지나 다시 만났을 때, 시장의 변화나 기업의 경영방법 때문에 잘 나가는 기업이 무너지고 있다는 걸 금방 느낄 수 있었다. 외국의 사례로는 세계 최고의 핸드폰 메이커인 스웨덴의 노키아가 소문 없이 무너지는 걸 우리는 직접 보았다.

한동안은 휴대전화 시장에서 노키아(Nokia)의 두꺼운 벽을 아무도 넘지 못할 것이라고 생각했다. 노키아는 스마트폰 트렌드를 신속하게 대응하지 못한 결과 세계시장에서 순식간에 사라지고 만 것이다. 이것이 바로 전자산업의 특성이라는 걸 느끼고 전자기업을 인수하는 데 많은 교훈이 되었다. 중국의 기술발전 사례를 살펴보면, 느리게만 느껴지던 전자산업이 급속히 발전하여 우리나라의 전자산업을 위협하고 있지는 않는가? 세상에는 아주 많은 업종과 아이템이 존재한다. 기존과 같은 제품개발이나 사고 방법으로 일을 추진하면 경쟁에서 뒤처질 수밖에 없다.

기존에 남들이 하지 않은 방법에서 돌파구를 찾아야 한다. 이를 위해 생각의 틀을 바꿀 필요가 있다. 한 가지 사례로는, 기업에서 돈을 주고 버려지는 폐품을 활용한 상품화 방안 또는 원부재료의 효율적인 수율 개선 등을 통한 원가절감은 획기적인 원가경쟁 구성요소가 될 수 있다. 원재료 국산화 또는 원재료 수율향상 관련 아이디어를 접목시켜 재료비의 구성비율을 낮추면 제품생산원가가 절감돼 부가가치를 높일 수 있다. 원가절감을 위한 혁신활동으로 경쟁력 있는 생산원가는 활력 있는 새로운 비즈니스로 진입하는 데 큰 힘이 될 수 있다.

M&A는 기업의 규모 확대, 기술 확보, 시장 점유율 증가 등 다양한 목

적으로 이루어질 수 있으며, 이를 통해 기업은 새로운 제품이나 서비스를 개발하거나, 기존 사업을 확장하거나, 새로운 시장을 개척할 수 있다. M&A 성공을 위해서는 명확한 목표 설정과 철저한 조사, 전략적인 협상, 통합 계획 수립과 커뮤니케이션 강화와 성과 관리 및 리더십을 통한 기업 문화의 통합, 위험 관리 점검 등 핵심 요소를 고려하여 M&A를 추진하고, 인수 후 절차에 따른 통합과정이 제대로 되어야만 성공적인 결과를 얻을 수 있을 것이다.

M&A도 사람

작은 힘이 위대한 기업으로 발전하게 한다. 작은 힘이 전략적인 활동을 기울인 덕분에 이룰 수 있었을 것이다. 우리에게 필요한 것은 참신한 아이디어도 좋지만, 뜨거운 열정과 원대한 비전에 따른 실행으로 재정적인 효과를 거두는 일이다. M&A로 성공한 기업, 실패한 기업의 사이에는 분명한 차이가 있다. 참신한 아이디어의 차이가 아니고 하나하나의 계획 수립에 따른 지속적인 실행과 점검에 그 차이가 있다. 성공의 문턱에서 좌절하는 기업은 과연 무엇이 잘못된 것일까? 열정이 부족해서가 결코 아니다. 그동안 잘 나가던 회사가 무너지는 크나큰 이유는 비전과 전략의 문제가 아니라 지속해서 힘을 내 계획을 실행할 수 있는 사람이 없기 때문이 아닐까 생각한다.

판단

현재보다 미래를 더 많이 생각한다. 미래(未來, 발화 순간이나 일정한 기준적인 시간보다 나중에 오는 행동)가 현재보다 중요해서다. 물론 현재도 중요하다고 생각한다. 과거는 미래와 현재보다 덜 중요하다. 이미 흘러간 시간과 재화를 생각하는 것보다 과거 자료와 실적을 토대로 현재보다 밝은 미래 비전을 생각하는 것이 더 소중하다.

경영학자들은 현재보다 미래를 더 생각하라고 한다. 기업도 사람도 미래가 현재보다 중요하다는 것을 모르는 경영자는 없다. 기업경영에는 정말 맞는 말이다. 구체적인 해법은 기업의 사정에 따라 각각 다르다는 점이다. 기업경영에서 남들이 하니까 나도 따라서 하겠다는 발상은 금물이다. 실행하려면, 사전 계획수립에 따라 소요시간과 인적자원, 그리고 투자자금이 들어가는 경영활동이라는 점을 인식해야 한다. 성공한 기업인이 그 기업에 적합한 사업구상을 얼마나 많이 하고 검토했을지 합리적인 판단을 하면 좋겠다. 지성인들은 옛날부터 누구에게나 미래가 있으면 희망이 있다고 했다. 그만큼 미래는 중요하다.

경영자는 장기계획을 단계별로 실천하고 기업의 경영성과를 지속해서 낼 수 있는 안목이 필요하다. 즉 지속가능한 성공의 결과를 나타내는 성과경영이 절대 필요하다. 기업은 계속 성장해야만 미래를 위한 투자와 인재를 육성할 수 있다. 그래야만 기업의 미래가 있고, 지속 발전이 가능한 기본적인 터전을 마련할 수 있다.

현재가치도 중요하지만, 더 중요한 것은 기업의 성장으로 이어질 수 있는 미래가치다. 기업에 더 발전 가능한 미래가 없거나 불투명하면 오히려 다른 기업이나 관련 기관에게 짐이 될 수 있다. 기업성장을 위한 기업인수 또는 확장을 위한 투자여력은 최고경영자가 직접 점검해야 한다. 투자자금 회수기간과 자금운영을 먼저 파악한 후 업종과 업태, 그리고 투자규모를 설정해야 한다. 기업인수 시 업종별로 기업가치가 다를 수 있다. 단순 인수가격만을 생각하지 말고, 기업 인수 후 설비개선과 연구자원 등의 추가적인 투자를 고려해야 한다. 기업 인수 후 정상화를 위한 운영방안을 정밀 분석하여 규모의 경영에 맞는 목표설정이 필요하다.

지속성장을 위해서는 기업의 리스크, 경쟁관계, 지속가능 관련 분석기법인 SWOT(Strength, Weakness, Opportunity, Threat) 분석 기법을 충분히 활용하여 심도 있는 검토를 할 필요가 있다. 타인의 단순 조언이나 머리와 눈으로만 대충 살펴보지 말고 세부내용을 자료화하여 중요한 내용에 관한 의사결정 시 관련자 회의를 개최해 작은 지적이라도 놓치지 말고 분석하고 또 분석하라고 권하고 싶다.

M&A 시 불합리하거나 착각하기 쉬울 감안해야 할 것은 현재의 재무상태와 경영실적이 양호하지만, 시장 확대 등 미래가 불투명하고, 공동경영으로 내부 의견 차이가 많은 기업은 문제가 될 수 있다는 점이다. 기업 인수 후 경영할 최고경영자가 준비되지 않는 M&A는 금물이다.

기업 성장과 시장 확장성

기업 인수 검토 시 시장 확장성(매출 확대)을 매우 중시할 필요가 있다. 제조기업은 지속해서 제품을 팔 수 있는 시장(매출 시장 확장성)이 있어야 하고, 적정한 이익을 내야 한다. 매출증대를 위한 시장 확장성은 매우 중요하고, 지속적인 매출증가는 중요한 기본요소다.

내부시스템도 중요하지만, 더 중요한 것은 기업성장의 생명인 매출이다. 기업에서 인재양성은 기본이고, 인재들이 기업을 경영하여 지속성장으로 이끈다. 기업은 인재와 경영시스템으로 원가경쟁력을 키우고, 매출신장을 위해 거래처를 확대하고, 설비 투자와 필요한 자금도 조달한다.

한마디로 기업은 사람이다. 기업의 종업원은 경영계획에 따라 기업을 움직인다. 기업경영에서 가장 기본이 되는 것은 매출이고, 그다음이 매출에 대응한 원가구성 요소다. 기존의 거래처 유지는 물론이고 신규 거래처를 발굴해야만 영업이익의 밑거름인 매출이 계속 증가할 수 있다.

통상 마케팅의 기본적인 점검사항인 4P(product, place, price, promotion, 마케팅에서 경영자가 통제할 수 있는 네 가지 요소)를 기본요소로 하여 성장산업이나 진입장벽을 파악해야 한다. 흔히들 돈이 모이는 곳에 시장이 있다고 말한다. 사람이 모이는 곳에 시장이 있으며 구매력도 있다. 아프리카 오지의 주택은 거주할 사람이 없는데, 과연 구매력이 있겠는가?

사막에 있는 두바이와 같이 지역의 장점에 따라 사람이 모이기 쉬운 곳은 시장이 더 활성화될 것이다. 기술을 바탕으로 형성된 중개무역이 단계별로 경쟁력이 있고, 영업권이 더 높이 형성될 수도 있다. 한꺼번에 실행한 과잉투자는 기업의 존폐가 달려있기 때문에 단계별로 투자해야 한다. 시장수요에 따른 생산량을 고려한, 단계별로 적정한 투자인지에 대한 신중한 의사결정이 필요하다. 물론 순수하게 창업한 기업가가 대다수이지만, M&A로 기업을 성장시킨 대주주도 있다. 경쟁기업과의 경쟁구도가 어떤지, 이길 수 있는 전략이 무엇인지, 경쟁사보다 생산성 향상을 위한 인적 물적 요소를 갖추었는지 따라 기업의 미래가치는 달라질 수 있다. 학문으로 아는 것과 실무에서 인식하는 것은 개인 성향과 지혜에 따라 크게 다르다.

기업의 인수합병 관련 실무 경험은 매우 중요하다. 대외비가 많아 내부의 힘으로 의사결정을 하는 것이 좋다. 중소 또는 중견기업에서 인수합병의 실무 경험이 있는 임직원은 드물다. 중소기업에서 중견기업으로 갈 수 있는 길은 M&A가 제일 빠른 길이라고 생각한다. 그렇지만, M&A는 일반적인 생각보다 하나하나의 추진절차가 무척 난해하다는 점도 유의해야 한다. M&A가 생각한 대로 척척 진행된다면, 기업을 성장시키는 데 어려울 것이 무엇이 있겠는가?

M&A에 관심 있는 최고경영자라면 장기간에 걸쳐 사내 M&A 전문요원을 키울 필요가 있다.

개인의 능력 차이는 크게 나지 않는다. 기본은 누구나 갖추고 있다. 작은 차이로 성공과 실패가 판가름이 나게 된다. M&A 이후의 기업 경영도 다르지 않을 것이라고 믿는다. 기업비전의 차이에서 일어나는 것이 아니다. 제품 품질보다도 그것을 둘러싼 경영관리의 차이로 승패가 난다. 즉 인재관리의 문제라고 할 수 있을 것이다. 실행을 하는 데는 경영자의 덕목이 매우 중요하다. 업무추진 시 하나하나를 얼마나 세심하게 점검하고 관리하는가에 대한 근본적인 기업문화가 바로 경쟁력이다.

세계인이 인정한 장수기업인 노키아는 모토로라 제품에서 발견된 작은 문제점을 외면하다가 경쟁시장에서 도태되었다고 한다. 중국의 기업은 미국 기업과의 제휴가 확실시되는 시점에서 한 끼의 무분별한 저녁식사가 문제가 되어 제휴 불가라는 통보를 받은 일화가 전해지고 있다. 기업경영에서 기본에 소홀히 한 대가로 보인다. 기업경영 시 기본에 충실하지 않아 발생하는 작은 결함과 부주의로도 엄청난 피해가 올 수 있다. 기본준수에 확고한 기업은 어떤 어려움이 닥쳐도 흔들리지 않고 목표를 이루고 정상에 갈 수 있다. 기업경영에서 기본준수 없이는 결코 성공의 길을 걸을 수 없다. 경영 성패를 결정하는 기본준수의 문제를 본격적으로 논의할 시점이다. M&A를 수행했던 수많은 기업의 성공과 실패사례들을 분석하고 기업의 성패가 무엇으로 결정되는지를 경영자는 늘 생각해야 한다.

잘 나가는 기업들이 기본준수에 목숨을 거는 이유는 기업의 성장과 유지를 위해서일 것이다. 물론 개인도 마찬가지다. 요즘 기업인들은 입을 모아 사업하기가 힘들다고 하소연하고 있다. 팔아도 남는 것이 없고 새로운 것을 내놓으면 남들도 금방 따라오고 상품의 생명 주기는 하루가 다르게 짧아지고 있기 때문이다. 갈수록 치열해지는 시장경쟁에서 살아남아 승리하는 길은 과연 무엇일까? 해답은 기본준수에 있을 것이다. 지금 우리는 경쟁시대에 살고 있으며 기업들도 가장 중요한 경쟁방식으로 기본준수라는 것을 인식하는 듯하다. 세계 자동차 생산·판매 1위 기업인 도요타는 재고관리에 대한 엄격한 예방시스템과 정밀한 생산방식으로 세계 최대의 자동차 기업이 되었다.

성공요소는 결국 시스템에 의한 기본준수이며 이에 따라 성패가 좌우된다. 기본준수는 기업의 경쟁력 제고에 결정적 요인이라는 사실은 풍부한 실천사례들에서 실감나게 확인할 수 있다. 기업인수 이후의 과정인 PMI(Post-Merger Intergration, 인수합병 후 통합하는 기업합병)는 M&A 전, 방향설정에 따라 실행하고 점검하여 방향을 유지하고 있는지, 추진계획표에 따라 실행되는지를 작업현장에서 직접 확인하고 점검하는 것이다.

또한, M&A 목적인 해당업과의 시너지효과가 우선시 되는지도 살펴보아야 할 중요 요소이다. 세계인이 어느 정도 인정하고 있는, 급한 마음에 서두른다는 의미의 '빨리빨리'라는 한국문화가 소홀히 해 왔던 기본준수의 위력을 체감해야 한다. 특히, M&A 이후의 기업경영(PMI)에서 사전적 절차와 방식에 따른 기본준수가 기업체의 숫자를 늘리는 것보다 더 절실한 시점이다.

기업 인수 시 기본철학

기업 인수와 합병 시 지분과 함께 경영권(지분 51% 이상)을 인수한다. 경영권 인수가 없는 일부의 지분투자는 하지 않는다. 부품회사의 대주주에게 개인적으로 주식투자가 필요시 주식시장에 상장된 삼성전자나 현대자동차 등 대형 우량주식 거래를 제안했다. 재무구조가 튼튼하고 안전한 상장회사의 주식은 구입할 수 있는 자금만 있으면 아무 때나 여유자금과 신용한도에 맞춰 구입할 수 있다.

특별한 이유가 없는 한, 회사 자금으로 경영권의 인수가 없는 단순 주식투자는 하지 않는다는 것이 필자의 원칙이다. 특히, 지인의 요청으로 사전 검토 없이 회사의 자금으로 주식매입은 하지 않는 것은 부품그룹의 대주주와 의견이 일치했다.

부품회사의 기업인수 대상은 제조업체 중에서 ○○자동차와 ○○전자 그룹에 부품을 납품하는 전자 관련 기업이었다. 이와 관련된 기업을 인수하면 시너지효과를 낼 수 있는 기업체를 우선해서 인수대상으로 검토했다. 물론 재무관리 측면에서 인수자금 규모(인수자금 총투자 규모 ○○○억 원, 1개 법인 투자액 ○○○억 원)는 별도로 정해 놓고 운용했다. 기업경영 시 유동성을 가름하는 자금 운용에 대한 관리는 매우 중요하다. 제조업을 영위하는 기업체가 경영상 위험해진다는 것은 자금 운용 관리에 문제가 있는 것이다. 제조업체에서 자금수지 관리를 철저하게 한다면 쉽게 망할 이유가 없다는 것이 필자의 소신이다.

기업의 근간은 제조업이라고 생각한다. 우리나라의 재벌그룹과 같이 백화점식 기업군은 가장 싫어하는 경영구조다. 특히 부동산 개발사업은 일종의 부동산투기이므로 제조업을 영위할 때는 투자용 부동산을 인수하지 말 것을 거듭 건의했다. 이는 제조업에만 집중하자는 의미였다.

부품회사는 고성적 거점회된 공장부지를 10,000평 이상 보유하고 있었다. 부품회사와 계열회사의 기존 공장부지는 대부분 500평~1,500평이었다. 기업이 성장하면서 납품량의 확대로 공장 건설과 기계 설비에 많은 시간이 소요된다. 장기적인 경영관리 관점에서 잦은 공장 이전은 비효율적이다. 공장의 잦은 이전은 지속적인 생산 활동을 영위하는데, 시간낭비라고 생각했고, 향후 공장부지 확보와 M&A 시 제조업 중심과 경영권 확보(인수주식 비율 51% 이상, 경영권 인수)의 기본원칙을 나름대로 세웠다.

대주주의 개인적인 자금관리는 필자가 하지 않았다. 법인 관련 사업도 필자와 약속한 이외의 사업추진이나 집행에는 일정한 거리를 두었다. 대주주의 개인자금은 스스로 판단해서 사용하므로 필자와 의논할 필요가 없다.

깊게 관여할 일도 아니다. 부동산 매입이나 지분 투자 시 회사의 자금 사용을 강력하게 반대하는 입장이었고, 약속한 범위 외의 사업은 신경 쓰지 않고 한발 물러서서 모르는 척했다. 개인기업은 월급쟁이가 아무리 건의해도 받아들여지지 않는 사례가 부지기수다. 짧은 생각 같지만, 이것이 한국 기업 오너의 아집이며 대주주의 기본 입장일지도 모르겠다.

유럽의 사례를 보더라도 경제위기의 상황에서 잘 버티는 나라는 제조업 강국이다. 제조업이 강한 독일이 경제적으로 유럽국가에서 가장 부유한 반면, 서비스업이 강한 국가들은 공통으로 경제 사정이 넉넉하지 못하다.

독일과 일본 등 제조업이 강한 나라가 선진국 대열에 속한다. 필자가 기업을 인수한다면 제조업을 우선시할 것이다. 필자의 첫 직장도 제조업 중심으로 성장하였는데, 제조업을 계속 영위하는 경영자는 제조업만으로는 발전 또는 유지하는 데 한계가 있다고 생각한다.

당시 금융기관에서 대출을 받는 데 어려움이 많았다. 신규대출을 받으려면 기업의 모든 정보를 제공해 주어야만 대출 승인이 가능했던 시절이었다. 중소 제조업체를 보는 금융기관의 시각은 매출문제, 노사문제, 최저임금문제, 중대재해법과 같은 제조업을 억압하는 규제 등으로 미래가 불투명하다는 것이 일반적이다.

우리나라도 IMF사태 전에는 그룹회사에서 금융기관을 소유하고 있으면 얻고자 하는 기업의 정보를 더 많이 파악할 수 있었다. 금융기관에서 검토하는 대로 추진 가능한 사업을 먼저 확보할 수 있다. 그러나 IMF사태를 거치면서 과거의 원리는 차츰 사라지게 되었다. 큰 이유는 막강하던 일부 금융기관이 부실화되어 도산했기 때문이다. 금융기관도 기업의 뒷받침이 있어야만 존재가 가능했다.

제조업의 육성은 우리나라를 강국으로 만드는 지름길이라고 생각한다. 언젠가부터 미국도 생각을 바꾸어 서비스업과 금융업 중심에서 제조업 중심으로 가고 있다. 그동안 중국으로 떠났던 제조업을 미국으로 이전시키려는 정책을 펴고 있는 것을 볼 수 있다.

이는 제조업을 무조건 선호한다는 의미가 아니다. 대규모 기업집단은 제조업과 서비스업을 겸하여 상호 정보를 교류하는 것이 지속 성장과 안정성 유지에 유리하다. 다만 문어발식 기업경영보다 전문화된 기업경영이 더 바람직할 것이다. 한동안 우리나라의 학생 중 우수한 인재들이 이공계를 기피했지만, IMF사태 이후 기업에서 이공계를 더 우대하고 기업의 임원진도 이공계 중심으로 구성되어 오히려 이공계를 더 선호하는 시대가 되었다. 사람의 손보다는 기계, 즉 정밀기계나 로봇을 활용하는 시대로 변하고 있다. 의료진의 의술도 사람의 능력보다 우수한 의료장비를 이용하여 검진과 수술을 하는 시대로 변했다.

M&A는 일반업무 처리보다 더 난해하고 복잡하다. 기업인수를 한 번이라도 잘못하면 수십 년간 쌓아 올린 기업이 하루아침에 망할 수도 있어서 이에 따른 중압감은 남다르다. 보통 대주주는 망한다는 소리에 겁을 먹게 된다. 그러나 필자가 모신 부품그룹의 대주주는 담대했다. 정말 대단하신 분이다.

부품그룹의 대주주는 가족이 살 수 있는 작은 집 한 채만 남으면 다른 기업을 인수하다가 기존의 회사가 망해도 좋으니, 공격적인 M&A를 실행해 줄 것을 주문하였다. 진정한 기업가정신이라고 생각한다.

M&A 추진 시 전략

상대방과의 거래는 구두로 하는 것 같지만, 결국은 문서가 남는다. 법률적인 계약서로 후일 문제가 발생하지 않도록 정리해 두어야 한다. 필자는 신속하고 리스크 없는 M&A를 추진하고자 나만의 계약서 작성 방식을 마련해 두었다. 기업성장의 일부는 M&A로 채워진다고 생각한다. 기업성장에서 M&A가 가장 빠른 길이다. 하지만 문제 되는 기업을 잘못 인수하면 투자자금이 순환되지 않아 순식간에 기존 기업까지 망할 수 있다. 빠듯한 자금으로 인수하면 안 된다. 인수한 기업의 정상운영을 위한 시설과 운영자금의 투자가 필요하다. 자금투입을 순조롭게 적기에 실행하지 않으면 오히려 역풍을 맞을 수도 있다.

더 좋은 기업으로 만들기 위해서는 투자를 아끼지 말고 적기에 투자할 필요가 있다. 한 번 발을 담그면 빼는 데는 그 이상의 대가가 필요하다. 신중하게 검토한 후 인수 여부의 의사결정을 해야 한다. 관련 자료를 꼼꼼히 검토한 후 인수를 결정하면 도전적이고 열정적인 자세로 임해야 한다. 독수리가 공중에서 새를 보고서 판단해 내려와서 날고 있는 새를 잡는 것처럼 신속하게 움직여야 한다. 기업을 인수한 후에는 망할지도 모른다는 걱정이 아니라 굳은 의지가 반영된 계획수립과 단계별 실천이 절대 필요하다.

인수대상 기업 창업자의 경영실적 등을 면밀하게 심층적으로 점검하여, 인수 후 개선 여부가 있는지, 개선하면 승산(흑자경영 지속 여부)이 있는지에 대한 세밀한 분석(매출을 포함한 인수 후 사업계획)이 필요하다. 인수 관련 자료를 수집하여 실무적인 내용을 검토하는 데는 기존 임직원과의 벽이 높고 보이지 않는 거부 세력이 많다는 점을 인식해야 한다.

인수 행위 자체만으로 해결하지 못하는 경우의 수가 많다. 한마디로 M&A는 옷을 세탁하는 것에 비유할 수 있다. 헌 옷을 맑은 물로 세탁하면 더 없이 청결함을 만끽할 수 있다. 옷을 더 빨리 세탁하여 건조까지 잘 해주면 단벌인 사람들도 매일 깨끗한 옷을 입게 될 것이다. 성공한 인수는 세탁한 옷을 입었을 때의 느낌처럼 정말 기분 좋은 일이라고 말할 수 있다.

M&A 추진 시 5가지 핵심 전략은 아래와 같다.
1. 목표 설정 : M&A를 추진하는 이유와 목표를 설정한다.
2. 대상 기업 선정 : M&A를 추진할 대상 기업을 선정한다.
3. 가치 평가 : 대상 기업의 가치를 평가한다.
4. 협상 : 대상 기업과의 협상을 통해 M&A 조건을 협의한다.
5. 실행 : M&A를 실행하고, 합병 또는 인수 후의 통합 작업을 수행한다.
이러한 핵심 전략을 바탕으로 M&A를 추진하면, 기업의 경쟁력을 강화하고, 성장을 이룰 수 있을 것이라고 생각한다.

전략계획과 추진력

기업을 이루는 데, 많은 노력과 고생을 했는데 망한다는 말은 정말 듣기 싫은 소리다. 애초 계획에 따라 기업인수를 위해 필자가 근무했던 기업을 제조업 중심으로 육성했고, 그 후 제조업체를 인수하여 단계별로 성장시켰다. 몇 번을 강조하지만, M&A는 결코 쉬운 일이 아니다. M&A의 대상기업이 많은 것 같지만, 입에 맞는 매물은 그렇게 많지가 않다. 결혼할 짝을 찾는 것보다 더 어려운 일인지도 모른다.

공개를 통해 기업을 선택 인수하는 방법도 있지만, 중소기업의 M&A는 지인 또는 동종업계와 거래은행, 회계법인과 발주처에서 제공한 일반적인 정보를 활용한다. M&A를 한다는 소문이 나면, 소개로 나온 물건을 많은 기업이 검토하게 된다. 이때 인수대상 임직원이 알게 되면 근무 의욕의 상실로 정상적인 경영을 하는 데 걸림돌이 될 수 있어 M&A 관련 정보는 대외비로 처리한다.

어떤 경우 필자는 하루 만에 1개 법인을 매우 급하게 인수를 검토한 적도 있다. 기업의 환경이 변함에 따라, 창업자가 회사를 경영하는 데 두려움과 어려움이 있을 것이라는 생각이 든다. 창업자의 자식은 비교적 고도의 교육을 받는다. 후계자는 오히려 창업자의 가업승계보다 후계자가 생각한 다른 업종을 경영하고 싶어 한다. 특히 대기업의 협력회사를 운영하는 것을 기피하려는 경향이 있다. 후계자는 대기업과 협력기업 간의 업무상 어려움을 직접 경험하지는 않았지만 이미 소문을 듣고 알고 있다.

대기업을 상대하는 협력회사는 '고객은 항상 옳다'는 정신이 없으면 회사를 경영하는 데 어려움이 많을 것이다. 창업자도 후계자도 협력업체가 겪는 경영상의 어려움을 대놓고 말할 수 없겠지만 어느 정도는 공감하고 있다. M&A 매물로 나온 기업의 인수 검토 작업에 앞서, 기업현황과 재무실적 등을 파악하여 분석하는 데는 많은 시간이 걸린다. 날밤을 새우는 경우도 허다했다. 필자와 함께한 부품회사의 직원들은 고맙게도 피곤한 기색 없이 열정적으로 동참해 주었다. 인수 작업에 참여한 임직원과 함께 인수 관련 제반 문제점은 없는지 등에 대한 다방면의 검토와 토론을 하면서 나름 즐겁게 추진했던 것 같다. 그만큼 열정적인 임직원이 있었기에 가능했고, 지금 생각해도 고마운 일이 아닐 수 없다. 기업인수에 참여했던 임직원은 M&A 실무절차와 세부내용을 배우고 경험하는 가운데 많은 감동을 받았다는 후문이다.

M&A에는 기업 중심의 매도자와 매수자가 있다. M&A는 남이 한 것이라 쉬울 것 같지만 민감한 가격문제 탓에 눈치작전이 대단하며, 상대방의 속내가 보이지 않으므로 고민하는 시간이 계속된다.

M&A는 양쪽 모두 생각한 것에 대해 어느 한 가지라도 맞지 않으면 한발짝도 나아갈 수 없는 구조다. 양쪽 모두는 가격이 제일 중요한 요소라고 생각한다. 필자는 오히려 가격보다 미래가치, 즉 시장 확장 여부에 더 큰 관심이 있었다. 탁월한 투자 감각 못지않게 철저한 시간관리로 유명한 워런 버핏(Warren Buffett)이 제안한 방법도 우선순위를 정하는 데 효과적이다. 적당히 좋은 것을 제거하면 중요한 일에 집중할 수 있다고 한다.

미국 건국의 아버지 중 한 사람인 벤저민 프랭클린(Benjamin Franklin)은 "계획을 세우지 않는 것은 실패할 계획을 세우는 것과 같다"고 말했다. 에이브러햄 링컨은 "나는 낙선했다는 소식을 듣고 곧바로 음식점으로 달려갔다. 그리고 배가 부를 정도로 많이 먹었다. 그다음은 이발소로 가서 머리를 곱게 다듬고 기름도 듬뿍 발랐다. 나를 실패한 사람으로 보지 않을 것이다. 왜냐하면 난 곧바로 다시 시작을 했으니까"라고 강조했다. 이처럼 M&A는 상대방이 있는 것으로 전략적인 계획과 추진, 그리고 무엇보다 자신감이 있어야만 한다.

창조적인 경영자

창조적이란 '새로운 것을 만들어 내는 일과 관련되는 것'이며, 경영자는 '기업 경영에 관하여 최고의 의사결정을 내리고, 경영활동의 전체적인 수행을 지휘·감독하는 사람이나 기관'이다. 기업에는 인적구성 요소인 경영조직에 따른 팀 간의 세부적인 업무분장이 중요하고, 경영조직을 이끌고 갈 유능한 최고경영자도 필요하다.

최고경영자는 기업의 경영이념과 추진계획에 따라 경영조직을 이끌어간다. 기업은 창업정신의 구현을 기본적인 바탕으로 최고경영자의 경영이념에서 사업구상이 나온다.

매년 수립한 경영방침에 따른 사업계획도 중요하다. 경영계획 내용에 따라 집행해야 안정적인 사업을 추진할 수 있다. 경영계획이 있는데도 이를 무시하고 대주주가 생각난 대로 경영계획과 다른 집행을 한다면 굳이 시간을 내어 계획을 수립하는 것은 무의미하고 낭비라고 생각한다.

계획수립은 경영방침에 따라 수행하겠다는 절차와 순서가 있어야 한다.

그렇지만, 최고경영자의 경영방침에 따라, 경영계획을 수립하지 않는 경영자, 즉 기업도 있다. 틀에 박혀있는 고정된 사고를 떠나려는 의도로 풀이할 수 있다. 그래야 새로운 발상이 나올 수 있다. 우리의 몸과 같이 늘 함께 사용하고 있는 스마트폰은 과거에 없는 개발 제품이다. 만약 스마트폰이 없었다면 어떤 세상이 되겠는가를 상상할 때 인간의 아이디어 발상은 무궁무진하다.

기업체마다 창조적인 계발은 아직도 진행되고 있으며, 창조적인 경영자는 주인의식이 분명하다. 두 번째 직장에서 창조적인 최고경영자를 만났다. 바로 부품그룹의 대주주다. 그분은 창조적이고 도전적이며 주인의식이 분명하다. 그분과 함께 많은 M&A를 수행했다. 그 결과 다양한 경험을 쌓게 되었고, M&A는 물론 PMI(Post-Merger Intergration, 인수합병 후 통합하는 기업합병)도 함께 수행했다. PMI는 M&A 실시 전과 후, 방향설정이 중요하고, M&A 목적은 해당업과의 시너지효과가 우선시되어야 하며, 거대한 인수자금과 경영정상화를 위한 운영자금과 설비투자자금이 들어갈 수 있으므로 인수자금만을 생각하지 말고 인수 후 자금부족이 올 수 있다는 점을 사전에 꼼꼼히 점검할 필요가 있다.

경영분석 시 SWOT(Strength, Weakness, Opportunity, Threat, 기업경영의 환경분석을 토대로 강점, 약점, 기회와 위협 요인을 규정하고 이를 토대로 마케팅 전략을 수립하는 기법)분석 방법에 따라 기업을 둘러싼 외부와 내부의 환경변화를 꼼꼼히 살필 필요가 있다. 특히, 기업인수로 우발채무(遇發債務, 장래에 일정한 조건이 발생하였을 경우 채무가 되는 것)를 비롯한 리스크문제는 없는지 재무제표(회계상 재무현황을 기록하여 보고하기 위한 문서, 기업회계기준에는 재무상태표, 손익계산서, 자본변동표, 현금흐름표, 주석)에 나타나지 않는 분야까지도 면밀하게 살펴보아야 한다. 남의 말을 듣거나 눈으로만 보지 말고 대상기업을 중심으로 거래 중인 회계법인, 주거래은행, 관할세무서, 주요거래처 등을 직접 방문하여 가능하면 직접 경험한다는 자세가 필요하다. 모든 정보를 입수하여 아주 세심하게 살피고, 또 살펴야 한다.

정밀분석하지 않고 눈으로만 대충 보면, 위기상황에서 해결방안이 없으므로 사력을 다해 살펴야 한다. 야구경기에서도 종료 직전인 9회 말 2아웃의 상황에서 선수 1명의 단순한 실수로 다 이긴 경기를 아쉽게도 패하는 경우를 보았을 것이다. 또한, 선두를 달리던 골프 선수도 마지막 홀을 지키지 못하여, 악착같이 따라붙는 선수에게 우승을 빼앗기는 장면을 거의 주말마다 시청하고 있을 것이다.

운동경기나 기업경영 시 어려움을 극복하는 길은 실전과 같은 충분한 연습이다. 이길 수 있다는 끈기로 연습을 충분히 하고 자료 검토를 세심하게 해야 한다. 기업인수에 성공하려면 현재 본인이 경영하고 있는 업종과 결합하여 시너지효과를 낼 수 있는 업종 선택이 우선돼야 한다. 더불어 기업을 인수해서 현재 경영자가 잘못 판단하여 경영하고 있는 부분이 무엇인지, 인수 후 일정시간과 기본적인 투자로 생산성향상이 가능할 것인지, 연구개발로 제품기능과 품질향상을 기할 수 있을지 인수하려는 최고경영자의 판단은 매우 중요하다.

남들이 보기에 기업을 쉽게 인수하니, 본인도 기업을 인수해서 기업을 크게 키우겠다는 헛된 욕심을 갖는 것은 절대 금물이다. 기업인수는 매우 흥미로운 일처럼 보이지만, 남들이 좋다고 하니까 사전 검토 없이 무작정 기업을 인수하면 오히려 크나큰 낭패를 볼 수도 있다. 인수 검토자는 업종에 관한 기본철학과 지식을 갖고 사전에 인수대상 제품군의 시장 확장 여부를 거시적이고 다각적으로 살펴보아야 한다. 성공할 수 있다고 생각할 때, 절차에 따라 도전해야 한다. 점검 또 점검 후 결정해야 결코 후회스러운 일이 발생하지 않을 것이다. M&A는 실무자의 역할보다 오너(대주주)의 직감이 무엇보다 중요하다. 부품그룹의 대주주는 그런 측면에서 동물적인 감각이나 실무적인 판단도 남달랐고, 운도 좋았다.

기업인수 후, 인수한 기업의 가치를 높이는 방안으로 혁신활동 시행이 바람직하다. 더불어 관계회사 간에 화학적인 결합이 될 수 있도록 전략적이고 체계적인 경영관리가 중요하다.

지인이 보내준 복(福)에 '지자막여복자(智者莫如福者)'이란 내용이 적혀 있다. 하지만 우리는 복만 믿고 바보가 되어서는 안 될 것이다.

'지자막여복자'의 유래는 아래와 같다. 장비의 군사들이 조조 군사들에게 쫓기다가 수풀을 발견하고, 그 속으로 숨어 들어갈 수 있었다. 그러나 이런 상황은 뒤쫓아 가던 조조에게는 화공(火攻)으로 장비의 군사를 일시에 전멸시킬 수 있는 절호의 기회가 되었다. 조조는 그의 지략으로 수풀에 불을 질렀고, 장비의 군사들은 꼼짝없이 전멸할 수밖에 없는 상황이었다. 바로 그때였다. 하늘에서 한 점의 검은 구름이 피어오르더니 난데없이 장대 같은 소나기를 마구 퍼붓는 것이었다. 대승을 바로 눈앞에

두었던 조조는 이를 보고, '지자막여복자'라고 탄식했다.

"아무리 지략이 뛰어나고 지혜로운 사람이라도 복받은 사람만큼은 못하다"는 말이 바로 '지자막여복자'이다. 복의 본질이 무엇인지는 잘 모르겠지만 그것은 분명 하늘이 주시는 것이지, 사람의 소관은 아닐 것이다. 10년이 넘도록 수도하고 하산하려는 제자가 마지막으로 스승에게 하직 인사를 하면서 "스승님, 떠나는 저에게 마지막 가르침을 부탁한다"고 간청을 올렸다. 그러자 스승은 "그만하면 그 누구를 만나더라도 빠지지 않을 것이다. 그러나 단 한 가지 특별히 주의해야 할 것이 있다. 복 받은 사람에게는 절대 함부로 덤비지 말라"고 당부하였다.

복은 그만큼 위력이 있는 것으로 보인다. 복은 모름지기 동양적 감성이 들어있는 단어이지만, 서양에서는 이것을 행운이라고 표현하기도 한다. 결국 남에게는 있는데 나에게는 없는 것을 얻게 되는 것을 복이라고 생각하는 것 같다. 바꿔 말하면, 남에게는 없는데 나에게 있는 것이 복이 아닐까?

생각만 바꾸면 모든 게 복이 된다. 긍정적인 자세로 열심히 하는 자에게 행운도, 복도 있는 듯하다. 이는 필자가 M&A 추진과정에서 느낀 점이다.

M&A 시 최고경영자 역할

기존 기업을 경영할 때, 최고경영자(대주주, CEO)의 의사결정도 중요하다. 그리고 인수한 기업을 사전 목표한 대로 육성 발전시키려면 인수한 기업의 최고경영자 역할이 무엇보다 중요하다. 인수한 기업은 최고경영자의 사고전환에 따라 운명이 달라질 수 있기 때문이다.

인수한 기업은 최고경영자의 주관으로 시장 확장성과 경쟁회사의 사업 내용을 심층적으로 분석해 사업 방향을 설정해야 한다. 경영혁신에 따른 경영성과를 예측하고, 시장규모에 맞춘 설비투자와 인력 등 회사 운영에 부족함이 없고, 직원들이 일할 수 있도록 인프라(인프라스트럭처의 줄임말, Infrastructure)를 구축해 주어야 한다. 이 경우, 경영계획(전략경영계획)에 따른 주기적인 실적 점검(1년간은 1개월 단위로 계획 대비 실적점검)이 필수적이다.

아울러 PMI(Post-Merger Intergration, 인수합병 후 통합하는 기업합병) 실행 관련 기업 가치와 비전을 수립하여 공유하는 것이 바람직하다. 전체 임직원의 동참을 위해 관련 직원에게 먼저 생각할 기회를 제공해야 한다. 일방적인 지시보다 임직원의 제안 내용을 수용하면 더 좋은 경영성과를 기대할 수 있다.

최고경영자는 중요한 정책적인 내용을 임직원에게 구두 보고를 받은 후, 바로 의사결정을 하면 때에 따라 실수할 수도 있다. 중요한 내용은 라스크 방지 차원에서 삼가해야 한다. 중요한 내용일수록 꼭 서면으로 직접 보고를 받은 후, 다방면으로 심도 있게 분석한 후 투자 여부를 결정하는 것이 바람직하다. 투자 여부를 결정하기 위해서는 투자금액과 투자시기, 회수기간의 적정성, 투자 관련 리스크 유무의 현장 확인이 필수요건이다.

내부적으론 소요자금과 사업 관련 자금흐름을 종합 검토한 후, 의사결정을 해야 한다. 또한, 정책 방향이 결정되면 가능한 적기에 스피드한 의사결정 후 집행할 필요가 있다.

인수한 기업의 재무상태를 분석하여 분식 여부를 점검하며 허위 사실 여부도 집중적으로 점검해야 한다. 재무제표를 기준으로 부속자료와 임직원의 계층별 크로스 면담을 수행해 정확한 경영분석에 따라 조치해야 한다. 인수자가 그 시기를 놓치면, 더 큰 손해를 볼 수도 있다. 기업 성장도 중요하지만, 대내외(특히, 동종업체와 협력업체 등)의 각종 정보를 수집하여 다양하고 섬세한 세부 목록을 체크하여 리스크를 사전에 방지하는 것이 매우 중요하다.

첫 번째 전자부품 인수

인수한 기업은 코스닥 등록법인이며 한마디로 부실기업의 종합판이다. 이 기업은 대표이사가 없었고 경영진도 전무한 상태에서 중견간부가 중심이 되어 임시위원회에서 의사결정을 하는, 위태롭게 운영 중인 기업이었다. 전자회사인 인수대상 기업의 부실실태는 그 지역에서 소문으로 알고 있었고, 어느 기업도 인수할 엄두가 나지 않는 재무구조 등이 좋지 못한 상태였다. 부품그룹의 대주주 역시 부실기업인 전자회사의 인수 여부를 놓고 많은 토론이 있었다. 인수를 잘못하면 기존 회사도 망할 수 있다는 진단도 나왔다. 전자회사는 코스닥 등록법인으로 공시문제로 퇴출당할 수도 있었다. 게다가 예상되는 세금부담이 클 수도 있다는 세무전문가들의 갑론을박이 이어져 혼란의 시간은 계속되었다.

부품그룹의 대주주 가족이 한 말이 지금도 생생하다. "우리는 가족이 더 중요하다. 지금 상태에서 가족 경영이 중요하지, 특별히 대기업이 되기를 원하지 않는다"고 했다. 정말로 맞는 말이다. 대주주는 30년 동안 갖은 고생 끝에 지금의 알뜰 기업을 이루었다. 업종이 전혀 다르고 실태를 알 수 없는 부실기업을 잘못 인수하면, 그동안 이룬 업적이 전부 무너지게 될 수 있으니 고민하는 것은 당연했다. 필자도 동감했다. 특히 대주주 가족이 반대하는 일이었다. 대주주와 장시간에 걸쳐 의논한 끝에 인수를 포기하기로 했다. 기업 매각을 주관하는 분을 찾아가서 부품그룹에 대한 의견을 전달했지만, 그는 대리인의 신분이라 결정할 수가 없다고 회피했다. 인수에 대한 진퇴가 불분명하여 정말 답답한 순간이었다.

인수대상 기업을 단순 표현한다면, 현재 재정상태가 불안하고 미래가 불투명하다고 요약할 수 있다. 인수 시 장점보다 단점이 훨씬 많은 기업이었다. 대주주가 고민을 거듭하다가 필자에게 어떻게 하면 좋겠냐고 문의해서, 시장의 확장성은 긍정적이고 세금 문제는 세무전문가마다 견해가 달라 시장 확대의 가능성을 보고 인수하는 쪽이 좋겠다고 건의하였다. 시장이 확대되면 돈을 벌어 세금을 내면 된다고 안심시켰다.

속마음은 인수 부담감으로 불안하여 잠재울 수가 없었다. M&A 시장에서 모든 것이 좋은 상태라면 기업 가치가 매우 높고, 인수 기회가 오질 않는다는 것이 통념이다. 남들이 호감을 느낄 뭔가가 부족하기 때문에 기회를 포착할 수 있고, 인수 후 혁신활동으로 개선이 가능하면 건전한 기업이 될 수 있겠다는 기대가 앞섰다.

월급쟁이는 직장의 재산이 제 것이 아니므로 직장에서 대주주보다 위험한 투자 관련 경영을 판단하는 데 더 쉬울 수도 있다. 월급쟁이는 비교적 소신껏 건의할 수 있다. 자기 것이 아닌 것은 오히려 더 자유롭게 판단할 수 있다는 장점이 있다. 긍정적인 부분이 더 많으면, 부정적인 부분은 덮을 수 있다고 생각했다. 그러나 긍정적인 부분을 빌미로 부정적인 것을 자행하면 안 된다. 따로따로 계산·평가해야지 이를 합산하여 잘못을 없애는 것은 절대 아니다. 국내는 물론 중국의 거대한 시장이 기다리고 있으니 물량증대로 제품의 생산원가가 하락하면 수요는 폭발할 것이라고 조심스럽게 예측했다.

인수 여부를 놓고 많은 고민을 했었는데, 인수 후 다행히 수요가 늘어 제품원가는 급속히 하락하였다. 거대 인구의 중국을 비롯하여 국내에서도 가정용 수요의 증가로 매출은 큰 폭으로 증가하였다. 필자는 기업 성장으로 가는 길인 기업 인수도 운이 좋아야 한다는 점을 느끼게 되었다. 정말 운 좋게 대박의 조짐이 보였다. 국내는 물론 중국에서의 매출증가는 계속되었다.

중국에 수출하는 물량 폭증으로 중국에 현지법인을 설립하게 되었는데, 중국에 현지법인 설립 시 아무런 준비도 없이 의욕만 갖고 진출하였다. 그 당시 생각은 기업경영의 경우 임직원의 열정만 있으면 못할 것이 없다는 것이었다. 중국에 전자부품 진출은 초행길이었지만, 작은 실수도 없이 꼼꼼히 수립한 계획대로 바쁘게 진행되었다.

정말, 기적은 제 발로 찾아왔다. 임직원은 하나같이 들뜬 분위기 속에서 열심히 일하게 되었다. 필자는 기업도 사람도 행운이 있어야 한다고 생각한다. 기업인수, 첫 작품의 성공에는 임직원의 무한한 열정이 뒷받침되었으며, 대주주의 기업 성장 기회는 적기였고 대주주의 행운은 정말 최고였다.

인수한 전자회사는 국내외 판매증가로 애초 목표한 매출 5천억 원을 초과 달성했다.

인수기업의 매출은 국내는 물론 중국의 현지법인 진출로 그 규모가 1조 원을 넘어서고 있었다. 전자 대그룹의 국내외 매출증가에 따라 인수한 전자회사도 폭발적인 매출증가로 이어졌다. 정말 다행한 일이 아닐 수 없었다. 기업인수 관련 불안감은 물론 향후 기업성장의 기회에 관한 모든 걱정을 잠재우게 되었다. 장기비전계획 수립 관련 실무 논의 중, 옆에 있던 대주주의 가족이 꿈을 깨라고 기쁨에 찬, 격려의 말도 해 줬다. 모두 흥분하지 않을 수 없는 경이적인 성장세가 계속 이어지고 있었다.

당시에 필자는 직장 인근에서 부품회사가 급성장한다는 소문으로 유명세를 치렀다. 부품회사가 창업 이후 기업인수 없이 잠잠했었는데, 신규 영입한 임원이 M&A를 하고 있다는 소문은 인근 식당에서 이야깃거리가 되었다. 그러나 기업인수는 결코 쉬운 작업이 아니었다.

기업인수는 남 보기에는 쉬운 일인 것 같지만, 작은 일부터 중요한 일까지 실무적으로 어려움이 무척 많았다. 기회가 되면 그런 소소한 내용을 이야기할지도 모르겠다. M&A 관련 실무적인 내용을 듣고자 하는 기업인이 있다면 M&A 추진과정을 자세하게 소개할 생각이다. 기업 관련 내용을 전부 기술하는데 여러 가지 한계가 있어 일반 내용만 요약 정리하였다는 점을 독자들은 이해하길 바란다.

기업인수는 우연히 성사되기도 한다. 막상 귀중한 보물은 찾으려 하면 눈에 잘 보이지 않는다. 소문을 듣고 우연한 기회에 동물적인 감각으로 포착하기도 한다. 당시 인수 대상인 전자회사는 코스닥에 등록되어 전자 대그룹에 직접 납품하는 기업이었다. 인수 전, 대상기업인 전자회사의 대표이사는 구치소에 있었고, 전자회사를 경영하는 경영진은 찾아볼 수가 없었다. 또한 공시 문제, 세금 문제, 종업원의 근무 기강 문제 등 어느 하나 제대로 돌아가는 것이 없었다.

자금흐름과 자금사정을 살펴보니, 당장 ○○억 원을 구하지 못하면 시중은행에서 돌아오는 일반자금대출금인 차입금상환의 불가로 부도가 날 수 있었다. 인수 대상기업의 임시운영위원회(차장급에서 부장급)가 필자가 다니던 부품회사의 대주주를 직접 찾아와서 부도를 막을 수 있도록 자금 ○○억 원을 담보 없이 무조건 빌려 달려고 생떼를 쓰기도 했다.

임시운영위원회의 요청으로 부품그룹의 대주주가 담보는 물론 아무 조건 없이 ○○억 원을 그냥 빌려주었다. 정말 대단한 결심을 했는데, 그것이 하나의 계기가 되어 그 기업을 인수하게 되었다. 어려운 기업에 담보 없이 큰돈을 빌려주는 것이 대상기업의 종업원과 전자 대그룹에 신뢰 있는 기업으로 크게 인식하게 되었다. 필자라면 도저히 결정할 수 없는 어려운 일인데, 부품그룹의 대주주가 동물적인 경영 감각으로 일 처리하는 것을 직접 옆에서 지켜보았다. 필자와 같은 월급쟁이와 기업의 주인인 대주주와는 사고의 차이가 크다는 것을 마음속으로 깨닫게 되었다.

성공적인 M&A 항목별 요약

1. 명확한 전략 : M&A를 추진하는 명확한 비즈니스 전략을 수립할 필요가 있다.
2. 적합한 대상 선정 : M&A 대상기업을 선정할 때, 목표와 부합하며 시너지 효과를 창출할 수 있는 기업을 선택하는 것이 중요하다.
3. 철저한 검토 : 대상기업을 철저하게 검토해 재무상태, 법적 문제, 시장 경쟁력 등을 종합적으로 평가하는 것이 바람직하다.
4. 통합 계획 : M&A 후 통합 계획을 수립해 조직, 문화, 시스템 등을 조화롭게 통합한다.
5. 커뮤니케이션 : M&A에 관한 명확·투명한 커뮤니케이션으로 직원, 고객, 주주 등의 이해와 지지를 얻어야 한다.
6. 문화적 조화 : 두 기업의 문화를 조화롭게 결합하여 긍정적인 조직문화를 세워야 한다.
7. 재무적 성과 : M&A를 통해 재무적인 성과를 창출하고, 주주 가치를 증대시켜야 한다.
8. 리스크 관리 : M&A 과정에서 발생할 수 있는 리스크를 식별하고 적절한 대응방안을 마련하는 것이 필요하다.
9. 지속적인 모니터링 : M&A 후에도 지속적인 모니터링으로 성과를 평가하고 필요한 조치를 시행한다.

M&A 성공과 실패사례

Mergers and Acquisitions (기업 인수 합병)

해외 기업 M&A 성공사례

1. I 회사의 P 컨설팅 인수 : I 회사는 2000년 P 컨설팅을 인수하여 글로
   벌 컨설팅 시장에서의 경쟁력을 강화하였다. 인수한 성공사례의 주요
   이유는 아래와 같이 3가지이다.

   1) 전략적 목표와 부합 : I 회사는 P 컨설팅을 인수해 글로벌 컨설팅
      시장에서의 경쟁력을 강화하고, IT 기술과 컨설팅 역량을 결합하
      여 고객에게 종합적인 솔루션을 제공할 수 있었다. 이는 I 회사의
      전략적 목표와 부합하는 인수였다.

   2) 우수한 인력 확보 : P 컨설팅은 우수한 컨설턴트와 전문가들을 보
      유하고 있었으며, 이들의 전문성과 경험이 I 회사의 컨설팅 역량을
      향상시키는 데에 큰 역할을 했다.

   3) 원활한 통합 : I 회사는 P 컨설팅을 인수한 후에도 원활한 통합 과
      정을 거쳤고, 이를 통해 I 회사는 P 컨설팅의 우수한 인력과 노하
      우를 효과적으로 흡수하고, 합병된 조직의 성과를 극대화할 수 있
      었다.

2. W 회사의 21 회사 인수 : W 회사는 2019년 21 회사를 인수하여 영
   화와 TV 프로그램 제작, 배급, 스트리밍 서비스 등의 분야에서 강력
   한 입지를 확보하였고, 이를 통해 디즈니는 글로벌 미디어와 엔터테
   인먼트 시장에서의 선도적인 역할을 강화하였다. 인수한 성공 사례의

주요 이유는 다음과 같이 3가지이다.

1) 콘텐츠 강화 : W 회사는 21 회사의 영화와 TV 프로그램 자산을 인수해 자사의 콘텐츠 포트폴리오를 크게 강화했고, 이를 통해 디즈니는 더욱 다양한 콘텐츠를 제공하고, 글로벌미디어와 엔터테인먼트 시장에서 경쟁력을 확보할 수 있었다

2) 시너지 효과 : W 회사는 21 회사의 자산과 자사의 기존 자산을 결합해 시너지 효과를 창출할 수 있었다. 예를 들어, 폭스의 영화 스튜디오와 W 회사의 기존 스튜디오를 통합하여 영화 제작과 배급 분야에서 더욱 강력한 입지를 구축할 수 있었다

3) 전략적 목표 달성 : W 회사는 21 회사의 인수로 자사의 전략적 목표를 달성할 수 있었다. 예를 들어, W 사는 21 회사의 스튜디어와 스카이(Sky) 등의 자산을 인수해 글로벌시장에서 직접 소비자(Direct-to-Consumer) 사업을 강화하는 등의 목표를 달성할 수 있었다.

3. M 회사의 L 회사 인수 : M 회사는 2016년 비즈니스 소셜 네트워킹 플랫폼인 L 회사를 인수해 기업용 소프트웨어와 서비스 분야에서 경쟁력을 향상시켰고, 이를 통해 M 회사는 비즈니스 네트워킹과 전문교육 분야에서 새로운 기회를 창출하였다. 인수한 성공 사례의 주요 이유는 아래와 같이 3가지이다.

1) 새로운 시장 진출 : M 회사는 L 회사를 인수해 전문적인 네트워킹과 인적자원 시장에 진출할 수 있었다. 이를 통해 M 사는 새로운 고객층을 확보하고, 새로운 비즈니스 기회를 창출할 수 있었다.

2) 고객 경험 향상 : M 회사는 L 회사의 플랫폼과 자사 제품을 통합해 고객 경험을 향상시킬 수 있었다. 예를 들어, L 회사의 프로필과

M 사의 전문 소프트웨어 제품을 연동하여 사용자들에게 더욱 편리한 기능을 제공할 수 있었다.

3) 전략적 목표 달성 : M 회사는 L 회사 인수로 자사의 전략적 목표를 달성할 수 있었다. 예를 들어, 전문적인 네트워킹과 인적자원 분야에서의 경쟁력을 강화하고, 글로벌 시장에서의 입지를 확대하는 등의 목표를 달성할 수 있었다.

해외 기업 M&A 실패사례

1. A 회사(2000년) : 인터넷 붐이 일던 시기에 A 회사는 T 회사를 인수하는 M&A를 진행했지만, 인터넷 붐이 꺼지면서 두 회사의 시너지 효과가 예상보다 크지 않아, 결국 두 회사는 M&A 후 10년 만에 분리되었다.

2. D 회사(1998년) : 독일 자동차 제조사인 D 회사가 미국 자동차 제조사인 C 회사를 인수하는 M&A를 진행했지만, 두 회사의 문화 차이와 경영 방식의 차이로 M&A 후 두 회사는 어려움을 겪은 끝에, 결국 D 회사는 C 회사를 분리하게 되었다

3. K 회사(2010년) : 미국 식품 회사인 K 회사가 영국 식품 회사인 C 회사를 인수하는 M&A를 진행했지만, 두 회사의 문화 차이와 경영 방식의 차이로 M&A 후 두 회사는 어려움을 겪은 끝에, 결국 K 회사는 C 회사를 분리하게 되었다.

해외 기업의 M&A 실패사례들은 모두 M&A의 성공 요인인 시너지 효

과, 인수가격, 인수 후 통합 전략 등을 충분히 고려하지 않았기 때문에 발생한 것으로 분석된다.

국내 기업 M&A 성공사례

1. S 회사의 H 회사 인수 : S 회사는 2012년에 H 회사를 인수해, 반도체 시장에서 큰 성과를 거두었다. 이 인수는 S 회사의 사업 다각화와 함께 반도체 시장에서의 경쟁력을 키우는 성과를 가져왔다.

2. L 그룹의 S 그룹 화학부문 인수 : L 그룹은 2015년에 S 그룹 화학부문을 인수해, 화학 분야에서의 경쟁력을 강화시켰다. 이 인수는 L 그룹의 사업 다각화와 함께 화학 분야에서의 글로벌 경쟁력을 키우는 성과를 가져왔다.

국내 기업 M&A 실패사례

1. C 회사의 D 회사 인수 : C 회사는 2011년에 D 회사를 인수하였지만, 인수 후 D 회사의 실적이 예상보다 저조해 인수 후 C 회사의 실적이 악화되었다.

2. H 회사의 S 회사 인수 : H 회사는 2015년에 S 회사를 인수하였지만, 인수 후 S 회사의 실적이 예상보다 저조해 인수 후 H 회사의 실적이 악화되었다.

국내 기업의 M&A 실패사례들은 모두 M&A의 성공 요인인 시너지 효과, 인수가격, 인수 후 통합 전략 등을 충분히 고려하지 않았기 때문에 발생한 것으로 풀이된다.

PMI 성공과 실패사례
Post-Merger Integration(인수합병 후 통합하는 기업합병 방법)

해외 기업 PMI 성공사례

1. F 회사는 PMI를 토대로 제품 개발 프로세스를 개선해, 제품 개발 시간을 2/3로 줄였고, 제품 개발 비용을 40% 절감하였으며, 제품 품질을 향상시켰다.

2. B 회사는 PMI를 바탕으로 고객 서비스 프로세스를 개선하였고, 이를 통해 고객 만족도를 크게 향상시켰으며, 고객 유치와 유지율을 높였다.

3. G 회사는 PMI를 시행해 제조 프로세스를 개선하였고, 이를 통해 제조시간을 단축하고, 제조 비용을 절감하였다.

해외 기업 PMI 실패사례

1. H 회사는 PMI를 토대로 고객 서비스 프로세스를 개선하려고 했지만, 고객 만족도가 떨어지고, 매출도 감소하였다.

2. C 그룹은 PMI를 바탕으로 금융 프로세스를 개선하려고 했지만, 금융 서비스의 품질이 떨어지고, 고객들의 불만도 늘어났다.

3. G 회사는 PMI를 시행해 제조 프로세스를 개선하려고 했지만, 제조 비용이 증가하고, 제품 품질도 떨어졌다.

위와 같은 사례들은 PMI를 성공적으로 추진하려면 명확한 목표 설정, 체계적인 계획 수립, 적절한 자원 할당, 그리고 지속적인 모니터링과 피드백이 필요함을 보여준다.

국내 기업 PMI 성공사례

1. C 그룹의 E회사와 S 회사 합병 : C 그룹은 2006년 S 회사를 인수해 E 회사와 합병시켰고, 이를 통해 C 그룹은 국내 대형마트 시장에서의 경쟁력을 강화시켰으며, 원활한 PMI 과정을 거쳐 성공적인 결과를 이뤄냈다.

2. S 그룹의 S 회사와 C 회사 합병 : S 그룹은 2000년 C 회사를 인수해 S 회사와 합병시켰고, 이를 통해 S 그룹은 국내 이동통신 시장에서의 경쟁력을 강화시켰으며, 원활한 PMI 과정을 거쳐 성공적인 열매를 맺었다.

국내 기업 PMI 실패사례

1. H 회사의 D 회사 인수 : H 회사는 2012년 D 회사를 인수하였지만, H 회사와의 통합 과정이 원활하지 않았다.

2. L 회사의 D 회사 인수 : L 회사는 2011년 D 회사를 인수하였지만, L 회사와의 통합 과정이 원활하지 않았다.

국내 기업의 PMI 실패사례들은 모두 PMI의 성공 요인인 시너지 효과, 인수 후 통합 전략 등을 충분히 고려하지 않았기 때문에 발생한 것으로 분석된다.

못다 한 M&A 이야기

로마제국, 오스만제국, 무굴제국, 몽골제국, 대영제국 등도 M&A(적대적 M&A의 일종)를 시행해 나라를 확장했고, 침략과 방어로 싸우는 과정에서 이기려는 전략으로 신무기 개발과 군사훈련 등을 활용해 급속하게 발전했다. M&A는 근대에는 기업에서 주로 사용하였지만, 역사적으로는 부족, 민족, 국가 등 정치와 군사 또는 경제적으로도 공격과 방어가 있었던 것으로 보이고, 대부분의 선진국에서는 M&A가 자유롭고 빈번하게 이루어지고 있다.

국내 기업들도 성장한계의 극복 수단으로 M&A를 자주 거론한다. M&A

는 상호 기업에서 기본적인 조사와 분석 후, 가능한 자문사(자문사 계약 시 비밀유지계약 유지)를 선정해 실행하는 것이 실수를 방지할 수 있다. 창업자가 은퇴할 나이 또는 질병, 승계의 위험을 느낄 때, 경영상의 어려움, 사업구조 재편에 따른 구조조정으로 창업자로부터 후계자에게 승계가 불가능한 경우에도 M&A 대상기업이 된다. M&A를 실행하려면 대내외적(특히 현재 근무 중인 종업원은 대주주 변경에 따른 거취 문제로 혼란 예상) 비밀유지는 물론이고, 합리적인 상호 전략(매도 및 매수인 입장)도 필요하다. 다만, 정상적인 경영유지와 기존 기업인의 보호를 위해 철저한 비밀유지가 요구된다.

한국의 정서상 장기간에 거친 기업경영으로 생사고락을 기업과 함께했기 때문에 기업이 전부라는 생각이 깊은 우리나라 창업자나 대주주에게 적대적 M&A는 정서적으로 인정받기 힘들 것 같다. 적대적인 의미가 곧 기업을 빼앗긴다는 의미로 해석되는 탓일 것이다.

기업가치의 평가는 일반적으로 회계법인을 이용해 다양한 평가방법 중 상호 합의에 따라 가격을 산정하는 방식이 좋다. M&A 실행 시 매각과 인수에 따른 각종 세금문제(특히 주식양도 관련 세금문제)는 M&M 관련 자문사나 조세전문가(회계법인이나 세무법인 또는 법무법인 등)에게 의뢰해 꼼꼼하게 점검받는 것이 필수적이다.

M&A 이후, 인수자가 애초 뜻한 대로 자동으로 경쟁력은 높아지지 않는다. 단순 인수보다 구체적인 경영개선 계획에 따른 실행이 필요하다. 더불어, M&A를 추진할 계획이 있다면 시간을 두고 M&A 관련 사내 전문

인력을 양성할 필요가 있다. 성공적인 M&A 추진을 위해서는 외부전문가의 자문보다 자체 인력으로 경영계획과 실행을 진행하는 것이 바람직하다. 시대적 요구에 부응해야 한다는 성숙한 자세로 준비해야 한다.

M&A 대상기업의 기업가치 평가와 성숙한 M&A 시장에서 질서유지는 필요하고, 기업이 지속성장하는데 M&A가 한 축이 되어야 한다. 기업이 성장하는데 M&A가 일부 역할을 담당할 수 있도록 마인드도 변화해야 하며, 기업가는 기업의 성장을 위해 M&A를 진행한다. 성공하는 기업인과 그렇지 못한 기업인이 있고, M&A를 실행하는 기업이 성공하려면 사전에 철저한 준비가 필요하다. 단순한 욕심과 단계를 무시한 의욕만 갖고는 절대로 성공할 수 없으며, M&A는 실패하는 사례가 더 많다는 점을 명심해야 한다.

기업인수를 위해서는 현재 본업에 충실해야 하며, 인수 대상기업에 관한 철저한 사전 검토와 단계별 준비가 필요하다. 욕심을 앞세워 자기만의 착각에 빠지지 않도록 전문가와 넓고 깊은 대화를 나눠야 하며 기본 단계별 절차의 수립이 필요하다. 아울러 기업인수의 목적이 분명해야 하며, 매출 증가, 기존 업종과 인수기업 간 시너지효과를 위한 결합, 새로운 사업진출 등 기업에 맞는 성장전략이 필요하다. 남들이 기업을 인수하니까 나도 해보겠다는 의욕만 앞선 망상적인 행위는 금물이다. 잘나가던 기존 기업이 잘못된 M&A로 어려움을 겪을 수 있다는 점도 명심해야 한다.

기업인수의 경우 선진국은 인수 후 매각에 따른 장단기 매매차익 또는 기업 확장을 위해 M&A 거래를 활발하게 하지만, 우리나라는 아직은 초보 단계에 머물고 있다. 아직도 M&A는 적대적이라는 생각 탓에, 기업 사냥꾼이라는 좋지 못한 오해를 하고 있는 것 같다. M&A를 위해서는 전문가의 단순 조언보다 인수자가 구상하는 목표 설정이 우선이다. 의사결정에 필요한 관련 정보와 각종 기초자료를 직접 챙기고 적극적인 자세와 함께 정밀 분석이 요구된다. 기업인수 후 재무적인 승산이 있다고 판단되면 신중하게 접근하고, 단계별로 차근차근 추진해야만 성공이 보장된다.

M&A와 PMI의 성공 요인은 철저한 계획수립과 실행이다. 또한, 사전에 계획된 구체적인 업종과 자금규모 범위를 감안한 M&A를 추진하는 것이 중요하다.

먼저 필자가 추진한 M&A 사례를 들어 설명하면 아래와 같다.
어떤 방향과 어떤 가치로 갈 것인지, 명확한 비전과 목표설정(전사 비전 발대식 행사 실시), 그리고 국내외 시장 조사를 토대로 경쟁 환경과 고객 요구를 파악하여 제품과 서비스를 개선하여 경쟁력을 강화했다.

또한, 전략적 계획 수립에 따른 자원과 예산을 효율적으로 배분했으며, 기업의 비전과 목표에 부합된 인재를 채용하고, 인재 역량을 개발하고 유지했으며, 지속적인 혁신과 함께 새로운 아이디어와 기술을 도입·개선했다.

아울러 네트워크를 구축하고, 산업 내 다른 기업과 파트너인 고객과는

"고객은 항상 옳다"는 정신으로 협력하면서 시너지 효과를 창출했다.

위의 핵심적인 기본요소들을 고려하여 M&A를 실행한 후, 전사(대주주 및 각사 대표이사 포함) 분임조활동과 6시그마 활동(전사 임직원 100% 기본교육 이수와 성공·실패사례 발표 실시)에 기반한 재무적 효과를 우선시했고, 현장분야의 경영혁신활동 등 PMI를 시행하여 기업을 성장·발전시켰다.

필자가 M&A 추진 시, 너무 힘들 때 포기하고 싶은 생각이 들 때가 있었다. 그럴 때마다 1953년 노벨문학상을 수상한 영국 수상 윈스턴 처칠(Winston Churchill)의 연설을 읽어보고 용기를 얻었다.

'포기를 모르는 인생(처칠이 명문 옥스포드 대학에서 졸업식 축사)'이 바로 그것이다.

처칠이 명문 옥스포드 대학에서 졸업식 축사를 하게 되었다. 그는 위엄 있는 차림으로 담배를 물고 졸업식장에 나타났다. 그리고 열광적인 환영을 받으며, 천천히 모자와 담배를 연단에 내려놓았다. 청중들은 모두 숨을 죽이고 그의 입에서 나올 근사한 축사를 기대했다.
드디어 그가 입을 열었다.

'포기하지 말라(never give up)'

그는 힘 있는 목소리로 첫마디를 뗐다. 그리고는 다시 청중들을 천천히 둘러보았다. 청중들은 그의 다음 말을 기다렸다. 그가 말을 이었다.

'절대로, 절대로, 절대로 포기하지 말라(never, never, never, never give up)' 처칠은 다시 한 번 큰 소리로 이렇게 외쳤다. 일곱 번의 'never give up', 그것이 축사 전부였다. 하지만 청중은 이 연설에 우레와 같은 박수를 보냈다. 사실 이 박수는 그의 연설보다 그의 포기를 모르는 인생에 보낸 것이었다.

처칠은 팔삭둥이 조산아로 태어나 말더듬이 학습 장애인으로 학교에서 꼴찌를 했고, 큰 체격과 쾌활한 성격 때문에 건방지고 교만하다는 오해를 받았으며, 초등학교 학적기록부에는 '희망이 없는 아이'로 기록되었다. 중학생 때에는 영어 과목에서 낙제 점수를 받아 3년이나 유급하기도 했다. 결국 캠브리지 대학이나 옥스포드 대학에는 입학할 수 없어 육군사관학교에 입학했다. 육군사관학교에도 두 차례나 낙방했다가 간신히 합격했고, 정치인으로 입문하는 첫 선거에서도 낙선하고 기자 생활을 하다가 다시 도전해 당선되었다.

노동당에서 21년 의정 활동을 하는 동안 사회 개혁을 주도했던 처칠은 성취보다 실패와 패배가 더 많아, 당적을 보수당으로 바꾸어 출마했지만 역시 첫 선거에서 낙선했다. 하지만 그는 졸업 연설 내용대로 언어 장애를 극복하고 결코, 결코, 결코, 결코 포기하지 않고 열심히 노력해서 노벨문학상 수상자도 되고, 세계대전의 영웅도 되고, 위대한 정치인도 될 수 있었다. 처칠의 가장 큰 위기는 2차 세계대전 때 있었다. 당시 수상이었던 그는 영국의회의 연설에서, "피와 흙과 눈물과 땀 이외에는 내가 국민에게 줄 것은 아무것도 없습니다"라고 했고, 또 다른 연설에서는 "국기를 내리고 항복하는 일은 절대 없을 것입니다. 대양에서도 싸우고 해안에서도 싸울 것입니다. 결코 항복하지 않을 것입니다"라고 했다.

이처럼 처칠은 절대 포기하지 않고 전세를 역전시켜 결국은 2차 세계대전을 승리로 이끄는 데 일조해 세계적인 영웅으로 자리매김했다.

잔인한 현실이지만 삶은 끊임없는 싸움의 연속이다. 삶은 자신과 싸움이고, 한계와 싸움이며, 부단한 도전들과 싸움이다.

필자는 처칠이 명문 옥스퍼드 대학에서 한 '졸업식 축사 연설'을 읽고 또 읽고, M&A를 추진하면서 어려운 고비가 있을 때마다, 절대 포기하지 않으려고 부단히 노력했다.

필자가 추진했던, 다양한 M&A와 PMI는 기업 비밀에 해당하여 서면상으로 직접 나타내는 데에 한계가 있는 점(M&A 추진 시, 가치평가, 기업 간 통합문제, 규제문제, 임직원문제, 재무적 위험, 전략적 위험 등을 언급했지만, M&A 발굴 시 소문 등 비밀유지, M&A 초기 MOU나 NDA 법적 문제 등 양사 간 눈치작전, 가(초안) 계약서 작성 시 계약조항 삽입과 삭제 등 이견 문제, 실사 방법과 실사 차이의 해결방안, 본 계약서 작성 시 기업 특성과 합리적인 평가방법의 이견에 따른 총계약액과 대금결재 방법, 가계약을 체결했는데 특별한 이유없이 본 계약을 체결하지 않는 경우, 본 계약 체결 차 외국에서 CEO가 직접 오셨는데 사전 예고없이 불분명한 이유 등으로 본 계약 체결을 하지 않은 경우, 본 계약을 체결했는데 계약금을 지급하지 않고 계약조건을 들어 불이행하는 경우 등 서면화하기에 곤란한 다양한 사건과 사례가 많았음)을 양해해주시기 바라며, 만약 직접 만날 기회가 되면, 좀 더 구체적으로 말씀을 드리려고 한다.

기업을 키우는 방법 중, M&A를 추진 시, 긍정과 부정적인 측면은 다음과 같다.

긍정적인 측면,
1. 경쟁력 강화 : 새로운 시장 진출, 기술 확보 등을 통해 경쟁력을 강화할 수 있고,
2. 성장 가속화 : M&A를 통해 기업의 규모를 확대하고, 기존 사업과 시너지 효과를 창출하여 성장을 가속화할 수 있으며,
3. 비용 절감 : 중복되는 업무나 자산을 통합하여 비용을 절감할 수 있다.

부정적인 측면은,
1. 실패 가능성 : M&A가 실패할 경우, 기업은 많은 비용을 들이고도 성과를 얻지 못할 수 있고,
2. 조직 문화 충돌 : 서로 다른 조직 문화를 가진 기업이 합병하면서 충돌이 발생할 수 있으며,
3. 사업 축소 : M&A를 추진하다가 실패 시 기업은 오히려 사업이 축소되거나 자본이 감소될 수 있다.

M&A는 기업의 경쟁력을 강화하고, 성장을 이루는 전략이지만, 실패

가능성과 조직 문화 충돌 등의 부정적인 측면도 고려해야 한다. 따라서, M&A를 추진할 때는 충분한 검토와 준비가 필요할 것이다.

7부

혁신활동 자문 사례

새로운 시작

필자는 도로회사 경영고문으로 취업하여 새로운 업무(경영고문)를 수행했다.

대주주의 동종업계 업력이 상당했던 회사였다. 계속 성장하다가 동종업간에 치열한 수주경쟁(가격경쟁)이 매출부진과 운영자금 부족으로 연결되어 경영상 어려움을 겪는 듯했다. 특히, 수주가 부족하다 보니 매출 대비 인건비와 각종 경비 등 고정비 부담으로 운영자금이 부족해 보였고, 직원 급여 경비사용의 지연 정산 등의 이유로 임직원의 사기는 찬물을 끼얹는 것 같이 보였다. 기업경영에서 기본준수가 첫 번째 순서라고 믿는다.

운영자금 부족을 해결해야만 이 회사의 경영 정상화가 가능할 것 같았다. 운영자금을 마련하기 위해 2개 사업부분 중, 1개 사업부분을 양도하기로 검토한 후, 대주주에게 단순 제안을 했더니 생각이 거의 같았다. 어떻게 하면 단시간 내에 적자경영에 허덕이는 경쟁력이 없는 사업부를 매각할 수 있을까 고민을 했다. 사내 인적자원을 살펴보면, 필자가 협의할 임직원은 없었고, 임직원들은 다들 바쁘다고 입에 달고 다녔다.

어떤 업무를 신속하게 추진하려면 밥상 이론을 떠올릴 필요가 있다. 밥을 짓는 동안에 국과 반찬을 동시에 준비하는 것이 좋다고 생각한다. 밥과 국, 그리고 반찬을 따로따로 준비하면 그만큼 시간이 많이 걸린다. 경영할 때는 운동경기 중 농구를 생각한다. 한마음으로 전원 공격 전원 방어다. 누구는 관리(방어만)한다고 뒤에 있고 뛰는 선수만 뛰면 공격 측면에서 효율적인 성과를 낼 수 없는 이유에서다.

필자는 새로운 마음으로 혁신활동을 시작했다. 도로회사의 대주주를 직접 만나 "회장님의 회사는 소문으로는 재무구조가 튼튼하고 성장하면서 제법 이익이 나는(흑자 발생) 기업으로 알고 있었는데, 최근 회사가 매우 어렵게 되었음을 알게 되었다. 월급쟁이는 급여가 거의 전부이겠지만, 현재 매출 부족으로 자금사정이 어려우니, 매월 받는 급여는 적게 받고, 향후 실적과 경영성과에 따라 성과보수를 받겠다"고 먼저 제안을 했다.

성과보수는 일반적으로 기업체의 회장(대주주)이 선호하는 보상법이 될 수도 있다. 성과는 측정하기가 매우 난해할 수도 있지만, 가능하면 오해와 문제 소지를 해결하는 차원에서 근로(연봉) 계약 시 측정방법을 구체화(수치화)하는 것이 서로 좋은 선택방법이라고 생각한다.

다른 회사의 경영고문 계약기간이 남아 있어, 한동안은 주 1회 출근 조건이었다. 매주 월요일 주간회의나 조회 등이 있어, 매주 월요일이 좋겠다고 해서 그렇게 하겠다고 협의했다. 계약조건으로 입사서류(이력서, 자기소개서, 업무추진계획서 등)를 제출했고, 도로회사에 출근하게 되었다.

도로회사 입사 전, 금융감독원 전자공시시스템 홈페이지에 있는 최근 감사보고서를 꼼꼼히 살펴보았다. 자체 경영분석과 현재 원자재 가격급등과 수급방안, 2개 사업부분 구분 손익에 따른 개선 여부의 심층 검토과 분석 후, 잠정 해결방안으로 1개 사업부를 매각(매각예상액 ○○○억 원)

해 재무구조(특히, 차입금 일부상환)를 개선하자고 제안했다.

임직원 소통

필자는 임직원 면담(면담일지를 작성, 통계화된 자료는 경영층과 공유)을 시행해 임직원과 소통하면서 함께 갈 수 있도록 준비했다. 사내교육은 대주주(회장)부터 해야 한다고 여러 차례 강조하였다. 교육 내용은 도로회사의 가치관교육, 대표이사는 경영이론과 경영사례(사업계획 추진 계획과 집행 실적), 임원은 경영사례, 팀장은 팀 단위의 전문성과 팀 간 소통을 위한 협력관계, 팀원은 주니어활동을 통한 사례 중심으로 이루어졌다.

사무실에 들어서면 한마디로 직원들의 표정이 어두운 것을 알 수 있다. 왜, 그럴까 자세히 살펴보니, 일(수주부족에 따른 매출부족)은 거의 없는데, 일(최고경영자의 행정적인 업무지시로 매출 증가와 관계없는 업무)이 많다. 과거 실적 대비 정부 발주공사 감소 등의 원인으로 매출이 계속 줄어 당기매출과 생산량은 바닥인데, 직원들은 매우 바쁘다는 점이 의아하게 생각했다. 절대적인 매출이 늘어야 바쁜 것이 원칙인데, 일(매출과 생산)도 없는데 바쁘다니 정말 이해가 되지 않았다.

필자는 최고경영자가 많은 일(매출부진과 적자요인 등)을 지시했기 때문에 일이 늘어나는 것으로 진단했다. 결과적으로 바쁜 직원만 바쁘지 대다수 직원은 한가하고, 팀원은 거의 손을 놓고 팀장이 일을 거의 다 했다. 팀장이 팀원에게 일을 지시하거나 주문하지 않았다. 팀장이 팀원에게 설명할 시간이 있으면, 팀장이 그 시간에 직접 일을 하면 된다는 사고가 팽배했다. 팀 간 업무분장이 명확하지 못하여 중복된 일이 계속 되고 있었다. 팀별 중복된 이중 업무와 중요도에 따라 일을 줄여줄 필요 가 있었다.

필자는 임직원의 호응에 따라 긍정적인 마인드로 전환한 후, 3정 5행과 관련된 구호부착과 제조공장 전체 임직원이 참여하는 활동계획을 추진 했다. 생산성 향상을 위한 원가절감 활동으로는 각종 생산과 품질 관련 경영관리지표를 설정해 목표관리계획과 정기적인 점검계획을 세웠다.

회의문화 개선을 위해 나열식 발표에서 계획된 경영지표에 따른 계획 대 비 실적관리로 전환했다. 비전수립을 위해서는 전체 임직원의 공감대 형 성이 매우 중요하고, 효과적인 리더십을 발휘하는 데는 칭찬이 최고이 므로 부하, 동료, 상사, 자녀, 가족 등 주변에 있는 직원들의 단점이 아닌 장점만 골라 적어 놓고 칭찬하는 방식을 적용했다. 필자는 상대방에게 신뢰를 주고 동기를 유발하려면 칭찬하는 것이 최선이라고 생각한다.

경영조직에 생기를 불어넣으려면 '미인대칭(미소, 인사, 대화, 칭찬)' 을 우선 시행하는 것이 필요하다. 미인대칭은 조직을 살리는데 '성공 DNA(deoxyribonucleic acid, 유전자의 본체)'가 될 것이다. 성공하는 조직은 바로 당신이 내 뿜는 미인대칭이라는 생생한 활력소를 먹고 자라 목표도 경영자의 의지와 함께 자랄 수 있다.

혁신계획 수립과 동기부여는 경영상 효과가 발생하는 데 도움이 되었다.

필자는 직장인으로 마음속에 떳떳하고 효율적인 혁신활동을 진행해 임무를 성공적으로 완수하고 박수를 받으며 떠나는 경영자가 되고 싶다는 작은 희망을 품고 있었다.

소크라테스(Socrates)는 광장에서, 거리에서, 지위나 재산, 나이와 상관없이 많은 사람과 대화하고 토론했다. 그는 사람들에게 끊임없이 질문을 던지고 대답을 듣고 또다시 질문을 던졌다. 이런 과정을 통해 사람들이 스스로 자신의 무지를 깨닫게 했다.

"나는 스스로 진리를 낳지는 못하지만, 다른 사람이 진리를 낳는 것을 도울 수 있다".

소크라테스는 사람들에게 직접 지혜를 가르치는 것이 아니라, 대화를 통해 스스로 지혜를 얻도록 도왔다. 산파는 산모가 아이를 낳을 때 옆에서 도와주는 역할을 하는데, 스스로 지혜를 터득하도록 도와주는 소크라테스의 문답법이 산파술로 불리는 이유다.

이처럼 소크라테스의 문답식 산파술은 소통이 무엇인가를 다시 한 번 깨닫게 해준다.

구조조정

매각 예상 대금은 전체 차입금 중 1/3 이상은 상환 가능한 금액이고, 담보가 제공된 장기차입금(담보대출)을 제외한 신용차입금 대부분은 거의 상환될 것 같았다. 필자만의 단순한 생각이었고, 차입금이 절반으로 축소되면, 조기에 경영은 개선될 것으로 믿게 되었다. 다만, 실행시기와 방법에서 조금씩 다른 것이 전체를 다르게 할 수도 있다. 코로나19 사태로 모든 기업이 어려운 시기인데, 특히 3D 업종인 제조업은 더 어려운 시절이었다. 필자는 어느 업체에게 매각이 가능한지 고민을 하기 시작했는데, 매각방법과 매각 가능금액에 많은 시간을 할애했다.

도로회사의 1개 사업부를 양도하는데, 계획이 구체화하기 전까지는 일반 임직원에게 알릴 수도 없는 비밀 내용이고(일반적으로 M&A 추진 시 임직원의 충동이나 변수관계로 구체화하기 전까지는 대외비), 게다가 필자는 신입 직원이고 집행 권한이 전혀 없는 경영고문이므로 회사의 경영현황을 제대로 파악할 수 없었다.

회사 내에서 눈에 보이는 자료나 금융감독원 전자공시시스템에 공시된 감사보고서 등을 모으고 또 모았다. 미래가 불확실한 기업의 M&A는 현재 근무 중인 임직원에게 보안 유지는 철저해야 한다는 비밀의 원칙을 피할 수 없기 때문이다.

대주주가 양수 가능한 업체가 있으니 필자에게 만나자고 했다. 입사 1개월 내 일이었다. 예비인수자가 도로회사를 방문할 때, 양수 의지는 없어 보였지만, 정황상 인수할 수밖에 없는 사업구조라는 것을 직감했다. 인수하고자 하는 기업은 판매업이 주업이지, 제조업 관련 경험이 부족해, 인수하려는 의욕은 어느 정도 있어 보였다.

필자는 인수예비자가 요청한 자료의 2배수 이상을 제공하기 위해 신속하게 자료를 수집·정리해 자세하게 설명해 주었다. 인수예비자의 내부에서 자료 검토와 준비할 시간을 벌 수 있도록 상대방에서 작성 검토할 내용과 통상적인 단순 의견까지도 정리해주었다. 상대방은 필자가 제공한 자료를 선별해서 의사결정을 할 수 있었을 것이고, 관건은 매매가격이었다.

대주주가 원하는 가격을 협의한 끝에 양도금액에 관한 대주주의 생각을 어느 정도 알게 되었다. 대주주는 자금문제로 무조건 조기 양도가 1차 목표였다. 어느 정도 양수도 가능성이 있어 보이자, 대주주는 양도가격에 관심을 두고, 약간의 욕심을 부렸다. 상대방과 최종 협상 끝에 다행히 도로회사의 대주주가 원하는 가격 이상으로 협상을 마칠 수 있었다.

일을 시작한 지 약 40일 만에 1개 사업부 양도대금 계약금을 받게 되었다. 인수한 기업은 직접 출장을 나와 인수자산(토지, 건물, 기계설비, 지적재산권 등)의 상태를 물건별로 점검하고 생산설비인 기계장치의 정상작동·이상 유무는 물론 작동방법에도 관심을 두고 있었다. 1개 사업부를 인수한 기업도 자산 인수 후, 인력 승계를 위한 면담을 비롯한 손익분기점 산출과 사업추진 계획을 준비하고 있었다.

고민을 거듭하면 하나의 방법이 나올 수 있다고 기대한다. 우연한 기회에 우습게 해결되는 것이 바로 일이고 사건이라는 것을 살면서 경험했다. 하지만 우연히 성사되더라도 결과는 매우 중요하다. 한 사람에게 작은 일이라도 쉽게 넘기면 후회하는 경우가 허다하다. 필자는 최선을 다하면 후회는 없을 것으로 믿는다. 간곡한 기도를 들어주셨는지, 도로회사를 우연히 방문한 동종업체 모기업의 회장에게 매각 의사를 간접적으로 제안하였는데, 그분이 공장경영과 공장 대지면적에 지대한 관심을 보이기 시작했다. 일을 추진하는 데 순서는 있겠지만, 계획 중인 큰 틀(big frame) 안에 있다면, 급할 때는 급한 대로 대처하는 것이 최고인 것 같다.

매각방법은 인수자의 편익을 최대한 제공해야 의사결정을 쉽게 할 수 있겠지라는 생각이 앞섰다. 인수자에게 조세 관련 혜택과 가업 승계에 유리한 점이 많은 기업분할(분사) 후 인수가 더 유리할 것 같아 인수 예상업체에 기업분할의 장단점을 자료화하여 긴급 제안했다.

진행 중인 사업부의 매각이라는 단순 사건이 쉽게 풀릴 듯한 좋은 예감이 들었다. 인수 예상업체가 제반정보 1(하나)를 원한다면, 필자는 2~3배의 자료와 정보를 제공해 인수 예상업체의 인수 실무자가 윗분에게 보고할 때 보고 자료를 더 쉽게 정리할 수 있게 했고. 인수 관련 보고서를 작성하는데 많은 시간과 지혜를 보탤 수 있게 하였다. 이처럼 인수 예상업체의 최고경영자나 대주주에게 쉽게 보고할 수 있도록 필요한 자료가 제공되어 단시간에 의사결정을 할 수 있게 된 것이다.

양도업체 사업에 관한 기본지식과 관련 재무자료 등이 이미 공개되어 있고, 각종 문제점에 대해서도 많은 정보를 가지고 있었다. 그러나 인수 예상업체는 인수하려는 업체의 모든 정보를 파악하는데, 많은 시간이 걸리므로 적극적인 실무자가 없으면, 다른 업무 추진 등으로 본의 아니게 자료를 제대로 준비하지 못하여 스스로 인수를 포기하는 사례도 종종 발생할 수 있다.

인수 예상업체의 대주주가 인수가격을 최종적으로 결정하겠지만, 인수 예상업체의 대표이사가 약 ○○○억 원으로 잠정 수긍한 것 같았다. 다만, 기계설비 중, 자체 제작 분의 증빙과 타당성 검증은 필요했다. 2~3일 후 최종가격 등을 결정하여 연락해 주겠다고 한다. 대금 결제는 가능한 신속히 처리할 예정이고(부동산과 재고자산은 ○○%, 기계설비 등은 가동 점검 후 바로 대금 지급), 인수하는 자재사업 공장 가동은 정상화될 때까지 경영지원을 부탁했다.

도로회사도 인수 예상업체에서 지원 요청 시 가능하다고 답변했고, 부동산과 기계설비, 재고자산 관련 매매계약서는 인수 예상업체에서 초안을 작성하고, 도로회사에서 요청사항을 반영키로 했다. 세부내용은 도로회사의 서울 본사에서 협의하기로 했다.

필자가 일을 시작한 지 어느덧 한 달이 되었다. 공장 작업현장과 재무제표와 일부 임직원 면담과 관련된 현황을 살펴보니, 어느 정도 할 일이 있음을 알게 되었다. 입사 초기에는 최고경영자는 물론 임직원들의 얼굴에 밝은 미소를 찾아볼 수가 없었다.

매각은 관심을 가진 지 불과 1개월 만에 이루어졌는데, 그해 6월에 계약이 체결되었다. 물론 계약과 동시에 매각총액의 10%를 매각대금으로 받았다. 운영자금 측면에서는 마른 땅에 단비가 내린 셈이다. 6월 말이 되면, 매우 안타깝지만 그동안 함께 했던 일부 임직원과 아끼던 자산 일부가 양수자에게 넘어간다. 1개 사업부의 양도는 임직원이 느끼는 매우 크나큰 변화였다. 도로회사는 이 시기에 위기를 기회로 삼아야 하므로, 7월부턴 1개 사업부 매각과 동시에 새로운 출발이 필요했다.

영업 중요성

우리는 지금 영업수주가 절실하고 매우 중요하다. 매출이 손익분기점 연 ○○○억 원보다 훨씬 많이 부족하기 때문이다. 극복방안은 우선 영업팀을 믿고 신뢰하는 것이다. 일단, 영업팀이 수주할 수 있는 분위기를 마련하여 영업팀 직원들의 사기를 올려주는 것이다(진짜로 미워도 다시 한 번…).

첫째 연간 수주(매출) ○○○억 원 이상을 하던가, 아니면 조직(관리임직원 축소)을 줄일 수 있다면, 최대한 축소 후 재구성하던가, 말씀드리기 곤란하지만, 대주주가 평생 일구어 놓은 도로사업이라 정말 아쉽지만, 도로사업과 자재사업 모두 매각대상(법인매각 또는 자산매각 등)이다. 어느 길로 가실 것인지, 꼼꼼히 생각하여 큰 방향을 설정해야 한다. 그렇지만 힘을 내시길 바라며, 이제라도 중병에 걸린 것을 알았으면 전략적이고 혁신적인 치료(개선)를 해야 하고 전체 임직원의 고통분담이 따라야 한다.

위의 사항은 필자가 대주주에게 영업의 중요성을 강조하면서 제안한 내용이다.

크나큰 회생이 없으면 서류상의 혁신이지 실현되는 경영성과를 기대할 수는 없으며, 우선은 전폭적인 영업지원과 적극적인 영업활동으로 수주 확대가 필요한 시점이었다. 당장 실효성이 나타나지 않더라도 장단기적인 관전에서 기업의 미래와 현재 상황을 탈피하기 위해 영업의 중요성을 수차례 강조하였다.

공감대 형성

경영혁신 순서 중, 가장 중요한 것은 임직원의 공감대 형성이며, 직원들의 자존감을 높여 주는 것이 첫 거름이다. 마른 거친 땅에 사랑의 단비를 내려주는 것이다. 가벼운 마음으로 공감대 형성(자존감)을 위해 '미인대칭'을 시행하면 어떨까? 한 번 생각해보자?

임직원 상호 간 밝은 얼굴로 미소, 먼저 인사하기, 소통을 위한 따뜻한 대화(욕은 안 하기, 혹, 성질나서 욕을 했을 경우 미안하다고 사과하기 등), 작은 일에도 비난이 아닌 사랑이 담긴 칭찬이 그것이다.

혁신을 추진한 사람들은 가장 먼저 위기의식을 조성해야 한다고 말한다. 그러나 위기의식을 조성하기 전에 필요한 것이 커뮤니케이션이다. 커뮤니케이션을 토대로 구성원들의 불만을 알고, 그것을 귀담아듣고 해결할 때 종업원 사이에 신뢰가 구축되고 혁신에 참여할 수 있는 마음가짐이 생겨날 수 있다.

예컨대, ○○중공업의 사례가 그랬다. 일방적으로 비전을 설정하고 따라오라고 했을 때는 공감대가 형성되지 않아 직원들이 제대로 참여하지 않는 상황이 발생했다. 하지만 최고경영층이 한 팀이 되어 변화된 프로그램의 필요성을 직원들에게 설명하고, 직원들의 생각을 기초로 둔 비전을 설정하자 혁신조치에 참여하겠는 분위기가 조성되었다.

이는 상호 간 공감대가 형성됐기 때문이고, 이처럼 처음에는 무조건 구성원들과 만나 많은 대화를 나누는 것이 중요하다. 이를 통해 신뢰가 형성되면 조직의 실상을 알리고 따라오게 만드는 것이 무엇보다 중요하다. 경쟁과 산업 환경 내에서의 여러 가지 태도 변화에 관한 정보를 모든 구성원에게 제공해 위기의식과 함께 기회 전환의 계기로 삼아야 한다. 필자는 상호 신뢰와 위기의식을 조성된 후 비전을 설정하고 공감대를 형성하는 것이 올바른 순서라고 생각한다.

비전에는 여러 가지 내용을 담을 수 있고, 지금까지 답습했던 조직의 방향이나 관행이 달라질 수 있도록 새로운 패러다임을 제시할 필요가 있다. 이를 통해 구성원의 생각이나 의식을 바꾸어야 하고, 비전을 통해 마음가짐을 새롭게 하며, 잘해 보자는 긍정적 의식을 갖도록 해야 한다. 또한, 비전은 어떻게 다른 조직과 차별화시키고, 어떻게 고객 지향적일 수 있을 것인가에 초점을 맞추어 내용을 설정해야 한다. 특히 이 단계에서 중요한 지점은 공감대를 형성함으로써 참여의식을 불러일으키는 것이다.

구성원들을 혁신에 참여시키기 위해서는 이런 혁신활동을 바탕으로 구성원들에게 돌아가는 혜택이 무엇인지 그 구체적인 내용을 제시하는 것도 중요하다.

○○화재는 고객들에게 서비스를 제공하는 것을 가장 중요한 전략적 요소라고 생각했고, 어떻게 하면 서비스를 향상할 수 있을지에 초점을 두었으며, 종업원들에게 서비스의 중요성을 일깨워 주었다. 서비스를 향상하기 위해 다양한 인센티브를 제공하면서 종업원들의 마음가짐을 긍정적으로 바꿔 나갔다.

비전을 설정하고 나면, 비전을 달성하기 위한 전략적 과제와 구체적인 프로그램이 필요하고, 프로그램은 전략적 과제에 기초를 두고, 여러 가지 장·단기 목표를 종업원들에게 할당해서 목표가 달성될 수 있도록 행동계획이 수립돼야 한다. 목표를 설정할 때는 사람들을 너무 오래 기다리게 해서는 안 되고, 단기간에 성과를 낼 수 있는 중간목표를 설정하여 단계별 성공을 경험함으로써 "아, 이렇게 하니까 우리도 되는구나"라는 의식을 심어주는 것이 바람직하다.

○○전기초자는 코스트 리더십(Cost Lesdership)을 중요하게 생각했다. 어떻게 하면 원가를 절감할 수 있는지에 실행의 초점을 두고, 각자 해야 할 행동에 관한 계획을 수립했다. 기술개발도 원가 경쟁의 하나로 바라봤다.

결국 경영혁신의 성공에 가장 중요한 점은 비전과 목표에 기초를 둔 방향 설정이며, 상세한 정보 공유로 조직 구성원 전체가 일체감을 형성하며, CEO의 솔선수범으로 종업원의 사기를 고취시키는 것이다.

*출처(네이버) : 이코노믹리뷰(2006.4.28) 노부호교수 자료 일부 참고

리더 역할

기업의 분사 또는 매각 등의 이유로 그동안 함께 지냈던 임직원이 떠나가면 그에게 따뜻한 마음을 느끼게 할 필요가 있다. 비록 멀리 떠나지는 않겠지만, 가슴속에 도로라는 자랑스러운 회사에 다녔다고 생각하게 해야 한다. 이를 위해 면담을 시행하여 따뜻한 위로의 말을 전하고 떠나보내는 동기에 관해 설명할 필요가 있다.

이젠 과거는 잊고 이제부터 다시 시작한다는 메시지가 꼭 필요하다. 새로운 전진을 공유해야 새로운 힘이 생길 것이고, 영업부의 새로운 각오 속에 목표설정은 더욱 중요하다. 차입금 ○○○억 원을 고려하면, 영업수주 목표액은 ○○○억 원(재료비율 ○○% 시, 최소 ○○○억 원)이다. 이를 달성하기 위한 장단기 수주전략이 필요하고, 기업 생명의 젖줄인 영업부서의 사기진작도 중요하며 직원 대상 정기적인 면담을 수행하여 경청하고, 그들의 애로사항을 해결·지원해주어야 한다.

조직변경, 우수 직원 진급, 급여 현실화가 필요하다. 업무분장에 따른 확실한 목표설정과 실행도 필수적이다. 필자는 임원들에겐 확실한 목표를

부여하면, 책임경영에 따른 계획 대비 실적 달성이 가능할 것으로 내다봤다.

직장에서 리더는 리더다워야 한다. 그리고 리더다운 일을 해야 하고 재무적인 성과를 내야 한다. 리더다운 모습을 하나씩 갖추고, 리더답지 않은 모습을 버려가면서 되고 싶은 리더에 근접하는 것이 바람직하다.

과거의 커리어 코스와 관계없이 리더가 되기 위한 노력을 혼자만 해서는 안 되고, 주변과 함께 노력할 수 있어야 하며, 부족하고 미흡한 모습을 보인다고 해도 그걸 덮어주거나 감싸줄 여러 사람을 만나 함께 성장할 필요가 있다. 더불어 각자가 리더다운 리더가 되는 코스를 밟고 있다고 생각하고 있어야 한다. 현재 선두에 선 리더와 그를 따르고 있는 이들도 마찬가지다. 리더가 더 좋은 리더가 되기 위해 노력하고 있기 때문이다.

부품그룹에서 근무할 당시의 사례다. 학력에 비해 제법 똑똑한 영업부 책임자(차장급, 이후에 사장으로 승진)가 있었다. 직장생활을 장기간 하다 보면, 사람 보는 눈의 판단 기준은 적용 가능한 세부자료를 만들어 설명하기가 어렵지만, 통상 느끼는 제반 사항은 말로는 다 할 수 없는 그런 측면이 있을 수 있다. 사람의 탤런트(talent)에 따라, 소위 월급쟁이가 있고, 사업가의 기질이 있다. 필자는 그가 향후 사업가로 성장할 수 있겠다고 생각했다.

탤런트가 있거나 가능성이 있는 직원에겐 사업에 관한 분명한 전략과 경쟁력이 존재한다.

신입사원처럼 사사건건 간섭 아닌 간섭을 하게 되면 직원의 사기는 추락하게 된다. 물론 매 건 동일 선상에서 점검·정리해 주고 경영 관련 지도가 필요한 직원도 분명히 있다.

직원들이 일을 하지 않는 것 같지만, 필자는 그렇게 느끼지 않는다. 날마다 콩나물시루에 물을 주면 물이 콩나물시루에 머물러 있지 않으며, 시간이 지나면 콩나물은 성장하는 걸 볼 수 있는 것과 같은 이치다. 학교에 다닐 때 1등이나 2등을 한 사람이 반드시 성공한다고 장담할 수는 없다.

가령 60명 중 50등을 했더라도 성공한 사람은 얼마든지 발견할 수 있다. 학교공부는 기초를 다지는 과정이라고 생각한다. 사회에 나가면 공부 잘하는 사람보다, 남자의 경우 정확한 판단과 배짱이 있는 사람이 성공하는 사례가 더 많이 있다. 직장에서 특히 연구직은 많은 시간을 그냥 보내는 사람보다 집중력이 더 중요하다. 머리 좋은 사람보다 집중력이 있는 사람이 이긴다. 집중력이 있는 사람은 항공기를 타고 내리는 국제공항에서 독서를 하다가 그 책에 빠져 비행기를 놓치는 사례도 있다고 한다. 그만큼 집중력이 있다는 증표이다.

필자는 도로회사의 영업책임자에게 자금 동원 능력이 있는 동업자와 함께 도로회사를 인수하는 방안을 제시했다. 인수 전략으로는 일시 인수나 단계별 인수(자금과 업무 추진계획 검토)를 검토하되, 가격경쟁력을 위해 소수정예의 인력으로 구성하면 수주 경쟁에서 유리하겠다고 설명했다. 현재의 직책에서 열심히 일하든지 아니면 다른 방안을 모색하기 위한 전략이기도 했다. 이는 영업에 더 충실하기 위한 충격요법이기도 했다.

월급쟁이는 직원일 뿐이다. 월급쟁이가 잘 나간다고 해서 주인(대주주) 행사를 하면, 언젠가는 욕을 먹는다. 자기의 분수는 스스로 알아야 한다. 그것이 현명한 판단이다. 본인의 생각대로 일하려면 주인이 되어야 한다. 잘 나갈 때일수록 만사에 조심하고 스스로 통제해야 한다. 월급쟁이가 이룬 것 같지만, 잘 된 것은 주인(대주주)의 몫으로 생각해야 한다.

개인의 잘된 일을 자랑하면, 돌고 돌아 결국은 주인(대주주-회장)의 귀에 들어간다. 그 반대도 그렇다. 기존의 올바르지 못한 경영습관을 버리지 못하면서 좋은 기업으로 가겠다는 단순 욕심, 즉 혁신하겠다는 근본적인 자세가 없는 매우 안타깝게 하는 행동이다. 기업경영의 근본은 기본준수는 물론이고, 분명한 방향설정, 즉 일관되게 추진하는 직장인의 기본자세가 중요하다.

세계 1등도 불안하다. 불안을 떨치는 방법은 지속적인 혁신뿐이다. 혁신은 혼자 하는 것이 아니라 함께 해야 아름다운 소리가 들린다. 더 아름다운 소리를 듣기 위해 우리는 보이지 않는 변화와 혁신으로 달려가야 한다.

기업에서 중요한 것은 사람(인재)이다. 전문경영자가 잘하기 위해 자기의 뜻을 펼치려고 하더라도 대주주의 생각과 다르면 사상누각이 될 수 있다는 점이 무엇보다 중요하다. 사람은 쉽게 변하지 않는다. 특히, 중소기업의 대주주(회장, 창업자)는 자기의 경영철학이 확고하기 때문이다. 대주주의 그릇에 맞는 기업의 크기라고 할 수는 없지만, 아주 틀린 말은 결코 아니다.

기업의 분사 또는 매각 시 리더의 역할은,

리더는 회사의 제반 사정 등으로 분사 또는 일부 사업을 매각 시, 정보를 투명하게 전달하여 직원들의 궁금증을 해소해야 하며, 임직원들의 감정을 공감하고, 그들이 느끼는 불안과 걱정을 이해시켜야 한다. 특히 떠나는 직원들에게 새로운 일자리를 찾을 수 있는 지원과 도움을 제공해야하며, 직원들과의 소통을 계속 유지 및 의견을 수렴해야 하고, 어려운 상황에서도 직원들을 이끌어 나가야 한다.

이러한 역할을 수행하는 리더는 직원들의 신뢰를 얻을 수 있으며, 어려운 상황에서도 조직의 안정성을 유지는 물론 기업 발전에 기여할 수 있을 것이다.

경영고문의 역할은 업무의 실행과 집행을 하는 것이 아니라, 사안에 따라 제안이나 조언을 하는 것이다. 필자의 임무는 계약조건에 따라 여기까지이며, 향후 경영은 경영자의 몫이다. 도로회사는 필자와 의논하였던 방향과 내용을 토대로 적극적인 경영 혁신활동을 펼쳐 단기적으론 좋은 경영성과를 달성하고, 장기적으론 지속가능한 경영활동을 할 수 있기를 기대한다.

도로회사의 공장 작업장도 대주주의 경영이념과는 달리, 그대로 방치되어 있었고, 임직원들에게 열정과 회사의 미래인 비전도 찾아볼 수가 없었다. 최고경영자(대주주)가 부단히 애를 쓰고 있는데, 그 효과는 거의 없는 것 같이 보였다. "위기경영에서 벗어나려면 지금의 경영방식에서 정반대로 가면(경영방식을 전환하겠다는 의미) 되겠구나"라는 생각이 필자의 머리를 스쳤다. 그동안 후퇴했으니 전진하고, 안되었으니 되게 하고, 상호 존경하지 않고 열정이 없으니, 존경하고 열정을 불어 넣으면 되겠다는 생각이 든 것이다.

어두운 골목에서 벗어나 밝은 대로로 나와 즐겁게 일하는 분위기를 만들 필요가 있었다. 이를 위해 우선 철저한 사내교육을 시행하였다. 최고경영자는 가치관교육, 임원은 회사의 경영관교육, 팀장은 해당 팀 관련 전문교육과 협력사항, 육성시킬 팀원은 주니어보드(청년중역회의)에서 제안한 건전한 사례 중심으로 서로를 알리고 소통하는 교육이 그것이다. 그리고 필자는 사내교육을 전 직원이 참여하는 비전수립이라고 생각했다.

도로회사는 다른 기업과 같이 수주 영업이 중요했다. 우선, 영업 수주(매출)가 앞장서야 하지만. 실제로 매출 성과를 올리면 시간이 필요했다. 지속적인 관심과 아낌없는 격려가 필요했다.

조기 경영정상화를 위해서는 혁신활동이 필요했다. 필자는 임직원의 정신무장과 함께 분위기 조성을 위한 혁신활동을 시작하는 데 자문역할을 수행했다.

1. 조직 및 인사확정

2. 사기진작을 위한 승진과 급여인상

3. 팀별 업무분장
   1) 팀별 업무분장(개인별 팀 단위 업무와 인원 산정)
   2) 팀별 또는 팀원별 소요시간 산정(직무분석 후)

4. 사내교육 시행
   1) 회장 가치관교육(교안준비)
     * 교안이 있으면 일관성 있는 교육이고, 없으면 잔소리라고 볼 수 있음
   2) 대표이사와 임원 경영 관련 교육
   3) 팀장 팀 단위 전문성과 소통교육
   4) 팀원 주니어활동(대리급 이하, 청년 이사회) 사례
     * 주1회 시행-매주 월요일, 주간경영회의 시, 사전 공지

5. 비전수립
   1) 사전 안내문, 단계별 홍보
   2) 간단한 양식, 사전 준비

3) 사내 워크숍 실시로 5년 비전 수립(핵심사항)

　도로회사 비전은 5년 내 매출 ○○○억 원, 영업이익률 ○○%

4) 실행과정은 정기적인 점검이 필수

　* 정기적인 점검이 없으면, 사상누각(현업에 치우쳐 수행 지연 또는 못함)

6. 3정 5행

1) 취지

(1) 지시나 구체화하지 않은 보여 주기식의 단순 규정이나 기준 지양

(2) 하나라도 실천해 재무적인 효과를 얻는 것이 더 절실(품질도 중요하겠지만)

(3) 수주 시 원가경쟁력 제고

(4) 지속 기업경영(개선)을 위해서는 원가경쟁력〈더 싸게, 더 좋게, 더 많이〉이 더욱 절실함

2) 점검방안

(1) 공장(현장)별 일일현장 점검(세부 점검표)을 할 수 있는 시스템 구축(제정 또는 개정)

(2) 계정(원가구성 세부항목)별 꼼꼼하고 지속적인 실천력(눈으로 확인 점검)이 더 필요

3) 세부 실천방안(일일 현장 점검)

(1) 설비별 항목별 상태 점검(일일점검표 체크)

(2) 초중종물 검사

(3) 원부자재(수율 절감을 위한 기초자료 입수)와 제품 재고관리

(4) 불량품 관리

(5) 안전관리, 공장바닥과 설비 및 주위 청결 상태 등

(6) 조업시간 관리(특히, 출근과 퇴근 준비시간 등)

4) 3정 5행 실천 - 대표이사부터 생산현장에 투입

(1) 공정과 작업 실무 경험

(2) 신입사원은 입사 시 3개월 현장 실습교육

(3) 교육일지 기록과 확인 점검 등으로 현장중심 교육

5) 구호부착

(1) 사무동

실천이 이기는 길이다, 끊임없는 혁신이 살길이다, 단순하게 생각하자, TPM은 품질이다, 즐겁게 일하자, 버리고 채우자, 혁신은 변화의 시작이다, 확! 변하자, 바르고 단순하자, 품질혁신 좋아 좋아!, 현장을 생각하고 제품을 사랑하자, 품질혁신 좋아 좋아, 쓸고 닦고 조여 MY MACHINE 습관화, 도로회사 최고가치는 품질, 도로회사 최고가치는 안전, 고객은 항상 옳다. 작은 것부터 아끼자!

(2) 사무동 외벽, 공장 출입문

도로회사 최고가치는 안전과 품질이다. 좋은 부품은 좋은 제품을 만든다. 좋은 회사는 3정5행부터 시작, 고객만족은 품질에서 시작, 너도나도 안전제일

(3) 각 공장 생산현장

도로회사 최고가치는 안전과 품질이다. 초중종물 품질혁신 좋아 좋아!, 깨끗한 현장에서 최고제품이 나온다.

(4) 검사반(QC)

최고 품질 Supplier Quality 불량 ZERO!

고객만족 품질은 내가 책임진다. 도로회사 최고가치는 안전과 품질이다.

(5) 구내식당

구내식당은 눈에 보이는 임직원 복지의 첫걸음이다. 구내식당의 우선은 청결이다. 식당 내 가장 잘 보이는 장소에 "○○공단에서 제일 깨끗한 식당"이라는 구호를 걸었다. 1차 식당 근무자에게 보고 느낄 수 있는 경고다. 임직원이 보는 눈이 달라졌다. 사소한 것 같지만, 복리후생의 첫걸음인 셈이다.

7. 생산성 향상과 원가절감을 위한 분임(조)활동

1) 관리직과 생산직 함께

2) 보임조는 5명 정도

3) 과제는 재무적 성과중심

4) 매주 1회 발표 원칙

5) 성과보상 약속(대표이사)

8. 회의문화 개선

1) 월간조회 시 대표이사께서 직접 경영실적 발표

2) 주간회의를 주간경영회의로 변경하고, 생산적인 양식으로 지속 개선(숫자 중심 자료와 발표로 변경)

3) 회의원칙 수립 - 준수(원칙 부착과 공지 후 준수)

9. 202*년 하반기 사업계획 수립(표준양식을 마련하여 제공)
   * 202*년 하반기 계획 대비 상반기 실적(과거 3개년, 상하반기 실적 비교)
   * 결산, 팀별 주요계획 대비 실적(팀별, 미달내용과 달성방안)
   * 팀별, 개인별 KPI(Key Performance Indicator, 핵심성과지표) 계획 대비 실적

이들 항목(9가지)을 세부내용까지 작성해, 해당 팀장과 임원에게 취지와 내용을 설명한 후, 실행방안을 논의하였으며, 도로회사 전체 임직원과 공유하고, 차근차근 실행하고 자문했다.

1. 혁신활동의 첫걸음을 떼다

혁신(革新, innovation)은 묵은 풍속, 관습, 조직, 방법 따위를 완전히 바꾸어서 새롭게 한다는 의미다.

혁신은 매우 다양한 분야에서 사용되며 그 정의도 매우 다양하다. 그 목적도 품질개선이나 원가절감, 납기단축, 기술과 생산성 향상에서부터 새로운 시장을 개척하는 부분까지 참 다양하다.

워크숍 이후, 우리는 3정 5행 활동과 TFT 활동, 제안 활동 등 그동안 해 보지 않았던 혁신 활동을 시작하게 되었다. 관리자들은 매일 아침 7시 20분까지 출근하여 8시까지 분임조활동을 실시하였고, 매일 오후 3시부터 30분간 3정 5행 활동을 하였다. 매주 수요일에는 접수된 제안의 개선안을 논의하는 등 소재회사에도 변화의 바람이 불었다. 하지만 우리는 그 변화의 바람에 쉽게 적응하지 못했다. 혁신 활동의 필요성을 체감하지 못하고 기존의 마인드가 쉽게 변하지 않은 탓이었다.

조직 내에 혁신을 방해하는 네 가지 요소가 있다.
"지금까지 잘 해 왔는데 무슨 혁신이야?" → 조직의 보수성
"그렇게 해서 잘못되면 네가 책임질래?" → 조직의 경직성

"바뀌면 나도 날아가는 거 아니야?" → 변화에 대한 두려움

"바빠 죽겠는 데 동참할 시간이 어디 있어?" → 조직원의 방관성

당시 소재회사의 상황으로 볼 때 혁신의 주제는 다양했지만, 조직의 보수성이 앞길을 가로막았다. '한 번 해 보자'는 혁신 의지는 있었지만 '오늘 바쁘니까 내일 하자'라는 식의 지속성 결여와 조직원의 방관이 뿌리 깊게 자리 잡고 있었다. 아울러 성과 창출의 기대보다 실패했을 때 처벌을 걱정하고 변화의 두려움이 있었던 것도 사실이었다.

그해 12월, 혁신 TFT 활동에 대한 CEO 보고를 앞두고 총 6개의 TFT 분임조를 편성하였다. 조별로 주제를 선정해, 주 1회 미팅으로 주간활동 내역의 자료를 작성하였다.

6시그마 기법을 활용해 TFT 자료를 작성하지만, 부품그룹에서 인수 당시만 해도 PPT를 능숙하게 활용하는 직원이 아주 드물어서 부품그룹의 자료를 참고하여 겨우겨우 자료를 작성하였다. 그리고 발표 당일, 지역 상공회의소에서 전 직원이 참석한 가운데 그동안의 활동 사항을 조별로 발표하였다.

CEO는 각 조에서 선정한 주제에 깊은 관심을 표명하고, 조별 발표가 끝날 때마다 질문 공세를 해 발표자들이 땀을 뻘뻘 흘리면서 답변을 하게 만들었다. 그렇게 약 3시간에 걸친 발표가 끝난 후, CEO는 강평을 통해 각 조의 주제에 대해 때로는 칭찬을, 때로는 혹평을, 또한 격려의 말씀과 조언을 아낌없이 하고, 마지막으로 다음과 같이 당부하셨다.

"처음이라 많이 미숙하지만 오늘 여러분이 발표한 내용은 모두 소재회사의 발전을 위해 꼭 필요한 사항이고 해결해야 할 문제이다. 중도에 포기하지 말고 끝까지 물고 늘어져야 한다. '고객은 항상 옳다'라는 생각을 가지고 열심히 업무에 임해 주길 바란다. 소재회사에 대한 기대가 매우 크다".

이날 우리는 혁신 활동의 첫걸음을 떼었다. 시간이 지날수록 TFT 활동은 점점 구체화·체계화되고 전사적인 활동으로 자리 잡게 되었으며, 그해 TFT 활동으로 약 10억의 원가절감을 달성하게 되었다.

2. 여러분의 소리를 듣겠습니다 - 제안제도

"제안 활동이 제대로 이루어지지 않으면 그 회사는 죽은 회사다"
- 소재회사 대표이사

필자는 기업을 경영할 때 개선 활동의 원동력이 되는 것이 제안제도라고 생각한다. 아무리 잘 나가는 기업도 현실에 안주하고 현상 유지에 급급하면 오래 버틸 수 없으므로 모든 기업은 끊임없이 혁신해야 살아남을 수 있다. 회사는 제도나 프로세스를 개선하고 변화하기 위해 지속해서 노력해야 하는데, 여기에 근로자들을 동참시키기 위한 방법 중 하나가 바로 제안제도이다. 제안을 계기로 사소한 것이라도 개선하도록 유도해 회사의 발전을 도모하고 혁신 활동을 습관화할 수도 있다. 제안제도를 운영하려면 몇 가지 유의해야 할 대목이 있다.

첫째는 될 수 있으면 전원 참여를 유도하여 많은 제안을 할 수 있도록 해야 한다. 그러기 위해서는 적절한 보상제도를 마련하고, 다소 얼토당토않은 제안이라도 무시하면 안 된다. 제안한 직원에게 보상할 때, 우수 제안에 대한 포상만큼 중요한 것이 가장 많이 제출한 직원의 포상이다.

둘째는 꾸준히 제안제도를 이어 나가야 한다. 제안제도는 효과도 크지만, 회사가 지불해야 할 반대급부도 만만치 않다. 회사는 비용을 부담하면서 운영하는 제도인데, 거기서 나오는 제안들이 신통치 않으면 효과가 없다고 판단하여 흐지부지되는 사례가 많다. 하지만 습관이 되지 않으면 좋은 아이디어가 나올 수 없다. 꾸준한 참여와 습관화를 바탕으로 많은 제안 중에서 뛰어난 아이디어가 나오도록 해야 한다.

셋째는 좋은 제안이 나오면 이를 다른 부서에도 전파할 수 있는 시스템을 구축해야 한다. 우수 제안을 얼마나 경영성과에 활용할 수 있느냐는 제안제도가 장기적으로 회사 발전에 도움이 되도록 하기 위해 필수적으로 검토해야 할 사항이다.

소재회사는 그해 10월부터 제안제도와 혁신 TFT 활동을 꾸준히 전개했지만, 곧 흐지부지되어 명맥만 유지할 뿐이었다. 그 원인을 분석해 보니, 직원들이 제안을 해도 그 제안이 채택되었는지, 어떻게 진행되고 있는지 피드백이 전혀 이루어지지 않았고, 개선 효과와 절감 금액을 돌출하기 어려워 제안을 포기하는 사례가 있음을 알게 되었다. 더불어 회사도 비용 투자 부담으로 제대로 적용하지 않았으며, 최다 제안자의 포상도 없었을뿐더러 원가절감이나 생산성 향상 등의 목적에 국한되다 보니 제안

건수가 자연스럽게 줄어들었다.

제안제도 활성화를 위해 새로운 구심점이 필요하였다. 그해 7월 다음과 같이 제안제도의 변화를 꾀하게 되었다.

첫째는 원가절감이나 생산성과 업무 능률 향상을 위한 제안 외에도 극히 일반적인 건의 사항도 제출하게 하였다.

둘째는 사무실 여직원들에게 제안 담당업무를 맡겨 홍보·접수하게 하고, 월례조회 때 월간 제안 현황을 발표하게 하였다. 그러자 여직원들은 구내식당에 제안 현황판을 만들어 개인별 제출 건수와 팀별 제출현황을 한눈에 알아볼 수 있도록 하였다. 이는 자연스럽게 개인 간, 팀 간에 경쟁심을 유발하는 효과를 가져왔다.

셋째는 제안 제출 건수와 채택 건수에 따라 확실한 포상을 시행하였다. 매월 25일에 집계하여 제출 건수와 채택 건수에 50 : 50의 비중을 두어 1등부터 3등까지 월간 제안왕으로 선발해 상을 주었다. 처음에는 1등만 선출하여 30만 원 상당의 보약을 지급했는데 직원들의 반응이 썩 좋지 않아 1등 30만 원, 2등 20만 원, 3등 10만 원 상품권을 추가로 지급하게 되었다.

아울러 제출한 모든 직원에게 한 건당 1,000원씩 지급하고, '제안 왕중왕 타이틀'을 만들어 그동안 채택된 제안 중에서 개선 효과가 가장 좋은 아이디어를 내놓은 직원에게는 연말 종무식 때 100만 원의 포상금을 주었다. 이런 노력으로 말미암아 제안 제출 건수가 그해 5월 23건에서 8월 50건으로 2배가 증가했으며 이후에도 매월 50건 이상 꾸준히 제출되고 있다.

그해 12월, 전 직원 매월 1건 이상 제안 접수 목표인 총 100건이 접수되었고, 제안왕은 누가 될지 사뭇 귀추가 주목되었다.

"직원이 입을 열면 조직이 춤을 춘다"는 말이 있다. 직원이 회사 발전에 관심을 가지고 끊임없는 개선안을 내놓을 때, 회사가 그 목소리에 귀 기울여 경청하고 소통한다면 지속해서 개선해 나갈 것이다. 소재회사의 미래는 매우 밝다고 감히 자신 있게 말할 수 있게 되었다.

3. 모든 것을 공개 – 투명 경영

투명 경영은 경영상 이루어지는 일들을 주주나 직원이 알 수 있도록 전부 공개하는 것이다.

자기 회사의 자산과 부채, 차입금, 손익 현황 등 재무상태를 알고 있는 직원이 얼마나 있을까? 재무를 담당하는 관련 부서를 제외하고는 모르는 직원이 대부분일 것이다. 그에 반해 당사는 매월 월례조회를 열어 전월 매출, 생산, 품질, 손익 현황을 직원들에게 공개하고 있다.

이렇게 전반적인 회사의 상황을 공개하는 이유는 잘한 점을 칭찬하고 미흡한 점을 다 같이 반성하여 더욱 분발하자는 의미도 있지만, 한편으로

'소재회사는 여러분의 회사'라는 자부심을 심어주고 '소통 경영과 열린 경영'을 하려는 대표이사의 의도도 포함되어 있다. 다른 기업들도 매월 초 월례조회에서 대표이사 훈시와 공지 사항을 전달하겠지만 소재회사의 월례조회는 분명히 다른 부분이 상당히 많다. 앞에도 언급했듯이 모든 회사 현황을 전 직원들에게 투명하게 공개하는 것과 관리직에 한해 매월 독후감을 발표하도록 하는 것이 바로 그것이다.

이를 좀 더 설명하자면, 대표이사가 두 달마다 경영 관련 책을 구입해 관리자들에게 지급하고 월례조회 때 순번을 정해, 독후감을 발표하게 하였다. 경제, 경영, 마케팅 관련 내용이니 솔직히 말해 술술 읽히지도 않고 업무에 지쳐서 퇴근 후 책을 펼치기가 쉽지 않은 일이다. 독후감을 발표한 임직원들의 말을 들어보면, 그 스트레스가 이만저만이 아니라고 한다.

5분간의 짧은 발표 시간이었지만, 발표자로 지목되는 관리자는 누구나 절로 울상이 되고, 발표 일주일 전부터 안절부절못했다. 그리고 발표가 끝나는 순간 온갖 시름을 털어 낸 얼굴이 되어, 다음 발표자로 지목된 관리자를 불쌍하다는 듯 쳐다보며 웃었다. 하지만 이런 활동을 통해 경영 관련 지식을 습득하고 업무 능력을 한 단계 성장시킬 수 있다는 사실을 잘 알기에 불평불만을 하는 임직원은 아무도 없었다.

더불어 매월 다양한 주제의 영상물 감상으로 직원들의 마인드 향상을 고취했으며, 이는 우리 회사만의 고유한 문화로 자리 잡아갔고, 업무협력과 소통에도 좋은 효과가 있었다.

4. 작은 것부터 아끼자, 1원 아끼기 운동

기업 운영에서 매출과 수익성 향상도 중요하지만, 내부적으로는 생산성 향상, 불량 감소, 원가절감도 피할 수 없는 과제이다. 고질적인 로스와 만성 불량으로 낭비되는 비용이 많았다. 원가절감을 위한 컨설팅과 혁신 TFT 활동을 계속했지만, 하루아침에 쉽게 해결될 수는 없었다. 먼저 직원들이 절약하는 습관을 생활화할 필요가 있었다. 즉, 퇴근 시 전기 플러그를 뽑지 않아 소모되는 대기전력, 현장에 버려지는 장갑, 한 번 쓰고 버리는 종이컵 등 어찌 보면 사소한 것이지만 큰 비용을 줄이려면 자기 주위의 작은 것을 낭비하는 습관부터 고칠 필요가 있었다.

소재회사는 일명 '작은 것부터 아끼자!!!'라는 캠페인을 시행하게 되었다. 이 캠페인의 주요 내용은 종이컵 아끼기, 대기전력 줄이기, 잔반 줄이기, 이면지 사용하기 등 절약을 습관화하자는 것이었다. 우리는 캠페인 문구를 담은 현수막을 사무동, 생산현장, 구내식당에 부착하고 구내식당에는 잔반 그래프를 붙여 일일 잔반 처리량을 한눈에 볼 수 있도록 하였다.

사무실에서는 종이컵 대신 개인 컵을 사용하고, 마지막 퇴근자는 전기 플러그를 뽑고 퇴근하게 하였으며, 현장에 지급되는 장갑은 기름장갑 외에는 모두 세탁해 사용하게 하였다. 물론 이런 활동을 한다고 금세 부자가 되는 것은 아니지만, 캠페인을 시행해 직원들의 의식 변화를 꾀하고 절약이 몸에 배게 해 조금이나마 회사 발전에 기여하고자 했다.

우리는 '작은 것부터 아끼자' 캠페인을 시작으로 '불량 감소 캠페인', '3정 5행 캠페인', '미인대칭(미소, 인사, 대화, 칭찬) 캠페인' 등 수많은 캠페인 활동을 이어 나갔다.

'1원 아끼기 운동'은 소모품(장갑, 종이컵 등)을 구입할 때는 수량을 1개씩 줄이고, 수량을 줄일 수 없는 품목은 단가를 1원씩 깎으며, 급여 지급 시 1,000원 미만 금액을 절삭해 그 수익금으로 불우이웃을 돕자는 취지였다.

다행히 거래처의 협조와 임직원들의 반응이 호의적이어서 첫 달에는 약 1백만 원을 절약했고, 그해 12월 말까지 총 5백만 원의 기부적립금을 모금해 소재회사 임직원 명의로 경기도 **시 **동에 소재한 장애인을 위한 '○○○○의 집'(중증지체장애시설)에 기부하는 기쁨을 누릴 수 있었다.

이런 캠페인(혁신) 활동이 전시 행정이 아니냐고 지적하는 일부 사람들도 있을 것이다. 하지만 우리는 캠페인 활동을 펼쳐 그동안 의식하지 못했던 작은 것을 아낌으로써 절약하는 습관을 배웠고, 자신이 절약한 돈으로 불우이웃에게 도움을 줄 수 있다는 데 자부심을 느끼게 되었다.

M&A 관련

양성남 사장님과 국내외 기업들을 대상으로 다수의 M&A 업무를 수행하면서 다양한 경험과 노하우를 습득하게 되었다. M&A를 진행하면서 대상기업의 재무분석을 통한 기업가치 산출뿐만 아니라, 해당 기업이 속한 산업 전반의 사업성 검토, 내부 구성원을 상대로 한 인터뷰로 기업이 공시하는 재무제표 등의 자료에서 확인할 수 없는 내재된 가치나 리스크를 찾아내는 등의 M&A 기법을 배울 수 있었다.

또한, M&A 이후에 회사가 시너지 효과를 창출하도록 하는 방안도 배울 수 있었다. 최근 대규모 M&A 이후에 '승자의 저주'라는 표현이 나올 만큼, M&A 이후 피인수된 회사뿐만 아니라, M&A를 실행한 모회사까지 경영위기에 직면하는 경우를 자주 보게 된다.

그만큼 M&A는 대상 기업을 찾아 인수하는 과정도 중요하지만, M&A 이후에 경영시너지를 창출하고 안정화과정을 만들어 가는 것이 매우 중요한 과제다. 양성남 사장님은 피인수된 회사의 구성원들이 안정된 소속감을 갖고 업무에 몰입할 수 있는 환경을 조성하면서, 새로운 조직문화가 정착될 수 있도록 하는 여러 성공사례를 보여주었다. M&A 후 효율성이라는 명목으로 조직을 축소하고 구조조정을 하기보다 기존 구성원들에게 동기부여를 하고 조직이 성장하도록 유도하는 것이다.

유가증권상장회사인 부품회사를 모기업으로 하는 중견그룹인 부품그룹의 성장에는 양성남 사장님의 M&A 전략이 그대로 담겨있는 매우 성공한 사례라고 평가한다. 2000년 초반 부품그룹은 부품회사를 중심으로 ~~자동차부품을~~ 생산하는 국내 계열회사 2개로 구성된 연결 매출액 1,000억 원에도 미치지 못하는 중소기업에 불과하였다.

양성남 사장님은 부품그룹의 총괄기획감사실장으로 부임한 후 M&A를 통한 그룹의 성장 방향을 수립하고 자동차부품 부문은 해외현지법인으로 생산법인을 확장하는 방향으로 성장시켰으며, 새로운 성장 동력사업으로 디스플레이(Display)부품과 반도체장비를 중심으로 하는 전자부문을 선정해 M&A를 토대로 한 성장을 추진하였다. 그 결과 부품그룹은 현재 국내외 40여 개의 법인으로 구성된, 연결 매출액 2조 2천억 원(2023년 실적)의 중견그룹으로 성장할 수 있는 토대를 마련하였다.

이 같은 M&A 성장전략은 자동차부문과 전자부문으로 대표되는 국내 기간산업을 M&A 타깃 산업으로 선정하고, 계열사들이 산업의 성장 사이클에 따라 서로 상호 보완해 '캐시카우(Cash-cow)' 역할을 수행하면서 새로운 스타(Star) 기업을 다시 M&A할 수 있도록 하는 선순환의 성공적 수단으로 평가할 수 있을 것이다.

내부 통제와 감사 관련

회사는 내부 구성원과 시스템, 프로세스에 대한 적절한 내부통제와 감사로 내부에서 발생할 수 있는 사고를 미연에 방지하고 리스크(Risk)를 햇지(Hedge)할 수 있다. 양성남 사장님은 부품그룹의 총괄감사업무를 수행하면서 정기적인 업무감사와 특수상황에서의 특별감사를 시행해 회사와 조직이 큰 상처를 입지 않고, 사고가 재발하지 않도록 하는 사후 방안을 도출하는 방식으로 감사 업무를 수행하는 방법을 가르쳐 주셨다.

감사 업무는 부정을 적발하여 그에 맞는 징계를 진행하는 것도 매우 중요하지만, 자칫 그런 과정에서 노이즈(잡음)가 발생할 수 있기 때문에 적절한 감사 기법을 활용하여 최대한 효율적으로 감사 업무를 수행할 필요가 있다. 사전에 감사계획을 세우고 계획에 따라 꼭 필요한 자료를 요청하며, 대상자를 한정하여 인터뷰를 진행함으로써 이른 시간에 정확한 사실 확인이 가능해야 한다. 아울러 감사 이후에는 적절한 내부통제 시스템을 구축하도록 하여 회사에서 효율적이고 유효성 있는 리스크 관리가 이루어질 수 있도록 프로세스를 구축할 필요가 있다.

양성남 사장님과 함께 해외현지법인(중국)의 내부감사를 수행하면서 현지법인에서 발생하는 주재원의 부실한 관리와 현지인들의 부조리를 적발해 상당한 금전적 손실이 발생할 수 있는 리스크를 해결하였고, 현지법인의 내부통제 프로세스를 구축하고 국내에서 현지법인을 적절하게 관리할 수 있는 방안을 마련한 적이 있다. 그 과정에서 회사의 관리자 리스크, 경영자 리스크, 시스템 리스크 등 종합적인 조직 리스크를 관리할 수 있는 감사 기법을 배울 수 있었으며, 이후 한국상장회사협의회 주체의 교육을 받고, 이수 시험을 거쳐 합격자에게 발급하는 내부감사사 자격증 취득 과정에서 실무적으로 큰 도움이 되었다.

유연한 대처

우리는 불확실성 시대에 살고 있다. AI 출현은 전기 발명 때처럼 혁신과 경쟁력의 주체가 되었다. AI는 소득 불균형과 디지털 격차를 심화시켰고, 일자리의 경우 향후 10년 안에 45%의 직업이 없어질 것으로 전망했다.

불투명한 경제환경과 글로벌 복합 위기를 극복할 전략에 대해 생각 보면, 미래 시장은 창의성, 차별성, 경쟁력이 요구되며, 기술 수준보다 방향성을 중시하고 똑똑한 것보다 신뢰와 사회 수용성을 높여야 한다. 에릭 레이먼드 나이키 혁신팀 리더는 "지난 10년이 소프트웨어와 플랫폼 시대였다면 앞으로 10년은 딥테크(혁신기술을 기반으로 기업가치가 10억 달러를 넘는 벤처기업) 시대가 될 것"이라 전망했다.

챗 GPT의 등장은 초연결(hyperconnectivity)과 초지능(superintelligence)의 더 넓은 범위와 빠른 속도로 변하고 있다. 미국 빅테크 엔비디아, 마이크로소프트, 구글, 애플 아마존, 메타 등 기술 분야에서 선도적인 위치를 차지하는 기업들은 기술 혁신을 주도하고, 다양한 분야에서 새로운 비즈니스 모델을 꾸준히 창출하고 있다.

잘 알려진 봐, 워런 버핏이 투자의 귀재가 된 것은 절친이자 사업 동반자

였던 찰리 멍거 덕분이며, 빌 게이츠는 출중한 컴퓨터 능력과 온화하고 현실적인 폴 앨런의 설득이 없었다면, 하버드대를 중퇴하고 마이크로소프트사를 창업하지 않았을 것이다. 또한, 애플의 스티브 잡스가 성공 신화를 쓸 수 있었던 것도 스티브 워즈니악과의 만남이 있었기 때문이라고 한다.

경영자는 불확실성 시대에 기업을 키우는데, 소위 잘나가는 새로운 기술을 무조건 따라가기보다는 미래 시장에서 차별성과 경쟁력을 추구하는 기업에 적합한 사업성에 대한 유연한 대처가 필요하겠다.

창조하는 리드

창조자가 시장을 리드한다. 타인이 이룬 업적이나 내용을 벤치마킹하여 더 양질의 아이디어를 창출할 수 있지만, 시장은 다양한 창조를 원하고, 창조된 기능성 제품을 더 선호한다. 좋은 제품을 출시할 때, 출하시기를 다투는 이유는 선점 효과에 있으며, 그 기억은 오래간다. 혁신과 기업가 정신은 천재성과 영감이 필요하기보다 조직적인 방법론과 엄격한 자기 통제를 요구한다.

무한경쟁 시대에 급격한 기술 발달을 요구하고, 새로운 기술과 경제성으로 무장하여 무한 경쟁에서 승리하려면 옳은 방향으로 이끌어 나아가는 기업가정신이 필요할 것이다. 경영학자로 유명했던, 지금은 고인이 된 피터 드러커 박사는 "사업가가 실패하는 이유는 올바른 방법으로 경영하는 대신 잔꾀를 부리는 잔머리 굴리기를 선호했기 때문이다"고 지적했다.

기업가정신이 있어야 세계적인 기업과 기업인으로 발전할 수 있을 것으로 믿는다.

기업도 사람

기업은 사람이다. 인재는 적재적소에 배치되어 자신의 역할을 성실한 자세로 이행해야 한다. 기업은 이익 추구가 최우선이므로 각자 좋은 성과를 내야만 경쟁력이 있다. 기업이 발전하기 위해서는 경쟁력 우위가 될 수 있도록 사업 규모와 추진방안에 관한 사전 설계가 있어야 한다. 기업은 업무를 우선시하는 것보다 사람 간 소통이 살아있어야 한다. 자기 일을 걱정하고 공유하는 것도 기본적으로 사람이 있으므로 가능해진다.

떠날 수 없는 경영자는 기업을 대표하는 창업자나 대주주이고, 떠날 수 있는 경영자는 전문경영자인 소위 월급쟁이다. 기업을 경영하였지만, 대주주나 창업자가 아니므로 경영 일선에서 떠난다.

전문경영자는 대주주의 진정한 고통은 잘 모른다. 대주주가 전문경영자보다 더 신경을 쓰고 머리가 더 아프다는 사실은 분명하다. 떠날 때 잘 떠날 수 있는 경영자는 참된 경영자이며, 이렇게 되려면 운도 좋아야 한다. 떠날 때 떠나더라도 직장에서 근무 시 성실한 자세로 최선을 다하고, 사규를 준수하면서 경영이념과 비전을 착실히 실행해야만 기업 발전과 함께 경영자의 도리를 다할 수 있을 것이다.

기업이 사회적인 존재로서 인간과 유사한 권리와 책임을 가진다는 의미이며, 기업이 단순히 경제적인 이익만을 추구하는 것이 아니라, 사회적인 책임과 윤리를 가지고 행동해야 한다.

기업은 경제적인 활동을 통해 사회적인 가치를 창출하고, 이를 통해 사회와 상호작용한다. 따라서 기업은 사회적인 책임을 가지고, 환경 보호, 사회적 약자 지원, 윤리 경영 등을 통해 사회적인 가치를 실현해야 한다. 또한, 기업은 사회적인 영향력을 가지고 있기 때문에, 사회적인 문제에 대한 책임을 져야 한다. 예를 들어, 기업이 환경 오염을 일으키거나, 노동자의 권리를 침해하는 등의 문제를 일으킬 경우, 사회적인 비판과 제재를 받을 수 있다.

따라서, "기업도 사람이다"라는 말은 기업이 사회적인 존재로서 인간과 유사한 권리와 책임을 가진다는 것을 강조하며, 기업이 사회적인 책임을 다하고, 윤리적인 경영을 해야 한다는 것을 의미한다.

필자가 중소기업인 부품회사에 입사 당시에는 대학생이었다. 주경야독으로 박사학위를 취득했고, 중견그룹으로 발전되었다. 부품그룹은 사람과 기업을 함께 키운 것이다.

결국은 사람

"결국은 사람이다"
"결국은 사람"이라는 말은 결국 모든 일의 핵심은 사람이라는 의미다. 어떤 일이든 사람이 중심이 되어야 하며, 사람의 가치와 존엄성을 존중하고 보호해야 한다.

비즈니스에서도 마찬가지이고, 기업이 아무리 큰 성과를 이루더라도, 그 성과는 결국 사람들이 만들어낸 것이다. 따라서 기업은 사람들의 능력과 역량을 최대한 발휘할 수 있는 환경을 조성하고, 사람들의 성장과 발전을 지원하는 것이 중요하다.

"결국은 사람"이라는 말은 사람들이 서로 연결되어 있다는 것을 의미한다. 사람들은 서로에게 영향을 주고받으며, 함께 협력하고 소통해야 한다. 따라서 기업은 사람들의 관계를 존중하고, 서로의 다양성을 인정하며, 서로를 배려하는 문화를 조성해야 한다.

결국, 사람이 중심이 되는 사회를 만들어가는 것이 중요하다. 사람들이 서로 연결되어 협력하고 소통하며, 서로의 가치와 존엄성을 존중하는 사회를 만들어가는 것이 우리가 나아가야 할 방향이다.

좋아하는 성경 구절

빌립보서 4장 6-7절
"아무것도 염려하지 말고 모든 일에 기도와 간구로, 너희 구할 것을 감사함으로 하나님께 아뢰라. 그리하면 모든 이해를 뛰어넘는 하나님의 평화가 그리스도 예수 안에서 너희 마음과 생각을 지키시리라".

염려와 걱정을 내려놓고, 기도와 감사의 중요성을 일깨워 주고, 통제할 수 없는 상황에 마음이 흔들릴 때, 평안을 찾아간다.

시편 23장 1-4절
"여호와는 나의 목자시니 내가 부족함이 없으리로다. 그분은 나를 푸른 풀밭에 누이시며 쉴만한 물가로 인도하시는도다. 내 영혼을 소생시키고, 자기 이름을 위하여 의의 길로 인도하시는도다. 내가 사망의 음침한 골짜기를 지날지라도, 재앙을 두려워하지 않을 것이니, 이는 주께서 나와 함께 하시기 때문이다".

힘든 도전을 마주했을 때 큰 힘이 되어주고, 하나님이 함께하시고, 인도하실 것이라는 확신을 준다.

요한복음 14장 27절
"평안을 너희에게 물려주며, 내 평안을 너희에게 주노라. 내가 주는 것은 세상이 주는 것과 같지 않다. 너희 마음에 근심하지 말며 두려워하지 말라".

하나님만이 주실 수 있는 참된 평안은 마음이 불안할 때마다 큰 위로가 된다.

마태복음 11장 28-30절
"수고하고 무거운 짐진 자들아 다 내게로 오라. 내가 너희에게 안식을 주겠다. 내 멍에를 메고 나를 배워라. 이는 내가 온유하고 겸손한 마음을 가졌음이라. 그러면 너희 영혼이 안식을 얻으리니, 내 멍에는 쉽고 내 짐은 가볍다".

피곤하고 지칠 때 위로가 되고, 하나님께 맡길 수 있다는 사실이 위안이 된다.

시편 46장 1-3절

"하나님은 우리의 피난처시며 힘이시니, 환난 중에 크게 만날 수 있는 도움이시로다. 그러므로 땅이 변하고 산들이 바다 가운데 빠져도 우리는 두려워하지 않으리로다".

하나님이 언제나 강력한 보호자이시며, 곁에 계신다는 것을 상기시켜 준다.

시편 27:1

"여호와는 나의 빛이요 나의 구원이시니 내가 누구를 두려워하리요 여호와는 내 생명의 능력이시니 내가 누구를 두려워 하리요".

하나님이 나의 빛이며 강력한 보호자이시며 항상 곁에 계신다.

이 책을 집필하는데 용기와 지혜를 주신 하나님께 감사드립니다.

항상 곁에서 묵묵히 지켜보고 있는 사랑하는 부인께 정말 사랑한다는 말로 대신합니다. 미국에서 수고하고 있는 두 아들과 두 며느리, 그리고 귀여운 손녀와 튼튼한 손주에게도 사랑한다는 말로 대신합니다. 모두 자랑스럽고 정말 사랑합니다.

이 책을 읽는 모든 분들에게도 하나님의 은혜와 축복이 함께 하기를 기원합니다.

부 록

1. 계약서 작성 시 기본 지식   · 부품회사 사내 교안 참고

계약서는 작성하는 측에 유리하게 작성되는 것이 일반적이다. 상대방이 작성한 계약서로 검토하고 교섭하다 보면 세부적인 부분을 놓칠 수도 있으며, 실무상 이미 작성된 내용으로 그대로 하자는 사례가 많기 때문에 계약체결 시 유리한 위치에 있으려면 계약서의 기안자가 되어야 한다.

계약서는 당사자 간의 권리와 의무의 발생, 변경, 소멸을 정하는 것이므로 6하 원칙에 따라 정확하고 간결하며 편리하고도 명료하게 작성되어야 한다. 즉, 계약서는 당사자가 누구이며 어떤 법률관계가 어떻게 이루어져 어떻게 이행될 것인지 요점이 되는 사실을 어법에 맞게 정확한 용어를 사용하여 제3자가 보더라도 이해될 수 있도록 작성되어야 한다.

계약서의 검토
계약은 상호 기본적인 거래조건을 교섭하고 기타 세부적인 부분이 합의된 후 계약서를 작성하되, 당사자의 의도가 명확히 기술되었는지 반드시 상호 확인하여야 한다.

용어와 문자
국내계약의 경우 생략단어나 거래 관습상의 용어도 어느 한 가지 뜻으로만 해석될 수 있으면 계약서상 용어로 적당하다. 그러나 계약분쟁 시 대체로 거래관습을 소상히 알지 못하는 제3자(법원 등)가 계약내용을 해석할 때 의문의 여지가 없도록 통상적인 용어를 사용하여야 한다.

문언의 구체성과 추상성

다른 해석을 허용치 않는 일의적인 문언은 구체성이 있는 상세하고 면밀한 것을 말하지만 계약서가 필요 이상으로 장황하게 되거나 계약체결 시에 예상치 못하였던 사태가 발생하거나 사정이 변경되는 경우 무용지물이 될 수 있으므로 여러 가지 형태로 변화하는 상거래에 폭넓게 대응할 수 있는 계약서는 다소 추상적일 필요가 있다. 결국 추상적, 간결, 명확이라는 것과 구체적, 상세, 면밀이라는 것의 두 가지 요소를 적절히 조화시켜야 한다.

인지의 첨부

인지세법은 계약서 등에 인지를 첨부하고 그 작성자의 인장 또는 서명으로써 이를 소인토록 하고 있다.

자구의 수정

계약체결 후 오자, 탈자 또는 불필요한 부분이 발생하거나 문구의 수정이 필요한 경우가 발생한다. 중요한 사항의 변경이라면 계약서를 새로 작성하는 것이 좋지만 신규작성이 허락되지 않을 때는 삭제할 부분은 두 줄로 지우고(수정액으로 지우거나 펜으로 새까맣게 덮어서는 안 되며 종전의 내용을 판독할 수 있어야 한다) 추가할 사항은 삭제부분 좌우여백에 알아보기 쉽도록 기재하고 加O字 등으로 표시한 후 당사자 쌍방이 계약서에 날인한 인장으로 정정인을 날인한다. 작성한 계약서가 2부 이상이면 모두 같게 수정하여야 한다.

확정일자

당사자가 작성한 계약서의 일시는 공증인이 확정일자를 압날한(찍은) 경우보다 그 신빙성이나 증명력이 약하므로 일시에 대하여 확정일자 있는 증서로 해두면 후일 분쟁 발생 시에 좋은 증거 자료가 될 수 있다.

계약서의 기명날인

'기명'은 계약당사자의 성명을 인쇄 또는 자필로 표시하는 것을 의미하고, '서명(signature)'은 기명에 부기하여 기명자의 진정한 의사에 따른 것임을 나타내는 표지로서 인장의 날인과 같은 기능을 한다. 따라서 계약을 체결할 경우, 기명만으로는 부족하고 기명 후 날인(기명날인) 또는 기명 후 서명의 방식으로 해야 한다.

간인

계약서가 2장 이상으로 작성된 경우 당사자 간의 기명날인 후 같은 인장으로 또는 서명 시에는 같은 서명으로 계약서 장수마다 간인을 하여야 한다. 별첨 역시 마찬가지이다. 간인을 하는 이유는 계약서가 여러 장으로 이루어졌다고 하더라도 하나임을 표시하고 최종 기명날인 시에 전체를 보았다는 취지를 간접적으로 나타내기 위함이다. 간인은 앞장을 접은 후 뒷장과 중첩되게 날인하거나 서명하는 것이 일반적이며 계약서가 2부 이상이면 각 계약서 간에도 간인을 하는 것이 상례이다.

임의규정과 강행규정

계약서 작성 시 유의할 점은 강행규정과 임의규정의 구분이다. 이미 계약의 효력에서 설명한 바와 같이 강행규정은 제 법령상의 규정과 다른 내용으로 당사자가 약정을 하면 무효로서 효력이 발생하지 아니하는 규정이며, 임의규정은 당사자가 그 규정을 배제하고 다른 내용의 약정을 하더라도 그 약정내용에 따른 법률효과가 발생하는 규정을 말한다.

애써 교섭하여 체결한 계약서 조항이 강행규정을 위반하여 무효가 되면 예기치 못한 낭패를 볼 수 있으므로 계약서 작성 시 항상 주의를 기울여야 한다.

기본계약서와 개별계약서

계약서는 기본계약서와 개별계약서로 나눌 수 있다. 기본계약서는 계속적 매매계약서 또는 위탁적 계약서 등과 같이 회사 또는 개인 상호 간 장래 계속해서 계약을 반복한다든가 계속해서 체결될 모든 계약에 대하여 공통으로 적용될 계약조항을 모아서 기재해 놓은 것이다.

제2절 계약서 항목별 작성 요령과 작성 예제

개요

계약서가 지나치게 긴 경우에는 장황할 수 있고, 반면에 지나치게 짧은 경우에는 당사자의 의도가 모호하게 된다. 또한, 계약서를 계약 당사자가 아닌 제3자가 읽어보더라도 양 당사자가 무엇을 위하여 그 계약을 체결하였는지 당사자의 의도가 구체적이고 명확한 단어와 내용으로 드러나야 한다.

6하 원칙과 문법

계약서는 가능한 한 6하 원칙에 따라 작성되어야 한다.

법률용어의 사용

같은 의미를 가지는 경우, 여러 가지 용어가 있는 경우, 가능한 한 법률용어, 특히 법전에서 사용되고 있는 용어로 표현하는 것이 바람직하다.

용어의 통일

정의조항에서 한 번 정의한 용어는 뒤에서 같게 사용되어야만 한다.

계약서의 구성

계약서는 당사자 간 합의의 논리적 순서로 구성하는 것이 바람직하며 크게 표제, 전문, 본문, 말미, 계약연월일, 당사자 표시로 구분되며 본문의 조항별 구성은 계약 유형에 따라 다르지만, 일반적으로 계약의 목적, 이행기, 이행장소, 검수, 대금의 지급, 기한이익의 상실, 담보/보증, 위험부담, 비밀유지, 계약기간, 갱신조항, 양도의 제한, 계약의 해제/해지, 손해배상, 분쟁해결, 관할합의 순으로 구성된다.

계약서의 항목 구분은 편(編), 장(章), 관(款), 조(條), 항(項), 호(號)의 순서로 구분하지만, 계약서가 방대하지 않으면 일반적으로 조, 항, 호의 구분만으로 충분하다. 각 조항을 숫자로 표시할 때에는 정부공문서처리규칙에 따라 1.2.3 … , 가.나.다…, (1)(2)(3) … , (가)(나)(다)…의 순서로 표시한다.

표제

표제는 계약서의 제목을 말한다. 표제를 어떻게 붙이는가에 관해 특별한 규칙이 있는 것은 아니다. 다만, 계약의 내용을 대표할 수 있는 의미를 갖고 있는 용어를 사용하면 족하다.

전문

전문은 계약서의 각 본 조항에 합의하기 전에 일반적인 합의사항을 기재하는 서론에 해당하는 부분으로서 꼭 기재해야 하는 것은 아니지만 비전형 계약이나 복잡한 계약서에는 기재하는 것이 바람직하며 당해 계약의 기본사상을 표현하기도 한다. 전문에는 계약체결의 당사자의 정식표시, 목적물의 정식표시, 일자, 계약의 개괄적 내용, 타 계약과의 관계 등이 기재되는 것이 일반적이다.

일반적인 경우

〈기재사례〉

○○주식회사(대표이사 ○○○, 이하, '갑'이라 한다)와 △△ 주식회사(대표이사 △△△, 이하 '을'이라 한다, '갑'과 '을'을 총칭하여 '양 당사자'라 한다)는 2000년 ○○월 ○○일 건물의 임대차에 관하여 다음과 같이 합의한다.

위 경우에서 대표이사의 기재를 생략할 수도 있고, 대표이사 이외에 회사의 주소를 추가로 기재할 수도 있다.

○○주식회사(대표이사 ○○○, 이하 '갑'이라 한다)와 △△주식회사(대표이사 △△△, 이하 '을'이라 한다, '갑'과 '을'을 총칭하여 '양 당사자'라 한다)는 2000년 ○○월 ○○일 양 당사자 간에 2000년 ○○월 ○○일자로 체결된 임대차계약(이하, '기본계약'이라 한다)과 관련하여 그 세부사항에 관하여 다음과 같이 합의한다.

셋 이상의 당사자가 있는 경우

셋 이상의 당사자가 관련되는 계약을 체결하는 경우 3번째 당사자를 '병', 4번째 당사자를 '정'으로 기재하는 것이 일반적이다.

〈기재사례〉

○○주식회사(대표이사 ○○○, 이하 '갑'이라 한다)와 △△주식회사(대표이사 △△△, 이하 '을'이라 한다) 및 XX주식회사(대표이사 XXX, 이하 '병'이라 한다)는 2000년 ○○월 ○○일 [ ]에 관하여 다음과 같이 합의한다.

〈기재사례〉

○○주식회사(대표이사 ○○○, 이하 '갑'이라 한다)와 △△주식회사(대표이사 △△△, 이하 '을 1'이라 한다) 및 XX주식회사(대표이사 XXX, 이하 '을 2'이라 한다. '을 1'과 '을 2'를 총칭하여 '을 등'이라 한다)는 2000년 ○○월 ○○일 건물 임대차에 관하여 다음과 같이 합의한다.

계약의 목적과 의도를 표현하는 경우

계약의 목적과 의도 또는 각 당사자가 영위하고 있는 사업의 내용이 전문에 기재되는 사례도 있지만 이는 국제계약의 관례이며 국내계약상으로는 본문에서 계약의 목적 항목에 기재하는 것이 일반적이다.

〈기재사례〉
1. '갑'은 OO사업을 영위하고 있는 법인으로서 '을'에게 아래에서 규정하는 건물을 임대하고자 한다.
2. '을'은 OO사업을 영위하고 있는 법인으로서 '갑'으로부터 동 건물을 임차하고자 한다.

본문

제 ○ 조 (계약의 목적)
계약의 첫째 조항은 그 계약의 목적을 기재한다.

〈기재사례〉
'갑'은 '을'에게 별지목록 기재의 물품을 매도하고 '을'은 이를 매수한다. 또는, '갑'은 '을'에게 별지목록 기재의 물품을 인도하고 '을'은 그 대금을 지급한다.

<기재사례>

본 계약은 '갑'과 '을' 간의 "자금의 대여와 물품의 매매"(또는 "거래")에 관한 제반사항[/기초적] 사항을 규정하는 데에 그 목적이 있다.

제 ○ 조 (용어의 정의)

계약에 따라서는 그 계약에서만 사용되는 용어 또는 당사자 사이에 향후 해석상 다툼이 있을 경우를 대비하여 그 의미를 명확히 해야 할 용어가 있다.

<기재사례>

1. [ ]라 함은 -----를 말하며 ○○○는 제외한다.
2. [ ]라 함은 -----를 말하며 ○○○에 한정된다.

제 ○ 조 (계약의 목적물)

계약의 목적과는 다르다. 예컨대, 매매계약 또는 임대차계약이라면, 매매 또는 임대하는 건물, 토지 등을 말하며, 물품 공급계약이라면, 공급하는 물품의 내역을 말한다.

<기재사례>

본 계약의 매매목적물(이하, '본건 건물'이라 한다)은 다음과 같다.

1. 소재지 : 서울 중구 남대문로…….
2. 면   적 : 위 대지상 지상 ○○층 지하 ○층의 건물 중 ○○층
　　　　　　　전부 ○,○○○㎡

<기재사례>

본 계약상 공급되는 제품(이하, '계약제품'이라 한다)은 제품(상품)명과 그 부산물로 하며 그 세부내역은 별첨과 같다. 양 당사자의 합의에 따라 기타 제품을 추가할 수 있고, 추가된 제품은 '계약제품(상품)'으로 본다.

제 ○ 조 (이행시기, 이행장소, 이행방법)

일반적으로 계약을 체결할 때 각 당사자의 채무의 이행시기를 정하지 않으면 계약의 성립과 동시에 이행기가 도래하는 것이 되므로 채무의 이행기를 계약서상에 명확히 해 두어야 한다. 필요한 경우 이행장소, 이행방법을 별도로 정할 수 있지만 이행에 관한 사항으로서 시기, 장소, 방법을 동시에 기재하여도 무방하다.

<기재사례>

1. '을'이 '갑'으로부터 주문받은 상품은 ○년 ○월 ○일을 공장 상차도로 '갑'에게 인도하기로 한다.
2. 또는, '을'은 '갑'의 주문 후 5일 이내에 해당주문량을 팔레트 단위로 적재하여 '갑'이 정하는 창고에 인도하여야 한다.
3. 또는, '갑'은 '을'로부터 발주통지를 받은 날로부터 ○○일 이내에 '계약제품'을 '을'의 사업장[주소:]에 인도한다.
4. 다만, '을'이 발주 시에 인도장소를 별도로 지정하는 경우, '갑'은 그 장소에 인도하되, 이 때문에 운송비의 증가 또는 인도일의 연장이 예상되는 경우, '갑'과 '을'이 사전에 이에 관하여 협의하여 정한다.

제 ○ 조 (검수)

검수는 물품매매계약, 기계류 등 제작과 설치계약, 전산시스템 구축 계약 등에서 특히 문제가 된다. 검수 불합격으로 수령을 거절하는 경우 물품 등의 인도가 완료되지 않은 것으로써 납품자는 이행지체책임을 지게 되며 상당한 기간 내에 신품으로 납품하거나 보완하여 납품하지 못하면 상대방은 계약해제/해지와 손해배상을 할 수 있다.

제 ○ 조 (지연손해금)

매매목적물의 인도지연의 경우 지연일수에 비례하여 미리 예정하는 손해배상금을 '지체상금'이라고 하고 대금지급의 지연 시에 이를 '지연이자'라고 하며 이 양자를 합쳐서 '지연손해금'이라고도 하지만 그 용어와 관계없이 이는 모두 손해보상금의 성질을 가지고 있다.

〈기재사례〉

'을'이 납기일을 초과하여 물품의 인도를 지체하는 경우 '을'은 물품 인도 시까지 본계약 총금액에 대해 지체일수 1일당 ○○.○○%의 비율에 의한 지연손해금(지체상금)을 '갑'에게 지급하여야 한다.

〈기재사례 : 대금의 지연〉

'갑'이 '을'에게 대금지급을 지체하는 경우 그 지연익일부터 완제일까지 지연금 총액의 25%의 비율에 의한 지연손해금(지연이자)을 가산하여 '갑'에게 지급하여야 한다.

제 ○ 조 (계약비용의 부담)

매매계약에 관한 비용은 특약이 없으면 당사자 쌍방이 균분하여 부담한다(민법 제566조).

매매계약 비용은 목적물의 측량이나 평가비용, 계약서작성 비용 등을 말하며 부동산 매매계약의 경우 등기비용은 포함되지 않는다. 등기는 공동신청주의이므로 균분 부담이 합리적이지만 관습상 매수인이 부담하고 있다.

〈기재사례〉

본 계약체결로 발생하는 비용은 '을'이 부담한다.

제 ○ 조 (권리이전 시기)

물건(동산 또는 부동산)에 관한 권리이전은 계약당사자 사이의 매매계약(채권적 합의)만으로는 부족하고 소유권이전에 대한 물권적 합의에 따라 법률이 정하는 물권변동의 공시방법이 구비된 때에 이루어진다.

제 ○ 조 (계약금, 보증금)

계약금 또는 보증금은 계약을 체결할 때에 당사자 일방이 상대방에 대하여 교부하는 금전 기타의 유가물을 말하며 거래상 사용되는 용어로는 이외에 체약금, 내금, 선금, 착수금, 약정금, 예약금 등이 있지만 그 명칭과 관계없이 당사자의 의사에 따라 그 계약금의 성질과 효력이 정하여진다.

제 ○ 조 (담보/보증)

계약체결 시 상대방의 계약이행을 담보하기 위해 계약금 이외에 담보를 제공토록 하는 경우가 많다. 특히 대금지급의 선 이행 즉, 계약금이나 선급금 또는 중도금을 상대방의 계약이행 전에 지급하는 경우나 반대로 외상매출을 위한 계약을 하는 경우 즉, 이행을 먼저하고 대금을 나중에 받는 경우 상대방으로부터 담보나 보증 또는 담보와 보증을 병행해서 수취하는 것이 바람직하다.

제 ○ 조 (위험부담)

쌍무계약에서 당사자 쌍방의 귀책사유 없이 계약의 목적물이 멸실 또는 훼손되거나 이행할 수 없게 된 경우 상대방의 대가적 채무 예컨대 대금지급의무의 부담도 면하는가에 관한 규정이다.

〈기재사례〉

'갑' 또는 '을'의 귀책 없는 사유에 따라 '갑'이 계약 목적물을 이전할 수 없는 경우에도 '을'은 그 대금을 지급한다.

제 ○ 조 (비밀유지)

계약 이행과정을 통해 알게 된 상대방의 비밀을 유지하는 의무는 기업 간 거래에서 일반적으로 규정되며 이 경우 비밀유지대상의 범위, 비밀유지기간, 비밀공개의 승낙절차 등을 명확히 규정하여야 한다.

〈기재사례〉

1. '갑' 또는 '을'은 본 계약기간 중 본 계약의 체결 또는 이행과 관련하여 알게 된 상대방의 영업비밀, 기술정보, 자료(이하, '비밀 등'이라 한다)를 본 계약의 이행을 위해서만 사용해야 하고, 계약기간 종료와

동시에 상대방에게 모든 '비밀 등'을 반환하여야 한다.

2. '갑' 또는 '을'은 본 계약기간은 물론 종료 후에도 상대방이 제공한 '비밀 등'을 상대방의 사전 서면 승낙 없이 제3자에게 누설, 공개해서는 안 된다.

3. '갑' 또는 '을'은 그 임직원, 관련자로 하여금 위 각항과 같은 의무를 부담하도록 하여야 한다.

제 ○ 조 (계약기간 및 갱신)

계속적 이행이 문제가 되는 계약(예컨대, 임대차계약, 물품공급계약 등)의 경우에는 반드시 계약기간에 관한 규정을 두고, 그 갱신 여부에 관하여도 규정을 두어야 한다.

〈기재사례〉

본 계약은 계약체결일 [/건물입주일/상품출시일…]로부터 ○년간 [2000년 ○○월 ○○일까지] 유효하다. 또는 본 계약의 기간은 [ ]부터 [ ]까지로 한다.

〈기재사례〉

위 기간 종료일로부터 ○일[/개월/] 전까지 당사자 일방이 상대방에 대하여 갱신거절의 서면통지를 하지 아니하는 한, 본 계약의 기간은 동일한 조건으로 ○년간 자동연장 된다.

〈기재사례 : 자동갱신〉

위 기간 종료일로부터 ○일[/개월/] 전까지 당사자 일방이 상대방에 대하여 갱신의 서면통지[/갱신에 관한 서면합의]를 하지 아니하는 한, 본 계약은 갱신되지 아니한다.

제 ○ 조 (양도의 제한)

계약의 목적물 또는 계약상의 권리, 지위를 제3자에게 양도하지 못하는 내용을 규정하는 것이 일반적이다. 그러나, 경우에 따라 양도할 것이 전제될 수 있으므로 유념하여야 한다.

〈기재사례 : 금지〉

당사자 일방은 본 계약상의 목적물 또는 본 계약상의 권리, 의무 등의 지위를 상대방의 사전 서면동의 없이 제3자에게 양도, 이전, 담보제공 등 일체의 처분행위를 할 수 없다.

〈기재사례 : 허용〉

당사자 일방은 본 계약상의 목적물 또는 본 계약상의 권리, 의무 등의 지위를 상대방에게 사전 서면통지 후에 제3자[/각 계열사(각 당사자 또는 그 특수관계인의 지분율이 ○○% 이상인 법인)에게 양도 또는 이전할 수 있다.

제 ○ 조 (계약의 해제/해지)

계약의 해제 또는 해지는 당사자의 일방적 의사표시로 계약을 종료시키는 것으로서 해제 또는 해지를 하려면 그러한 권리 즉 해제권 또는 해지권이 있어야 한다.

해제권 또는 해지권의 약정

계약의 해제(지) 조항을 규정하지 아니한다고 하더라도 법정 해제사유(이행지체, 이행불능, 불완전이행)가 발생하면 해제(지)할 수 있다. 그러나, 이행지체의 경우 상당한 기간을 정하여 최고의 의사표시를 해야 하는 부담이 있으므로 이러한 부담을 제거하거나 경감하고, 법정해제(지)사유 외의 특별한 해제(지) 사유를 정하기 위하여 약정 해제(지) 조항을 두는 것이 일반적이다.

해제권 또는 해지권의 행사

해제(지)권을 행사할 것인지는 해제(지)권자의 자유이다.

제 ○ 조(기한이익의 상실)

대금의 후급 또는 분할지급으로 상품을 판매하는 경우, 상대방이 계약한 내용대로 대금을 지급해주면 아무런 문제가 없지만 만일 상대방이 계약을 이행하지 않으면 채권자는 채무자에게 기한을 유예해준 만큼 손해를 보게 된다. 그러므로 이러한 경우 계약을 종전의 상태로 되돌려서 즉시 채무자에게 약정된 의무를 이행시키는 것이 적당하다. 그러나 그러기 위해서는 계약서 안에 그것을 명확히 기재해 두어야 한다.

〈기재사례〉
'을'이 다음의 각호의 1에 해당하였을 때는 당연히 기한의 이익을 상실하고 이행하지 아니한 채무 전부를 즉시 '갑'에게 이행하여야 한다.

1. '을'이 파산, 회사정리, 화의절차 개시신청이 있는 경우
2. '을'이 부도처분을 받은 경우
3. '을'이 (가)압류, 가처분, 강제집행, 체납처분 또는 이와 유사한 처분을 받는 경우
4. 기타 '을'이 본 계약을 위반하는 경우
5. 본 계약이 해지된 경우

제 ○ 조 (손해배상)

손해배상청구권은 법정해제(지)권과 마찬가지로 채무불이행이 있는 경우 계약서에 별도 규정이 없더라도 발생하는 것이나 계약의 성실이행에 대한 경고적인 의미로 특별한 사정이 없는 한 규정하여 두는 것이 좋다.

〈기재사례〉
본 계약이 해지되거나 당사자 일방이 본 계약을 위반하는 경우, 귀책사유 있는 당사자는 이로 인하여 상대방에게 발생하는 모든 손해를 배상하여야 한다.

제 ○ 조 (불가항력)

당사자에게 귀책사유가 없는 불가항력적인 사유로 채무이행이 불가능한 경우는 위험부담문제로서 결과적으로 면책되는 것이지만 과연 무엇이 불가항력적인 사유인가에 대해 논란이 있을 수 있으므로 불가항력으로 인한 면책조항을 규정하는 것이 바람직하다.

<기재사례>

천재지변, 전쟁, 내란, 폭동, 정부규제 또는 사회통념상 이에 준하는 당사자 일방이 책임질 수 없는 사유(노사분규 제외) 때문에 그 일방이 본 계약상의 의무를 이행하지 못하는 경우에는 그 책임을 면한다. 다만, 위와 같은 사유로 계약위반의 상태가 [ ] 일 지속되는 경우 어느 일방의 서면통지로써 본 계약을 해지할 수 있고, 이러한 경우 제○조(손해배상조항)는 적용하지 아니한다.

제 ○ 조 (계약의 해석)

계약조항은 가능한 한 달리 해석되지 않게끔 작성되어야 한다.

<기재사례>

본 계약조항에 관하여 해석상 차이가 있는 경우, 규정되지 아니한 부분이 있는 경우 또는 그 의미가 불명확한 경우 양 당사자는 협의로써 해결하고, 그렇지 아니하는 경우 민법, 상법 등 관련 법규에 따른다.

제 ○ 조 (분쟁해결)

당사자 간에 합의로써 해결하지 못하는 분쟁의 해결방법은 소송과 중재로 나누어 볼 수 있다.

<기재사례>

본 계약과 관련하여 분쟁이 발생하는 경우, (우선적으로) 중재법과 상사중재 규칙 등 관련법령을 적용하여 대한상사중재원에 의한 중재로써 해결한다.

제 ○ 조 (관할의 합의)

당사자 간에 합의가 없는 경우 소송의 관할은 소제기자 상대방의 주소지(개인인 경우) 또는 본점 소재지(법인인 경우)를 관할하는 법원에 소를 제기하거나 계약상 의무의 이행지 관할법원에 제소할 수도 있다.

〈기재사례〉

본 계약과 관련된 분쟁에 대하여 민사소송법상의 소정의 관할법원 외에 서울 민사지방법원에 소를 제기할 수 있다. 또는 본 계약과 관련된 분쟁에 대하여 서울민사지방법원을 합의 관할 법원으로 한다.

〈기재사례 : 전속적 합의관할〉

본 계약과 관련하여 분쟁이 발생하는 경우, '갑'의 본점 소재지를 관할하는 법원을 전속적 합의관할 법원으로 한다.

〈기재사례 : 약관형〉

본 계약과 관련하여 분쟁이 발생하여 소를 제기하는 경우 '갑'이 제기하는 경우에는 '갑'의 본점 소재지를 관할하는 법원, '을'이 제기하는 경우에는 '을'의 본점 소재지를 관할하는 법원을 합의 관할 법원으로 한다.

제 ○ 조 (준거법)

준거법은 체결한 계약의 성립과 효력 그리고 그 해석에 대하여 어느 나라의 법에 따를 것이냐의 문제이며 국내계약서에서는 당연히 국내법이 적용되므로 불필요한 조항이나 국제계약에서는 커다란 문제가 된다.

〈기재사례〉
본 계약의 준거법은 미국 00000주법으로 한다.

별첨목록

계약서에는 필요에 따라 견적서, 상품목록, 특약사항 외에 당사자 확인에 필요한 서류(주민등록등본, 사업자등록증, 법인등기부등본), 당사자의 진정한 의사의 확인에 필요한 서류(주주총회 승인서, 이사회회의록 사본, 법인인감증명서) 등에 필요한 서면을 첨부한다. 확인에 필요한 서면은 교부받아 확인·보관하고 특별히 계약서에 별첨하지 않아도 무방하다.

계약체결 연월일

계약서상의 계약체결 2000년 ○○월 ○○일은 계약기간 등을 계산하는 경우 중요하기 때문에 공란으로 두지 말고 반드시 기재하여야 한다.

당사자의 표시

당사자 표시는 당사자를 특정하는 한편 권한 있는 자가 계약서를 작성과 서명하였다는 것을 증명하며 세무상 실질소득자에 대한 과세의 의미도 있다.

개인의 당사자 표시

상대방이 개인이면 계약서에는 인감을 날인토록 하고 인감증명서를 징구하는(받는) 것이 좋으며 미성년자 또는 파산자 여부를 꼭 확인하여야 한다.

법인의 당사자 표시

법인의 경우 법인명, 주소, 대표이사 성명으로 표시하는 것이 원칙이다.

외국인의 당사자 표시

외국인은 자연인인 때에는 출입국관리법에 따른 거류신고나 외국인 등록상의 기재에 따르며 신고나 등록을 하지 않은 경우 국적과 주소 이외에 실제 거주지를 표시한다.

법인인 때에는 외국법인의 등기부상 기재에 따르며 등기가 없는 경우 국내의 주된 영업소의 주소지를 표시한다.

기타

당사자는 법률상 자연인(개인)과 법인만 가능한 것이 원칙이지만 국가, 조합, 단체 등을 당사자로 하는 사례도 있다.

2-1. 비밀유지계약서(NDA) - 참고 사례

****주식회사 (이하 "갑"이라 한다)와 ****주식회사 (이하 "을"이라 한다)는 양사 간 비밀유지(Non-Disclosure Agreement, 이하 NDA 라고 함)를 위해 다음과 같이 계약을 체결한다.

제 1 조 (목적)

본 계약은 "갑"과 "을"이 ****사업에 대한 합작투자에 관련된 정보나 자료를 입수, 활용하는데 있어서 준수해야 할 비밀유지의무를 정함을 그 목적으로 한다.

제 2 조 (비밀의 내용)

1. 본 계약상 비밀정보란 갑과 을에 의해 제공되거나 본계약의 이행과 관련하여 갑과 을이 접근할 수 있는 문서, 프로세스, 공식 데이터, 도면, 설계, 노하우, 소프트웨어, 기술, 영업 비밀 및 발명품, 품질관리, 마케팅, 재무 또는 비즈니스 정보 등(이하 "비밀정보")을 말한다.
2. 상기 제2조1항 비밀정보는 서면(이메일 및 팩스와 카톡 포함), 구두 혹은 기타 방법으로 제공되는 모든 특허정보, 제품정보, 시장정보, 기술정보, 노하우, 제조공정, 도면, 설계, 실험 결과, 샘플, 스펙, 데이터, 공식, 제품의 생산 방법, 프로그램, 가격표, 거래명세서, 생산코스트, 상품의 판매방법, 사업관련 정보, 연구개발 및 교육훈련, 인사조직, 재무와 IT(전산 시스템 및 운영) 등을 모두 포함한다.

제 3 조 (비밀의 유지)

1. "갑"과 "을"은 비밀정보를 취급함에 있어 신의와 성실을 다하고, 업무의 수행과 관계없는 제3자에게 열람케 하거나 누설하여서는 안 된다.
2. "갑"과 "을"은 사업기간 중에 얻은 모든 정보 또는 자료 등을 계약기간뿐만 아니라 종료 후에도 상대방의 허락 없이 공표하거나 타인에게 누설하거나, 자신의 이익을 위해 사용해서는 안 된다.
3. 비밀정보는 본 비밀유지계약서(NDA)의 유효기간 동안 유효하며, 본 문서에 명시된 비밀 유지 의무는 계약 기간을 포함하여 *년간은 그 효력을 유지한다.

제 4 조 (위반에 대한 책임)

"갑" 또는 "을"이 본 계약 내용을 위반하여 상대방에게 손해를 끼칠 경우, 상대방 손해에 대한 모든 손해배상 및 제반 민, 형사상 책임을 진다.

제 5 조 (계약서의 효력)

1. 본 비밀유지계약서의 유효기간은 체결 후 *년으로 한다.
2. 본 계약의 효력은 "갑"과 "을"이 본 계약서에 서명 날인함으로써 효력을 발생한다. 단, 계약의 서명일 전에 사업에 필요한 비밀정보를 주고받은 경우에는 그 거래관계의 최초 개시 일에 소급하여 적용한다.

제 6 조 (기타사항)

1. 본 비밀유지계약서(NDA) 체결 이후, 본 거래와 관련된 모든 통지는 달리 합의되지 않는 한, 서면으로 함을 원칙으로 하며, 서면의 효력은 즉시 발생한다.

2. 본 비밀유지계약서와 관련하여 현재 계약 또는 계약 위반과 관련하여 당사자 간에 우호적으로 해결되지 않는 모든 분쟁, 청구, 논쟁 또는 차이는 대한민국 관련법령에 따라 해결하며, 법률에 따른 분쟁 해결 시 관할 법원은 "갑"의 소재지 법원으로 한다.

본 계약이 양자 간, 합의에 의해 공정하고 유효하게 성립되었음을 증명하기 위해 계약서 2통을 작성하고 양자가 서명 날인하여 1통씩 보관한다.

2***년 **월 **일

"갑"
회 사 명 : **** 주식회사 (법인등록번호 ******-*******)
대표이사 : ***   (인)
주   소 : **특별시 **구 **로 **길** (**동 **빌딩 **호)

"을"
회 사 명 : **** 주식회사 (법인등록번호 ******-*******)
대표이사 : ***   (인)
주   소 : **특별시 **구 **로 **길** (**동 **빌딩 **호)

* 상기 비밀유지계약서(NDA)는 일반적인 예시일 뿐이며, 실제 비밀유지계약서(NDA)는 거래의 세부 사항에 따라 다를 수 있다.

2-2. 양해각서(MOU) - 참고 사례

****주식회사(대표이사 ***, 이하 "갑"이라 한다)와 주식회사 **** (대표이사 ***, 이하 "을"이라 한다)는 합작법인 설립 추진과 관련하여 신의와 성실로써 상호 협력을 도모하기 위하여 다음과 같이 양해각서(MOU)를 체결한다.

제 1 조 (목적)
본 양해각서(MOU)는 "갑"과 "을" 양사가 보유한 ***과 ** 그리고 ***의 장점을 결합한 합작법인을 설립하여 ****위한 상호 보완적 협력체제를 구축과 **, *** 등 전반에 협력관계 강화를 통하여 상호 이익을 도모함을 목적으로 한다.

제 2 조 (협력분야)
1. "갑"이 보유한 ****과 "을" 이 보유한 ****을 통하여, 시너지 창출을 모색한다.
2. 종국적으로 "갑"과 "을"이 투자 설립하여 ****을 생산 및 마케팅을 하기로 하며, 필요한 경우 양사는 이에 적극 협조하기로 한다.
3. "합작법인"은 공동 개발한 제품 및 양사 보유 ***을 활용한 ** 및 *** 을 한다.
4. "갑"과 "을"은 국가공인기관 또는 납품업체 등에 기술 검토를 의뢰하는 등 공정성의 확보 방법 등으로 상대방이 보유한 **** 또는 ****등에 관하여 기술적 검증을 하는데 적극 협조하기로 한다.

5. 기타 솔루션 공동개발, 해외 진출, 공동마케팅 등 상호 보완적 협력하기로 한다.

제 3 조 (제품 생산 및 마케팅)

양사는 본 양해각서의 협력분야를 구체적으로 수행함에 있어 충분한 전문지식과 경험이 충분한 인력을 투입하여 공동 영업을 위한 가격, 유통, 마케팅과 관련된 조건들을 별도 합의에 의해 정한다.

제 4 조 (기본계약의 체결)

1. 기본계약은 "****투자계약서(****이전계약 포함)"를 말한다.
2. 제2조4항에 따른 기술적 검증 결과 후, ****사업을 위해 "갑"과 "을"은 별도의 "****투자계약서(****이전계약 포함)"를 체결하여, 그 세부 내용에 따른 별도의 신설 합작법인을 설립하기로 한다.

제 5 조 (신설법인의 설립)

1. 신설합작법인(이하 "신설법인"이라 한다)의 설립을 위한, ****투자계약서(****이전계약 포함)에 관한 사항은, 다음 각호를 기준으로 하되, 공장부지 및 건물면적, 생산설비 등 구체적인 사항은 상호 별도 협의하는 바에 따르기로 한다.
   1) 신설법인의 명칭은 가칭 "****" 이라 한다.
   2) 신설법인의 최초자본금은 **억 원이며, "갑"과 "을"이 각각 부담한다.
   3) 신설법인의 최초 설립 시 지분율은 위 납입자본금에 비례하여 "갑" **%, "을" **%로 한다.

4) 기술 도입이 필요시 ****이전비용은 신설법인에서 부담하며, 기술의 검증 및 효과에 따라 "갑"과 "을" 간 서면 합의 후 최종 결정한다.

2. 제5조1항 각호의 최초자본금 납입, 설립 시 지분율 등에도 불구하고 "갑"과 "을"이 서면으로 별도 합의한 바에 따라, "갑"과 "을"은 각자의 기술을 신설법인에 현물출자할 수 있으며 그에 따라 각자의 자본금 납입액, 지분율 등이 변경될 수 있다.

3. "갑" 또는 "을"은 본 양해각서의 취지에 따른 기본계약의 체결 및 신설법인의 설립을 위하여 필요한 범위 이내에서 상대방에 대하여 최대한의 협력을 제공할 의무를 부담한다.

제 6 조 (기본계약 체결의무 및 유효기간)

1. "갑"과 "을"은 본 양해각서의 취지에 따라 *년의 기간 내에 기본계약을 체결하고 신설법인을 설립할 의무를 부담한다.

2. 본 양해각서는 "갑" 및 "을"이 서명 날인한 날로부터 *년간 유효하며 기간 만료 *개월 전 어느 일방이 상대방에 대하여 본 양해각서의 존속을 원하지 않는다는 취지를 통보하지 않는 한 다시 *년간 그 효력이 연장된다. 다만 전항의 기본계약이 체결되면 본 양해각서는 효력을 잃는다.

제 7 조 (자료의 관리)

본 양해각서와 관련하여 상호 제공한 받은 자료는 본 협력업무 이외의 용도에 사용해서는 아니 되며, 본 협력관계가 종료되거나 해지되는 경우 관련 자료를 즉시 각각 반환하여야 한다.

제 8 조 (비밀유지)

1. 본 사업의 진행상황이나 양사 협력과정에서 취득 또는 인지한 정보를 사전 동의 없이 제3자에게 공표하거나 누설해서는 아니 되며, 이를 제3자에게 누설하여 상대방에게 발생하는 손해를 배상하여야 한다.
2. 비밀유지의무는 본 양해각서의 유효기간 동안 유효하며, 본 양해각서가 종료하더라도 그 종료시점으로부터 *년간 그 효력을 유지한다.

제 9 조 (효력상실)

다음의 경우 서면통지로 본 양해각서의 효력은 상실될 수 있다.

1. 어느 일방이 합의 내용을 위반하여 상대방으로부터 그 시정을 요구받고도 위반사항을 즉시 시정하지 아니하는 경우
2. 어느 일방의 폐업 또는 청산이나 재정적인 문제로 협력관계를 계속 수행할 수 없다고 판단되는 경우

제 10 조 (기타사항)

1. 본 양해각서(MOU) 체결 이후 본 거래와 관련된 모든 통지는 달리 합의되지 않는 한 서면으로 함을 원칙으로 하며, 서면의 효력은 즉시 발생한다.
2. 본 양해각서 체결 및 이행과 관련하여 발생하는 제반 비용은 각자의 부담으로 한다.
3. 본 양해각서 해석의 준거법은 대한민국 법으로 한다.
4. 본 양해각서에 관하여 당사자 사이에 분쟁이 발생한 경우에는 상호 협의를 통하여 우호적으로 이를 해결하도록 노력하며, 그럼에도 불구하고 해결되지 아니하는 분쟁사항의 관할 법원은 "갑"의 소재지 법원

으로 한다.

위를 증명하기 위해 양 당사자는 본 계약서 *통을 작성하여 서명 날인하고 공증 후 *통씩 보관한다.

2***년 **월 **일

"갑"

회 사 명 : **** 주식회사 (법인등록번호 ******-*******)

대표이사 : ***   (인)

주   소 : **특별시 **구 **로 **길** (**동 **빌딩 **호)

"을"

회 사 명 : **** 주식회사 (법인등록번호 ******-*******)

대표이사 : ***   (인)

주   소 : **특별시 **구 **로 **길** (**동 **빌딩 **호)

* 상기 양해각서(MOU)는 일반적인 예시일 뿐이며, 실제 양해각서(MOU)는 거래의 세부 사항에 따라 다를 수 있다.

3-1. 주식양수도계약서-참고 사례

경영권 인수를 위한 주식양수도계약서(사례-1)

****주식회사(이하 "****"라 한다)의 대주주인 주식회사 ****(이하 "양도인"이라 한다)과 서울특별시 **구 **로 **에 주소지를 두고 있는 ****(******-*******)외 *인(이하 "양수인"이라 한다) 사이에 2***년 **월 **일자로 주식양수도계약서(경영권 양수도 포함, 이하 같다)가 체결되었다.

제 1 조 (계약의 목적)

본 계약서는 "양도인"이 소유하고 있는 '대상회사' 발행 기명식 보통주식을 양수인이 "양도인"으로부터 양수하는 것과 관련한 제반 사항을 정하는 데 그 목적이 있다.

제 2 조 (주식의 양도)

1. "양도인"은 양도인이 소유하고 있는 "대상회사" 발행 기명식 보통주식***주(지분율 100.0%, 1주당 액면가액 5,000원) 중 ***주(지분율 **%) (이하 "양도주식"이라 한다)를 본 계약에 따라 아래 도표와 같이 "양수인"에게 양도하고, "양수인"은 이를 양수한다.

양수자	주식수	양수금액	양도자	주식수	양도금액
***	***	***	***	***	***
㈜**	***	***	***	***	***
합 계	***	***	***	***	***

2. 양도주식은 기준일 경과 여부를 불문하고 이익배당청구권, 신주인수권, 무상주 또는 주식 배당을 받을 권리, 기타 당해 주식에 관하여 이 계약일 현재까지 주주에게 부여된 모든 권리를 포함한다. 만일 이 계약일 이후에 "양도인"에게 무상주, 주식배당, 신주인수권 등이 부여되는 경우, "양도인"은 이를 즉시 "양수인"에게 무상으로 양도하여야 한다.

제 3 조 (매매대금의 지급 및 명의개서 등)

1. 양도주식의 총 매매대금은 금 ***원(***원)으로 한다.
2. 계약금은 매매주식대금의 **%로 하며, "양수인"이 본 계약의 체결 즉시 "양도인"에게 지급하기로 한다.
3. 계약의 잔금은 대상회사의 최종 재무실사를 완료한 후 *영업일 이내에 지급하기로 한다.
4. "양도인"은 전항에 따라 매매대금 잔금을 지급받음과 동시에 "대상회사"로 하여금 "양수인"에게 양도주식의 소유권을 이전하는데 필요한 주권미발행확인서 교부 및 명의개서 등 필요한 절차를 진행하여야 한다.
5. "양도인"은 양도주식의 이전과 관련하여 양도주식에 대한 완전한 권리를 일체의 담보권, 기타 법적 및 계약적 제한이 없는 상태에서 "양수인"에게 이전하여야 한다.

제 4 조 (양도인의 진술 및 보증)

"양도인"은 양도주식에 대하여 다음 사항을 진술하고 보증한다.
1. "양도인"은 양도주식의 적법한 처분권을 가진 소유자이다.

2. 양도주식에 대하여 어떤 형태의 담보권도 설정되어 있지 아니하며, "양수인"이 양도주식을 양수 받은 후에 양도주식의 소유자로서 권리 행사를 함에 있어 법령상 또는 사실상의 제한 또는 장애가 존재하지 아니한다.

3. 본 계약에 의한 주식의 양도가 법령 또는 정부 인·허가의 조건에 위반 되지 않으며, 회사와 제3자 간 체결된 계약상 제3자에 대한 의무위반 이 되거나 또는 기한의 이익상실 사유가 되지 아니하고, 본 계약에 의 한 주식의 양도에 대하여 필요한 행정관청, 기타 제3자의 인·허가, 승 인, 동의 또는 통지가 필요한 경우에는 그 절차를 모두 마쳤다.

제 5 조 (경업금지)

"양도인"은 본 계약체결일로부터 *년간 "대상회사"와 경쟁이 될 수 있는 사업분야에 직접 참여 또는 자회사, 분사회사, 입사 등을 통한 직접/간 접적으로 참여할 수 없으며, 이를 위반할 경우에는 이에 상응하는 민형 사상의 책임을 진다.

제 6 조 (양도자의 이행사항)

1. "양도인"은 "양수인"이 "대상회사"의 실질적인 경영자이자 소유주임 을 확인하며, 본 계약 체결후 "대상회사"에 대하여 경영권 행사를 할 수 있는 경우 양수인이 위임하는 범위 내에서만 행사하여야 한다.

2. 현재 "대상회사"에서 선임되어 있는 이사 등의 임원은 본 계약의 체 결 후 새로운 임원을 선임할 때까지 임원으로서 근무하도록 하여야 하며, "양도인"은 임시주주총회를 소집하여 새로운 이사 및 감사가 선임되도록 최대한 협력한다. 단, "양수인"이 "대상회사"의 기존 이사

들의 연임을 승인하는 경우에는 그대로 그 직을 유지할 수 있다.

3. 현재 대표이사는 성실히 근무하여야 하며, "양수인"이 지정하는 일자까지 "대상회사"의 자금계획 및 사용실적과 사업계획 및 사업실적을 정기적으로 보고하여야 한다.

4. "대상회사"의 장부상에 없는 부외부채(우발채무 포함)는 그동안 대상회사의 대표이사 및 대주주인 "양도인"이 연대하여 그 책임을 진다.

5. "양도인"이 제시한 대상회사의 재무제표보다 회사 전체자산이 *% 이상 실제보다 하회하였거나 하회하게 된 경우, 제시된 "대상회사"의 재무제표보다 순자산이 감소될 경우에는, "양도인"은 그 감소되는 금액 상당을 "대상회사"에 즉시 출연할 의무를 연대하여 부담한다.

6. "양도인"과 "대상회사"는 "양수인"에 대하여, 본 계약이 회사의 기존 정관 및 관계법령에 위배되지 않고 적법하다는 점을 보증한다.

제 7 조 (우발채무)

"양도인"은 "대상회사"에 대한 우발채무 및 장부에 기재되지 아니한 부채가 없음(통상적인 범위 내 사후서비스 업무채무 제외)을 보증하며, 향후 이러한 부채가 발견되는 경우 이에 대하여 "양도인"이 책임을 지는 것으로 한다. 다만, "양도인"의 물증적인 고의에 의한 경우를 제외하고 투자자에 의한 투자 후 1년이 경과한 후 발견되는 경우에는 그러하지 아니한다.

제 8 조 (비밀유지 의무)

1. "양도인"과 "양수인"은 본 계약의 내용을 제3자에게 누설하지 아니하며, 본 계약의 협상, 이행과정에서 알게 된 상대방의 기밀사항을

제3자에게 누설하지 아니한다. 다만, 양 당사자가 사전에 서면 동의한 경우 기밀정보의 사용이나 공개가 법령상 요구되는 경우에는 그러하지 아니한다. 그러나 이 경우에도 공개 당사자는 상대방 당사자에게 위 공개에 대한 의견을 제시할 수 있는 적절한 사전 기회를 제공하여야 한다.

2. 본 계약과 관련하여 본 계약의 내용 또는 회사의 향후 경영계획 등에 관한 사항을 특정 제3자 또는 불특정 다수인에 공표하는 경우 이는 양 당사자의 합의에 의한다.

제 9 조 (권리 및 의무의 양도금지)

"양도인"은 본 계약상 당사자의 지위 또는 본 계약상 권리 및 의무를 상대방의 사전 서면동의 없이 제3자에게 양도, 이전, 담보제공, 기타 처분을 할 수 없다.

제 10 조 (조세 및 기타 비용부담)

본 계약과 관련하여 각 당사자에 의하여 발생한 모든 조세, 공과금 기타 비용은 당사자 간의 별도 합의가 없는 한 각 당사자 스스로의 부담으로 한다.

제 11 조 (계약의 해제)

다음 각 호의 경우 상대방은 10일의 기간(이하 '예고기간'이라 한다)을 정하여 그 시정을 최고하고, 예고기간 종료 시까지 위반상태가 치유되지 아니하는 경우 상대방은 위반당사자에 대한 서면통지로써 즉시 계약을 해제할 수 있다.

1. "양수인"이 제3조 제2항에 따른 매매대금의 지급의무 등 본 계약상
   의무를 불이행하는 경우
2. "양도인"의 제4조에 따른 진술 및 보증에 허위 또는 위반사항이 발견
   된 경우

제 12 조 (계약해제의 효과)

본 계약이 해제되는 경우 양 당사자는 상호 원상회복과 손해배상 의무를
부담하기로 하며, 제11조의 2의 사유로 계약이 해지되는 경우 "양도인"
은 "양수인"에게 매매대금 전액을 즉시 환불해야 한다.

제 13 조 (관할 합의 등)

본 계약에 관하여 당사자 사이에 분쟁이 발생한 경우에는 "양도인"과
"양수인"은 상호 원만한 협의를 통하여 우호적으로 해결하도록 노력하
여야 한다. 다만, 협의를 통하여 분쟁이 해결되지 않는 경우 분쟁에 관한
관할 법원은 "양도인"의 소재지 법원으로 한다.

제 14 조 (기타사항)

본 계약서에 명시되지 아니한 사항은 관련 법규와 상관례 및 조례에 따
르기로 한다.

제 15 조 (계약서의 보관)

이상과 같이 본 계약을 체결하고 이 사실을 증명하기 위하여 양 당사자는
본 계약서 **통을 작성하여 서명 날인한 후 각 1통씩 보관하기로 한다.

별첨

1. 재무상태표 (2***년**월**일 현재) 및 중요부속명세서
   손익계산서 (2***년0*월*일~**월**일)
2. 요약사업계획서 (2***년, 2***년)

2***년 **월 **일

"양도인"

회 사 명 : ****(주) (법인등록번호 ******-*******)

성   명 : ***   (인)

주   소 : 서울특별시 **구 **로 ** (**동 **빌딩 **층 **호)

"양수인"

성   명 : ***   (인)

주   소 : 서울특별시 **구 **로 **(**동 **아파트 **동 **호)

주민등록번호 : ******-*******

회 사 명 : ***(주) (법인등록번호 ******-*******)

성   명 : ***   (인)

주   소 : 서울특별시 **구 **로 ** (**동 **빌딩 **층 **호)

"대상회사"

회 사 명 : ***(주) (법인등록번호 ******-*******)

대표이사 : ***   (인)

주　　소 : 서울특별시 **구 **로 ** (**동 **빌딩 **층 **호)

* 상기 계약서는 일반적인 예시일 뿐이며, 실제 계약서는 거래의 세부
　사항에 따라 다를 수 있다.

3-2. 주식양수도계약서-참고 사례

(주)**기업에서 발행한(유상증자) 보통주를 **조합에서 주식 인수 (사례-2)

본 계약은 서울특별시 **구 **로 **(**동**빌딩**층**호), **조합(이하 "갑"이라 한다)과 **서울특별시 **구 **로 **(**동**빌딩**층**호), ㈜투자기업(이하 "을"이라 한다) 사이에 2***년 **월 **일자로 체결되었다.

제 1 조 (계약의 목적)

본 계약은 "을"이 발행하는 보통주를 "갑"이 인수함에 있어 "을"과 보증인 및 "갑" 사이에 발생하는 권리의무를 확정하고, 주식 인수 후 "을"의 사업운영에 관한 제반 사항을 규정하는 것을 목적으로 한다.

제 2 조 (권리 및 의무의 양도)

"을"은 "갑"의 서면에 의한 사전 동의 없이 본 계약에 관한 권리와 의무를 제3자에게 양도할 수 없다. 또한 "갑"의 사전 서면동의 없이 실시된 양도는 무효로 일체의 효력이 없다.

제 3 조 (계약의 변경)

본 계약은 계약 당사자 간의 서면 합의에 의해서만 변경될 수 있다.

제 4 조 (해석)

본 계약 내용의 해석상 이견이 있는 사항 또는 본 계약에 규정되지 아니한 사항에 관하여는 "갑"과 "을"이 협의하여 결정하기로 한다.

제 5 조 (효력발생)

본 계약은 당사자들이 서명 날인함과 동시에 그 효력을 발생한다.

제 6 조 (선행조건)

"갑"은 본 계약 체결일 및 주금납입일 현재 제7조에 기재된 "을"의 진술과 보장이 진실되고 정확하며, 본 계약에 따라 이행되어야 할 "을"의 의무가 이행되면 "을"에 주금을 납입하고 주식을 인수하기로 한다. 그러나 "갑"이 본 계약에 따라 "을"에 대하여 주금을 납입하고 본건 보통주식을 인수하더라도 제7조에서 정한 "을"의 진술과 보장의 정확성을 인정하는 것으로 해석되지 아니한다.

제 7 조 (진술과 보장)

1. "을"은 "갑"에게 다음의 기재사항이 본 계약 체결일 및 주금납입일 현재 각각 진실되고 정확함을 진술하며 보장한다.

    1) "을"은 대한민국의 법률에 따라 합법적으로 설립되어 사업을 수행하는데 필요한 제반 허가 및 승인을 받았으며, 관계법령에 따라 "을"이 보관하여야 할 모든 장부, 기록 및 등기부 등은 "을"에 의해 적절히 보관되어 있다.

    2) 본 계약의 체결과 그 이행은 "을"의 이사회 및 주주총회에서 적법하게 승인되었으며, 추가 승인 또는 결의를 필요로 하지 아니한다.

    3) "을"은 "갑"에 대하여 본건 보통주식을 적법하고 유효하게 발행, 양도할 수 있으며 "갑"이 보유하게 될 "을"의 주식에 대한 권리의 행사를 실질적으로 방해할 만한 법령 또는 제3자와 계약상의 어떠한 제한도 존재하지 아니한다.

4) 주금납입일 이전까지 "을"의 모든 세금 납부 의무는 이행되어 있거나 이에 대비한 충분한 적립금이 확보되어 있다.

5) "을"의 재정상태 또는 본 계약에 따른 거래관계에 대하여 불리한 영향을 미치는 어떠한 성격의 소송, 소송절차, 클레임 또는 조사도 계류 중이거나 임박하지 않았다. "을"은 주금납입일 현재 그 이전의 행위로 인하여 계류 중이거나 장래 예상되는 모든 소송이나 소송절차, 클레임 또는 조사에 대하여 전적으로 책임을 지고 "갑"이 손해를 입지 아니하도록 한다.

6) "을"은 모든 지역 제한, 안전, 공해 및 환경보전 법규를 포함하여 "을"과 "을"의 생산 과정 및 제품에 적용되는 제반 법령, 규정 및 명령을 준수하였으며 주금납입일 현재 일체의 법령 위반과 계약 불이행이 없다.

7) "을"이 보유하고 있는 모든 특허권 기타 지적재산권, 부동산, 동산, 기계, 차량, 사무실 기기 및 기타 영업에 필요한 모든 권리, 물건 등은 적법하게 "을"의 소유로 되어 있거나 "을"이 사용할 수 있는 권한을 보유하고 있으며, 위 소유권 및 사용권을 중대하게 방해할 만한 어떠한 사유도 존재하지 아니한다.

8) "을"은 사업을 영위함에 있어서 제3자의 지적재산권을 위반 또는 침해하거나 침해할 우려가 없고, 제3자로부터 지적재산권을 위반 또는 침해하였다거나, 위반 또는 침해하게 될 것이라는 어떠한 통보나 접촉, 소송 등의 법적 절차를 제기당하거나 제기당할 우려가 없으며, 제3자로부터 "을"의 지적재산권을 위반 또는 침해를 받고 있지 않다.

9) "을"은 "을"의 운영에 중대한 영향을 줄 정도로 이례적인 부담을 주

는 어떤 협정이나 임대차 계약 또는 기타 약정의 당사자가 아니고 그에 구속받는 바가 없다.

10) "을"의 최근 사업연도 재무제표는 한국에서 일반적으로 인정되는 기업회계기준에 따라서 작성되었으며, "을"의 재무상태 및 영업현황을 정확하고 공정하게 나타내고 있고 중요한 채무(우발채무, 그 존재에 관하여 분쟁 중인 채무, 기타 일체의 채무를 포함한다)를 누락하지 아니하였다. 또한 동 재무제표 작성일 이후에 "을"의 재무상태와 영업현황에 악영향을 미칠 만한 중요한 사항이 발생하지 아니하였고, 동 재무제표에 기재된 것 이외에는 어떠한 중요한 채무 또는 우발적 채무도 없으며, 부실채권 또는 부외자산도 존재하지 아니한다.

11) "을"에는 최근 사업연도 말 이후에 대표이사를 포함한 주요 임직원의 해임이 없었으며 주요 임직원의 사임 또는 해임이 임박하지 않았다. 또한 임직원이 관여된 노동분쟁이 없었으며, 그러한 분쟁이 계류 중이거나 임박하지 않았다. 또한 "을"은 급여, 상여금, 수당 및 퇴직금 기타 "을"이 임직원들에게 지급해야 하는 모든 금원을 적법하게 지급하였고, 퇴직금 중간 정산을 임직원들의 자발적인 신청에 의하여 적법하게 시행하였으며, 기타 노동 관련 채무 및 분쟁은 존재하지 아니한다.

12) "을"은 "이해관계인"을 포함한 "을"의 모든 임직원과 기술이전 금지, 신회사 설립금지와 비밀유지, 경업금지 등을 내용으로 하는 서면약정을 체결하고 있다.

13) "을"은 "을"의 전·현직 임직원과 대리, 고문 등과 비밀유지의무 및 특허, 노하우, 기타 일체의 업무상 개발 창작물(이하 "*직무발령"이

라 한다)의 "을" 귀속에 관한 약정을 체결하고 있으며, 직무발명에 관한 일체의 권리를 "을"에 귀속시키는 데 있어 필요한 모든 조치를 취하였고, 직무발명에 대하여 적법한 보상을 하였다. "을"은 현재까지 위와 같은 약정에 위반된 적이 없고, "을"은 위 약정의 위반을 방지하기 위해 최선의 노력을 다하고 있다.

14) "을"은 청산, 파산, 회생절차 또는 부실징후기업으로 인정 등의 절차가 진행되고 있거나 개시되려고 하는 상태에 있지 아니하며, 또한 만기가 도래한 채무에 대해 지급불이행 상태에 있지 않고 만기가 도래할 채무에 대해 지급 불이행할 가능성이 없다.

15) "을"은 설립이래 일상적인 사업활동을 영위하였으며, 일상적인 사업을 영위함에 있어서 발생하는 변경 외에 다른 중대한 부정적 변경은 없었다.

2. "을"은 제1항의 사실에 영향을 미칠 사유가 발생한 경우에는 즉시 "갑"에 서면통지를 하여야 한다.

제 8 조 (주식 발행 및 인수조건)

1. "을"은 본 계약 체결 후 **일 이내에 액면가 오백원(₩500)의 기명식 보통주 ****천(****)주(이하 "본건 보통주식"이라 한다)를 주당 발행가 ****(₩****(이하 "취득가격" 또는 "발행가격"이라 한다)으로 발행하여 "갑"에게 ****(****)주를 배정하기로 한다.

2. "갑"은 제7조의 선행조건이 충족됨을 전제로, "을"이 배정한 본건 보통주식을 인수하며 당해 인수금액은 총****원(₩****) (이하 "주금" 또는 "인수금액"이라 한다)으로 한다.

3. "을"은 "갑"이 본건 보통주식을 인수하는데 필요한 모든 주식 발행 절차를 이행하여야 하며, "갑"은 그 절차에 따라 주금을 납입하여야 한다.
4. "을"은 "갑"이 주금을 납입한 후 지체 없이 주주명부에 "갑"을 본건 보통주식에 대한 주주로 등재하고 주권을 발행하여 "갑"에게 교부하여야 한다. 단, 주권 발행 전에는 주권미발행확인서를 교부한다.

제 8 조의 2 (주식 등의 발행)

1. "을"이 (i) 유상증자를 실시하거나 (ii) 전환사채, 신주인수권부사채, 기타 주식관련 사채, 주식매수선택권 또는 우리사주매수선택권(이하 "주식관련 사채 등"이라 한다)을 발행하고자 하는 경우에는 사전에 "갑"과 협의하지 않는 한 본 계약에 따라 발행된 본건 보통주식의 1주 당 발행가격을 하회하는 가격으로 주당 발행가격, 전환가격 또는 행사가격을 정할 수 없다.
2. 장래 "을"이 신주를 발행할 경우, 본건 보통주식의 주주는 신주를 인수할 수 있는 권리가 있다.
3. "갑"이 향후 "을"의 유상증자에 참여하여 신주를 인수하는 경우, 인수한 신주에 대하여 본 계약을 준용한 별도의 계약을 체결한다.

제 9 조 (기술의 이전양도)

"을"은 "갑"의 서면동의 없이 "을"이 현재 보유하고 있거나 향후 보유하게 될 특허권, 기술, 노하우, 기타 지적재산권(외부기관에 의뢰하여 개발하는 경우도 포함한다)을 제3자에게 양도, 담보제공, 기타 처분하거나 무상으로 라이선스 기타 사용권을 부여하지 아니한다.

제 10 조 (새로운 회사 설립 금지)

"을"은 "갑"의 사전 서면동의 없이는 "을"이 경영하는 사업과 동일 또는 유사하거나 "투자기업"에 직·간접적으로 중대한 영향을 미치는 사업(이하 "경쟁사업"이라 한다)을 영위할 목적으로 새로운 회사를 설립하거나 경쟁사업을 영위하는 회사의 지분을 취득하여서는 아니 된다.

제 11 조 (환매)

1. "갑"은 본 계약의 효력 발생일로부터 *년 내에 ***또는 주식회사 **(이하 각칭하여 "연대보증인", 총칭하여 "연대보증인들"이라 한다.) 또는 연대보증인들이 지정하는 투자기업의 기존주주(이하 "연대보증인들"과 총칭하여 "환매의무자들", 각칭하여 "환매의무자"이라 한다.)에게 본건 보통주식을 환매할 것을 서면으로 요청할 수 있다.
2. 제1항에 따라 "갑"이 환매를 요청한 경우 "환매의무자" 또는 "환매의무자들"은 "갑"에게 본 계약의 효력발생일로부터 환매요청일까지 연 *%의 비율에 의한 금원의 합계액(이하 "환매대금"이라 한다)을 환매요청일로부터 *개월 이내에 지급한다.
3. "갑"은 "환매의무자" 또는 "환매의무자들"이 "환매대금"을 지급한 후 지체 없이 본건 보통주식의 주권을 "환매의무자" 또는 "환매의무자들"에게 교부하여야 한다. 단, 주권 발행 전에는 "을"에 확정일자 있는 증서에 따른 통지를 하거나 "을"의 승낙을 받아야 한다.
4. "을"은 주주명부에 "환매대금"을 지급한 "환매의무자" 또는 "환매의무자들"을 본건 보통주식에 대한 주주로 등재하여야 한다. 단, 주권 발행 전에는 주권미발행확인서도 교부한다.

제 12 조 (연대보증)

"갑"이 제11조에 따라 환매를 요청할 경우, 환매 요청을 받지 않은 연대
보증인은 "환매의무자" 또는 "환매의무자들"의 "갑"에 대한 "환매대금"
지급의무를 연대하여 보증하기로 한다.

제 13 조 (보고 및 자료제출)

1. "을"은 매 분기 종료후 **일 이내에는 분기별 자금수지와 재무제표(재
   무상태표, 손익계산서, 제조원가명세서) 및 합계잔액시산표를 "갑"에
   제출하여야 한다.
2. "을"은 "갑"의 별도 요청이 없더라도 다음 각 호의 사항이 발생했을 경
   우에는 사유발생일로부터 **일 이내에 "갑"에 서면으로 통지하여야
   한다.
   1) 재산상의 주요 변동사항
      (1) 관계회사 또는 제3자에 대한 투자, 자금대여, 담보제공 또는 보증
      (2) 중요 고정자산의 취득 또는 처분
      (3) 중요 권리의 취득 또는 양도
      (4) 재해로 인하여 막대한 손해를 입은 때
   2) 중요사업계획의 변경
   3) 발행한 어음 또는 수표가 부도나거나 은행과의 거래가 정지된 때
   4) 영업활동의 일부 또는 전부가 정지된 때
   5) 법률의 규정에 의한 법인의 파산·회생절차 개시의 신청이 있거나
      부실징후기업으로 인정되거나 사실상 회생절차를 개시한 때
   6) "을"에 대하여 중대한 영향을 미칠 소송이 제기된 때
   7) 기타 "갑"이 중요하다고 인정한 사항

3. "을"은 "갑"의 요구가 있을 경우 다음의 각 호의 사항을 "갑"이 정하는
   기일 내에 제출하여야 한다.
   1) "갑"이 정한 양식에 의한 영업보고서
   2) 재무제표, 결산보고서
   3) 사업 또는 프로젝트 진행상황
   4) 법인등기부 등본
   5) 기타 "갑"이 요청하는 사항

제 14 조 (임원의 지명)

1. "을"은 "갑"의 요구가 있을 때에는 "갑"이 지명한 *인이 "을"의 이사로
   선임되도록 하기 위하여 주주총회의 소집, 주주총회에서의 의결권 행
   사 기타 모든 조치를 취하기로 하며, 당해 임원은 "을"의 주요정책 결
   정 시 이사회에 참여할 수 있다.
2. "갑"의 지명으로 선임된 이사는 비상근으로 한다.

제 15 조 (협의 및 동의사항)

"을"은 다음 각 호의 사항에 대하여 "갑"에 사전 서면통지를 하고 협의하
여야 하며, 그 처리결과를 즉시 서면으로 "갑"에 통지하여야 한다.
1. 주주총회 안건 및 이사회 주요안건
2. 주식보유상황의 변동에 관한 사항
3. 외부감사인 선임
4. 정관의 변경, 수권자본금과 납입 자본금의 증감, 주식관련사채의 발행
   또는 주식매수선택권 또는 우리사주매수선택권의 부여
5. 기업공개 추진을 위한 주간사의 선정 및 변경

6. 합병, 분할, 분할합병, 주식의 포괄적 교환 또는 이전, 영업의 양도, 영업의 양수, 경영임대차, 위탁경영 기타 회사조직의 근본적인 변경

7. 자회사 또는 합작회사의 신설 및 기타 타 회사에 대한 주식인수, 사채인수 등을 포함한 투자

8. 관계회사, 임직원, 주주 또는 제3자에 대한 건당 금 ****원(****원) 이상 또는 연간 누계액 금 ****원(****원) 이상의 투자, 자금대여, 담보제공 또는 보증

9. 사업의 전부 또는 일부의 중단 또는 포기(단, 사업에는 제9조 제1항 제15호의 사업계획서 상에서 추진 예정으로 계획한 신규사업도 포함한다)

10. 주식발행초과금을 재원으로 하는 무상증자의 실시

11. 기존의 사업 외의 신규사업에 대한 진출

12. 기타 주주총회의 특별결의를 요하거나 "**"의 경영에 중대한 영향을 미치는 사항

제 16 조 (기업공개)

"갑"은 아래 예정시기 내에 "을"이 기업공개될 수 있도록 최선을 다하여야 한다.

기업공개 예정시기 : 2***년 **월 **일

제 17 조 (투자기업 지원)

"갑"은 "을"의 성공적인 "기업공개"와 "기업공개" 후 지속적인 성장을 위해 필요한 금융지원 등에 최선을 다한다.

제 18 조 (주식의 우선매수권)

1. "갑"이 "을"의 상장 이전에 그 소유의 본건 보통주식을 전부 또는 일부 양도하는 경우, "을"의 기존 주주는 본건 보통주식의 전부 또는 일부를 우선하여 매수할 권리를 가진다. 이를 위해 "갑"은 "을"에게 양도하고자 하는 본건 주식의 수, 양도가격과 양수예정자 등 상세한 예정 처분 내용을 서면으로 통지하여야 한다. "을"의 기존주주는 위 서면통지를 받은 날로부터 **일 이내에 매수의사를 "갑"에게 서면 통지할 수 있다. "을"의 기존주주의 매수통지의사가 "갑"에게 도달하는 경우 대상 주식에 대한 매매계약이 체결된 것으로 보며, "갑"과 "을"은 이로부터 10일 이내에 주식양도계약을 이행하여야 한다. 다만, "을"의 기존주주가 "갑"의 서면통지에 대하여 매수거절의 의사를 표시하거나 위 서면통지를 받은 날로부터 **일 이내에 양도에 대한 부동의 의사를 표시하지 아니한 경우, "갑"은 본 조 제2항에서 정한 바에 따라 양수예정자에게 본건 보통주식을 처분할 수 있다.

2. 제1항 단서에 따라 "갑"이 "을"의 기존주주 이외의 양수예정자에게 본건 보통주식을 양도하는 경우, "갑"은 양수예정자에 대하여 "연대보증인들"의 동의를 얻어야 한다. 다만, 본건 보통주식의 양도에 관한 사항이 상관례에 적합하며 본건 보통주식의 양도로 인하여 "을"에 위해가 발생할 것이 명백하다고 판단되지 않는 한 "연대보증인들"은 "갑"의 본건 보통주식 양도에 동의하기로 한다. 한편 제1항 단서 및 제2항 본문에 따라 "갑"이 "갑"의 업무집행조합원 또는 "갑"의 업무집행조합원이 운영하는 다른 **(이하 다른 "을")에게 본건 보통주식을 이전할 경우, "갑"의 업무집행조합원 또는 **은 "을"의 별도 동의 없이 본 계약상의 권리, 의무 및 기타 모든 계약상 지위를 승계한다.

3. "연대보증인"이 "을"의 상장 이전에 제3자에게 "연대보증인"이 보유한 "을"의 주식 전부 또는 일부를 양도하고자 하는 경우, "갑" 또는 "갑"이 지정하는 제3자는 대상 주식의 전부 또는 일부를 우선하여 매수할 권리를 가진다. 이를 위해 "연대보증인"은 "갑"에게 처분하고자 하는 처분주식 수, 처분가격 기타 처분조건과 양수예정자 등 상세한 예정처분내용을 서면으로 통지하여야 한다. "갑"은 위 서면통지를 받은 날로부터 **일 이내에 매수의사 및 매수수량을 "연대보증인"에게 서면으로 통지할 수 있다. "갑" 또는 "갑"이 지정하는 제3자의 매수의사 및 매수수량 통지가 "연대보증인"에게 도달하는 경우 대상 주식에 대한 매매계약이 체결된 것으로 보며, "갑" 또는 "갑"이 지정하는 제3자와 "연대보증인"은 이로부터 **일 이내에 주식양도계약을 이행하여야 한다. 다만, "갑"이 "연대보증인"의 서면통지에 대하여 매수거절의 의사를 표시하거나 위 서면통지를 받은 날로부터 **일 이내에 양도에 대한 부동의 의사를 표시하지 아니한 경우, "연대보증인"은 양수예정자에게 대상 주식을 처분할 수 있다.
4. 제3항 단서에 따라 주식을 양수예정자에게 처분하고자 하는 경우, "연대보증인"은 주식을 처분할 수 있는 날로부터 **일 이내에 제3항의 서면통지에 기재된 조건으로 처분할 수 있다. "연대보증인"이 위 **일의 기간을 경과하여 처분하고자 하거나, 서면통지에 기재된 것보다 낮은 가격 또는 양수예정자에게 유리한 조건으로 대상 주식을 처분하고자 하는 경우 다시 제3항에 따른 절차를 거쳐야 한다.
5. 제3항 단서에 따라 주식을 처분하는 경우, "연대보증인"은 **가 본 계약에 따른 "연대보증인"의 권리의무 일체를 승계하는 것을 조건으로 처분하여야 하고, 그러한 내용의 확약서를 사전에 양수예정자로부터

받아 이를 "갑"에 제출하여야 한다.

제 19 조 (비밀유지의무)

1. "을"과 "갑"은 본 계약의 내용을 제3자에게 누설하지 아니하며, 본 계약의 협상, 이행과정에서 알게 된 상대방의 기밀사항을 제3자에게 누설하지 아니한다. 다만, 양 당사자가 사전에 서면 동의한 경우 기밀정보의 사용이나 공개가 법령상 요구되는 경우에는 그러하지 아니한다. 그러나 이 경우에도 공개 당사자는 상대방 당사자에게 위 공개에 대한 의견을 제시할 수 있는 적절한 사전 기회를 제공하여야 한다.
2. 본 계약과 관련하여 본 계약의 내용 또는 회사의 향후 경영계획 등에 관한 사항을 특정 제3자 또는 불특정 다수인에 공표하는 경우 이는 "갑"의 동의를 얻어야 한다.

제 20 조 (불가항력)

불가항력에 의한 본 계약의 불이행에 대하여는 계약당사자 모두가 그 책임을 부담하지 않으며, 불가항력은 화재, 폭발, 천재지변, 전쟁, 정부의 조치, 기타 계약 당사자가 지배할 수 없는 유사 원인을 의미한다.

제 21 조 (조세 및 기타 비용부담)

본 계약과 관련하여 각 당사자에 의하여 발생한 모든 조세, 공과금 기타 비용은 당사자 간의 별도 합의가 없는 한 각 당사자 스스로의 부담으로 한다.

제 22 조 (계약의 해제)

다음 각 호의 경우 상대방은 **일의 기간(이하 '예고기간'이라 한다)을 정하여 그 시정을 최고하고, 예고기간 종료 시까지 위반상태가 치유되지 아니하는 경우 상대방은 위반 당사자에 대한 서면통지로써 즉시 계약을 해제할 수 있다.

1. "갑"이 제8조에 의한 매매대금의 지급의무 등 본 계약상 의무를 불이행 하는 경우
2. "을"의 제7조에 따른 진술과 보증에 허위 또는 위반사항이 발견된 경우

제 23 조 (계약해제의 효과)

본 계약이 해제되는 경우 양 당사자는 상호 원상회복과 손해배상 의무를 부담하기로 하며, 제7조의 사유로 계약이 해지되는 경우 "을"은 "갑"에게 매매대금 전액을 즉시 환불해야 하며 이로써 "을"은 "갑"의 모든 손해를 보상한 것으로 한다.

제 24 조 (분쟁해결)

1. 본 계약에 따른 당사자 간의 분쟁이 발생할 경우 계약 당사자는 신의와 성실로써 상호 원만한 합의로 해결하고자 노력하여야 하며, 위 분쟁이 원만히 해결될 수 없을 때에는 대한상사중재원의 중재에 회부하여도 "을"은 이의를 제기하지 않기로 한다.
2. 본 계약에 따른 당사자 간의 분쟁이 소송으로 다투어지는 경우에는 관할 법원은 "갑"의 소재지 법원으로 한다.

제 24 조의 2 (계약의 종료)

1. 본 계약은 다음 각 호의 1에 해당하는 사유가 발생한 즉시 종료하는 것으로 한다.

1) "을"이 기업공개된 날
2) "갑"(제18조 제2항에 따라 "갑"의 업무집행조합원 또는 다른 조합이 승계한 경우에는 업무집행조합원 또는 다른 "갑"으로 본다)이 보유하고 있는 "을"의 주식을 모두 처분한 경우
3) 제1항에도 불구하고 본 계약의 종료는 이미 발생한 "을", "연대보증인"의 의무에는 영향을 미치지 아니한다.

제 25 조 (기타 사항)

본 계약서에 명시되지 아니한 사항은 관련 법규와 상법 및 상관례에 따른다.

계약 당사자 간에 이상과 같이 계약을 체결하고 이를 증명하기 위하여 계약서 *통을 작성하여 "갑"과 "을", 그리고 연대보증인이 1부씩 보관하기로 한다.

2***년 **월 **일

"갑"

회 사 명 : 주식회사 ** (법인등록번호 ******-*******)

대표이사 : ***   (인)

주   소 : 서울특별시 **구 **로 ** (**동 **빌딩 **층 **호)

"을"

회 사 명 : 주식회사 ** (법인등록번호 ******-*******)

대표이사 : ***   (인)

주   소 : 서울특별시 **구 **로 ** (**동 **빌딩 **층 **호)

"연대보증인"

회 사 명 : 주식회사 ** (법인등록번호 ******-*******)

대표이사 : ***   (인)

주   소 : 서울특별시 **구 **로 ** (**동 **빌딩 **층 **호)

* 상기 계약서는 일반적인 예시일 뿐이며, 실제 계약서는 거래의 세부 사
  항에 따라 다를 수 있다.

4. M&A 자문 [매각] 계약서 - 참고사례

*****(주) (대표이사 ***이하 "갑"이라 한다)와 **M&A파트너스㈜ (대표이사 *** 이하 "을"이라 한다)는 "갑"의 경영전략상 필요한 기업매도를 위하여 다음과 같이 M&A자문계약(이하 "본 계약")을 체결한다.

제 1 조 [목적]
"본 계약"은 "갑"의 경영전략상 필요한 인수기업 발굴, M&A 관련, 경영권(합병, 자산, 영업, 주식양수도)양도·수 관련 전반적인 협상과 진행을 목적으로 한다.

제 2 조 [자문용역의 범위]
"을"은 M&A 주관사로 성공적 업무수행을 위해 신의를 갖고 성실하게 자문 서비스를 제공하며, 구체적인 M&A 자문용역 범위는 다음과 같다.

1. "갑"의 경영전략상 필요한 인수 · 투자기업 발굴
2. M&A 전략수립을 위한 자문, 계약에 관련된 전반적 협상 및 진행

제 3 조 [자문용역 기간 및 권리]
1. "본 계약"에 따른 자문용역 업무수행 기간은 계약 후 *년으로 한다.
2. "본 계약"의 목적 달성을 위해 "갑"과 사전 서면 합의하여 법무법인, 회계법인, 그 외 전문가 활용으로 발생하는 비용은 "갑"이 부담한다.

제 4 조 [대금지급 : 부가세 별도]

"갑"은 "을"을 통해 "본 계약"을 체결할 경우 "갑"은 "을"에게 아래와 같이 약정된 자문수수료(이하 "수수료")를 "을"이 지정한 계좌에 현금 지급한다.

1. "갑"은 "을"의 자문으로 인수기업과 M&A 계약서상 총 거래금액(구주, 신주포함)의 *%에 해당하는 금액(부가세 별도)을 수수료로 정한다.

2. "갑"은 인수기업과 M&A계약 체결 후, 계약금액 입금 익일에 수수료 **%를 지급하고, 잔금은 잔금입금 익일에 수수료 **%를 "을"이 지정하는 계약서상 표기된 계좌에 입금(부가세 별도)한다.

* "을"의 지정계좌 : 국민 ***-****-****-**, **M&A파트너스㈜

제 5 조 [비밀유지]

1. "갑"과 "을"은 본 자문계약서의 체결 및 이행과 관련하여 얻은 정보(실사를 통하여 얻은 정보포함)를 주식 양수도계약 체결의 결정을 위해서만 사용하여야 하며, 그 이외의 목적이나 용도로 위 정보를 사용 하여서는 아니 된다. 또한, "갑"과 "을"은 상호 사전 서면동의 없이 본 거래와 관련하여 취득한 정보를 자신의 자문사 이외의 제3자가 알게 하여서는 아니 된다. 다만, 관계법령 및 감독기관에 의하여 요구되거나, 법원의 재판에 따른 요구 시 "갑"과 "을"은 이 사실을 서면으로 통지하고 요구된 문서의 내용 및 제출 여부를 협의하여야 한다.

2. "갑"과 "을"은 본 거래 추진을 위한 감독기관 보고, 공시 등을 위해 불가피하게 제3자에게 본거래 관련 자료와 진행 상황 기타 정보를 제공하는 것은 본조의 비밀유지 의무에 위반하지 아니한 것으로 본다.

3. "갑"과 "을"은 주식양수도계약이 체결되지 않은 채 본 양해각서가 효

력을 상실하는 경우 본 거래와 관련하여 얻은 정보는 신속히(그러나 어떠한 경우에도 *일 이내에) 모두 폐기하여야 한다.

제 6 조 [자문결과의 면책]

1. "갑"은 업무수행과 관련하여 "을"에게 정확한 관련자료와 정보를 제공하여야 하며, "갑"이 제공한 자료 및 정보가 실제와 다름으로 인해 발생하는 모든 책임에 대해서 "을"은 면책된다.

2. "갑"과 "을"이 상호 합의한 자문결과를 "을"이 활용함에 있어 "을"의 현저한 과실이 있는 경우 이외에 발생한 분쟁 및 손해에 대하여 "을"은 여하한 책임도 부담하지 않는다.

3. 본 계약 체결 후, *개월이 경과한 경우, "갑"은 "을"에게 통보한 후, "갑"은 자체적으로 제3자에게 양도하는 경우, "갑"의 모든 책임은 면책된다.

제 7 조 [손해배상]

1. "본 계약" 종료 후에도 "갑"이 "을"을 배제하고 "을"이 발굴한 인수자와 직접 M&A 계약을 체결하는 경우 "갑"은 제4조 대금지급을 "을"에게 지급하여야 한다.

2. "갑"과 "을"은 "본 계약"과 관련하여 손해를 입은 경우 "본 계약"을 해지하고, 상대방의 귀책사유로 자신이 입은 직접적, 실질적 손해에 대해 손해배상청구를 할 수 있다.

제 8 조 [분쟁해결]

본 계약서상 규정되지 아니한 사항과 본 계약 규정의 해석에 의문이나 이견이 있는 경우에는 계약 당사자 간 상호협의 및 해결을 원칙으로 한다. 단, 부득이한 경우 법원에 제소하되 관할 법원은 "갑"의 소재지 법원으로 한다.

제 9 조 [기타]

"갑"과 "을"은 상대방의 사전 서면동의 없이는 "본 계약"상 권리, 의무를 제3자에게 양도할 수 없다. 다만, 본 계약 체결 후, *개월이 경과한 경우, "갑"은 "을"에게 통보한 후, "갑"은 제3자에게 자체적으로 양도할 수 있으며, 진행사항은 공유할 수 있다.

본 계약의 당사자는 상대방이 본 계약을 중대하게 위반한 경우 *일 이상의 기한을 정하여 상대방에게 그 이행 또는 시정을 요구할 수 있으며, 이러한 요구에 상대방이 이행, 시정을 아니한 경우에 서면 통지로써 본 계약을 해제할 수 있다.

"본 계약"의 성립을 증명하기 위하여 "M&A자문계약서" 2부를 작성하고, "갑"과 "을"이 각각 서명, 날인한 후 1부씩 보관한다.

2***년 **월 **일

"갑"

회 사 명 : *****(주)(법인등록번호 ******-*******)

대표이사 : ***   (인)

주   소 : 서울특별시 **구 **로** (**동 **빌딩 **호)

"을"

회 사 명 : **M&A파트너스(주)(법인등록번호 ******-*******)

대표이사 : ***   (인)

주   소 : 서울특별시 **구 **로** (**동 **빌딩 **호)

* 상기 계약서는 일반적인 예시일 뿐이며, 실제 계약서는 거래의 세부
  사항에 따라 다를 수 있다.

5. 매도업체 주요현황 - 참고 사례

수신 : **M&A파트너스㈜

1. 매도 업체현황

가. 회사명	*****(주)	나. 설립일자	19**년**월 **** 창업
다. 대표이사	***	라. 휴대폰번호	010-****-****(성함/직책)
마. 사업자등록번호	***-**-*****	바. 담당임원개인메일	010-****-****
사. 주소 (국내)	서울특별시**구**로**(**동**빌딩**호)	대지/건물(평)	******평/*****평
(해외)	○국 ***(해외법인)	대지/건물(평)	*****평/*****평

2. 매도업체 업종

가. 주업종	***** 제조업
나. 주요생산품	
다. 일반키워드	
라. 전문건설업면허	

3. DealSize

가. 매각금액 : 억 원	국내 : ***억 원(기계설비 등), 해외 : ***억 원(지분***% 기준) => 합계 ***억 원
나. 희망지분매각률	국내 : **%, 해외 : 지분**%

4. 매도업체 소개

가. 회사(간략하게)	국내:				
	해외:				
나. 주생산품(상세하게)					
다. 주요특징 및 사업화 전략의 기대사항					

5. M&A 추진

가. 배경 및 사유(상세하게)	
나. 매각의 희망사항	국내사업 : ***억 원
	해외사업 : ***억 원

6. 빠른 진행을 위한 특별히 추천 회사 및 업종

가. 추천회사	
나. 추천업종	

7. 요청사항   1. 회사소개서   2. 중소기업인 경우 "중소기업확인서" 메일로 송부

* 상기 현황은 예시일 뿐이며, 실제 현황은 거래의 세부사항에 따라 다를 수 있다.

1. 재무회계-회계

| 회계 | 기업의 내·외부 각종 회계정보를 측정, 이해관계자(경영진,직원,주주)가 합리적인 경제적 의사결정을 하는 데 유용한 재무적 정보를 제공하기 위한 일련의 과정 또는 체계 |

| 부기 | 사업활동에서 발생한 수익, 비용을 회계원칙에 따라 거래내용을 장부에 기입하는 기술 또는 규칙 |

| 부기 방법 | 단식부기 : 거래의 한 면만 기록하는 부기법으로 수입,지출의 내용만 관리하는 방법(가계부, 용돈기록장)
복식부기 : 거래의 양면을 기록하는 부기법
(예를 들어 상품 만 원을 현금으로 구입하면," 상품증가 1만 원, 현금감소 1만 원"으로 기록) |

단식부기

일자	적요	수입	지출	잔액
202* */**	상품 구입		10,000	0

복식부기(기업에서는 복식부기방법사용)

일자	차변		대변	
	적요	금액	적요	금액
*/**	상품	10,000	현금	10,000

1. 재무회계-거래

| 거래 개념 | 회계상 거래는 회사의 재산상태가 물건, 돈의 출입으로 변화하는 것으로 아래 두 가지 요건을 만족해야 함.
① 회사의 재산상태에 변화가 있을 것
② 금액으로 표시가 가능할 것
(예를 들어 임대차 계약체결을 일반적으로 "거래가 되었다"라고 하지만 금액 변화가 없으므로 회계상은 거래가 아님) |

사례 1

화재 발생 도난 발생 → 재산에 변화 생김 → 회계상 거래임 (일반적으로 거래 아님)

사례 2

임대차계약 체결 → 재산에 변화 없음 → 회계상 거래 아님 (일반적으로 거래)

1. 재무회계-분개

분개

- 분개는 "구분한다"는 의미로 거래를 계정과목으로 분해하여 일정한 규칙에 따라 "차변"과 "대변"으로 나누어 기록하는 것
- 부기의 전체흐름에서 회사에서 발생하는 모든 거래를 분개하고 계정과목별로 분류하여 장부에 기재하고 결산을 하기까지 모든 과정에서 분개가 최초 과정임

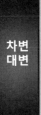

차변 대변

복식부기에서 거래의 양면을 기록하는 것이 거래가 발생하면 들어오는 것은 차변(왼쪽), 나가는 것은 대변(오른쪽)에 기입하고 차변, 대변 금액은 일치해야 한다.

차 변	대 변
상품 10,000	현금 10,000

1. 재무회계-분개 예시

자산 부채 증가 감소

1.상품을 구입하고 대금을 외상으로 함

차 변	대 변
상품 10,000 (물건이 들어옴)	외상매입금 10,000 (채무가 증가함)

2.외상대금을 현금으로 지급함

차 변	대 변
외상매입금 10,000 (채무가 감소함)	현금 10,000 (돈이 나감)

수익 비용 발생

1.청소용역 비용을 지급

차 변	대 변
지급수수료 10,000 (비용이 발생함)	현금 10,000 (돈이 나감)

2.사무실 임대수익금이 입금

차 변	대 변
현금 10,000 (돈이 들어옴)	수입임대료 10,000 (수익이 발생함)

1. 재무회계-전표

전 표

- 실무에서는 분개를 "전표"라는 서식에 기록하여 장부에 옮겨 기록하는 절차를 거침

- 분개를 하기 위해 "차변"과 "대변"으로 나누어 입력할 각각의 항목이 필요한데 이것을 "계정과목" 이라고 부름

  (즉. 상품이나 현금이 계정과목임)

1. 재무회계-전표 작성흐름

전표의 작성 흐름

실무에서 수많은 거래가 일어나고 해당부서에서 담당 거래에 대해 회계전표에 분개를 해서 회계팀에 접수하고 회계팀에서는 전표의 분개 내용을 확인하는 절차를 거침
(회계전표는 결산과정의 최초과정이자 전부일 정도로 중요함)

전표내용을 확인하기 위해서는 전표에 첨부된 증빙과 대사 작업을 하게 되는데 적절한 증빙을 첨부해야 거래내용에 대한 증명자료로 사용 가능(세무조사 시, 검증 자료로 활용됨)

거래발생　　전표입력　　전표접수　　전표검증

세무조사

1. 재무회계-전표 적격증빙

정규 증빙 수취 의무

재화, 용역의 거래 시 거래상대방이 법인, 사업자인 경우 법적 정규증빙을 수취해야 함.
(국가지방단체나 금융업 법인, 비영리 법인이 아니면 거의 대부분의 재화 거래 시 정규증빙을 받아야 함)

정규 증빙 종류

1. 세금계산서
2. 계산서
3. 신용카드 매출전표
   (정규증빙이 아니나 장당 3만 원까지 간이영수증 사용 가능)

가산세

사업자로부터 건당 3만 원을 초과하는 재화 또는 용역을 공급받고 법적 정규증빙을 수취하지 않은 경우

정규증빙 미 수취 금액 × 거래금액 2%

1. 재무회계-계정과목

계정 과목

거래를 분개할 때 통일된 용어가 필요하므로 유사한 성격의 거래별로 이름을 붙여 놓은 것으로 5대 요소 중에 어딘가에 각각 소속된다
(5대 요소- 자산 , 부채 , 자본 , 수익 , 비용)
5대 요소에 집합된 계정과목은 결산서인 재무상태표(자산,부채, 자본)와 손익계산서(수익,비용)를 구성함

5대 요소

5대요소 중 자산,부채,자본 계정은 재무상태표의 왼쪽에 자산, 오른쪽에 부채,자본이 위치하게 됨

자 산	부 채
	자 본

5대 요소 중 비용,수익은 손익계산서의 왼쪽에 비용, 오른쪽에 수익이 위치하게 됨

비 용	수 익

1. 재무회계-계정과목 기입법칙

거래의 결합 관계

회사의 모든 거래는 거래의 8요소 결합으로 나타나는데 실제 회사에서 발생하는 모든 거래는 이들 요소의 결합관계로 나타남

거래의 8요소

차 변	대 변
①자산의 증가	⑤자산의 감소
②부채의 감소	⑥부채의 증가
③자본의 감소	⑦자본의 증가
④비용의 발생	⑧수익의 발생

1. 재무회계-재무상태표 자산

재무 상태표 계정

재무상태표는 기말의 재무상태를 나타내며 자산, 부채, 자본으로 적정하게 표시됨

자산 의 분류

자산 : 기업이 경영활동을 위해 소유하고 있는 재화, 채권

유동자산

당좌자산 : 현금 및 현금성자산, 단기금융상품, 매출채권 등
재고자산 : 상품,제품, 재공품, 원재료, 부재료 등

비유동자산

투자자산 : 장기금융상품,투자유가증권, 투자부동산 등
유형자산 : 토지, 건물,구축물, 기계장치,비품 등
무형자산 : 영업권, 산업재산권, 컴퓨터 소프트웨어 등
기타비유동자산 : 장기성매출채권, 보증금 등

계정과목-재무상태표-자산-당좌자산

현금 및 현금성 자산
언제든지 현금화가 가능한 자산을 말하며 현금이나 만기 3개월 이내 채권,환매채,수익증권,요구불예금 등의 통화대용증권을 말함
- 큰 거래비용 없이 현금 전환이 쉬운 것
- 이자율 변동 등에 따라 가치 변동 위험이 없어야 함
- 단기운용을 목적으로 유동성이 높아야 함

단기금융상품
여유자금 활용목적의 정기예금, 저축예금, 정기적금 등 만기가 1년 이내에 도래하는 예금

매출채권
기업이 상거래에서 재화, 용역을 외상으로 판매, 제공하고 획득한 청구권(외상매출금, 받을 어음의 합계)

매출채권계정의 차변에 제품, 상품의 외상매출 시 발생하여 부가가치세를 포함한 가격으로 기록되고 대변에는 매출채권회수, 판매장려금과 상계 시 기록됨

계정과목-재무상태표-자산-재고자산

상 품
판매를 위해 보유하고 있는 매입상품

제 품
판매를 목적으로 생산하여 보유 중인 완성품

재공품
제품의 제조를 위하여 제조과정에 있는 것으로 가공상태가 판매 가능한 상태에 이르지 않는 것

원재료
제품생산에 소비할 목적으로 구입한 재화를 말하며 화학적, 물리적 변화를 거쳐 제품이 되는 소재를 말함

부재료
생산과정에 투입되는 재화로서 주요재료를 제외한 기타 부품을 부재료로 분류하고 있음

계정과목-재무상태표-자산-투자자산

 투자 자산
기업의 주된 영업활동과 관련없이 장기적인 투자수익을 목적으로 취득한 자산

 장기금 융상품
유동자산에 속하지 않는 금융상품계정으로 장기성예금과 특정현금과 예금 등

 투자유 가증권
투자회사를 소유·통제할 목적으로 소유하는 지분증권, 발행자에게 금전을 청구할 수 있는 권리를 표시하는 증권

 투자 부동산
영업활동과 관련 없이 투자의 목적으로 보유하고 있는 부동산

계정과목-재무상태표-자산-유형자산

유형 자산
재화의 생산이나 임대 등에 사용할 목적으로 보유하는 물리적 형체가 있는 자산을 처리하는 계정으로 다음의 조건을 충족해야 함
1. 구체적인 형태가 있음
2. 영업활동에 사용할 목적으로 취득한 자산일 것
3. 1년을 초과하여 사용할 것이 예상되는 자산

토지
대지, 임야, 전답 등의 토지로서 기업의 정상적인 영업활동에 사용하는 토지

건물
토지에 정착하는 공작물 중 준공된 것으로서 지붕 및 기둥 또는 벽이 있는 것과 이에 부수된 시설물, 건축물을 말함

기계 장치
제조업에서 기본적인 설비로서 제조목적에 사용하는 기계와 생산설비

비품
사무용이나 영업용으로 사용하는 것으로 1년 이상인 집기비품 성격의 자산

계정과목-재무상태표-자산-무형자산

무형 자산
장기에 걸쳐 경제적 이익을 가져다 줄 수 있는 물리적 형태가 없는 무형의 자산

영업권
합병,영업양수 및 전세권 취득 등의 경우에 유상으로 취득한 것으로 기술,지식,경영기법 등 타 기업보다 초과수익력을 가진 무형의 자원

산업 재산권
일정기간 독점적,배타적으로 이용할 수 있는 권리로서 특허권, 실용신안권,의장권,상표권 등

컴퓨터 소프트 웨어
외부에서 구입한 소프트웨어의 대가에 대해 컴퓨터 소프트웨어로 처리하며 자체 개발한 소프트웨어는 조건을 충족하면 개발비 계정과목으로 처리

계정과목-재무상태표-부채,자본

부채 의 분류
부채: 기업이 타인에게 일정한 금액을 갚아야 하는 채무

유동부채

매입채무, 단기차입금, 미지급금, 선수금, 예수금 등

비유동부채

사채, 장기차입금, 퇴직급여충당금 등

자본 의 분류
자본: 기업의 경영활동에 필요한 자금 중 기업주의 출자지분, 이익금의 누계잔액, 특정사용 목적적립금, 자기주식 등

자본금
자본잉여금
자본조정
기타포괄손익 누계액
이익잉여금

계정과목-재무상태표-부채-유동부채

 매입채무 일반적인 상거래에서 발생한 상품,원재료 구입대금으로 외상 매입금과 지급어음을 합한 것

 단기차입금 결산일로부터 상환기한이 1년 이내인 부채를 말하며 예금잔액이 부족할 때에도 어음, 수표를 발행할 수 있는 한도인 당좌차월을 포함함

 미지급금 매입채무와는 달리 일반적인 상거래 외에 발생한 확정된 채무 중 단기성 채무로 고정자산 구입대금, 수선비지급액 등

 선수금 상거래에서 발생한 용역이나 상품의 대가를 분할하여 받기로 하였을 때 먼저 수령한 금액

 예수금 제3자에게 지급해야 할 금액을 일시적으로 맡아놓은 계정으로 종업원이 부담하는 원천세, 건강보험료, 고용보험, 국민연금 등

계정과목-재무상태표-부채-비유동부채

 비유동부채 지급기한의 도래가 장기인(1년이후) 부채를 말하며 일단 비유 동부채로 계상된 금액일지라도 지급기일이 1년이내로 도래하면 유동부채로 재분류함

 사 채 만기일에 일정액의 금액과 이자를 지급할 것을 약정하고 다수인 으로부터 장기간 거액의 자금을 차입함으로써 발생하는 부채

 장기차입금 1년 이후에 상환되는 차입금을 표시하는 계정과목으로 차입시 부동산담보 등을 제공하는 경우가 대부분임

 퇴직급여충당금 회계연도 말 현재 전 임직원이 퇴직할 경우에 지급해야 하는 퇴직금에 상당하는 금액을 부채로 계상할 때 사용하는 계정과목

계정과목-재무상태표-자본

자본금
주주의 기업에 투하된 법정 불입자본금을 의미

자본 잉여금
이익에 따른 자본변동 외에 자본거래로 인한 자본의 변동을 표시하는 계정 주식발행초과금, 감자차익, 자기주식처분이익 등

자본 조정
자본거래에 해당하나 자본금,자본잉여금으로 분류할 수 없는 자기주식, 주식할인발행차금, 감자차손 등을 처리하는 계정

기타포괄손익누계액
주주와의 자본거래를 제외한 모든 거래나 사건에서 인식한 자본의 변동을 말함

이익 잉여금
이익금액의 미처분 잔액을 표시하는 미처분이익잉여금과 법적으로 회사에 유보해야 하는 법정적립금, 기타목적의 임의적립금 등을 처리하는 계정

1. 재무회계-손익계산서

손익 계산서 계정
손익계산서는 일정기간의 경영성과를 나타내며 수익과 비용을 손익별로 구분하여 표시함

매출총손익

매출총손익 = **매출액** - **매출원가**

매출액 : 총매출액에서 매출에누리,매출환입,매출할인 차감액
매출원가 : 기초재고액 + 당기매입(생산)액 - 기말재고액

영업손익

영업손익 = **매출총손익** - **판매비와관리비**

영업손익 : 회사 본래의 영업활동으로부터 생긴 손익

판매비와 관리비 : 급여, 퇴직급여, 복리후생비, 임차료, 접대비, 감가상각비, 세금과공과, 광고선전비, 대손상각비 등

계정과목-손익계산서

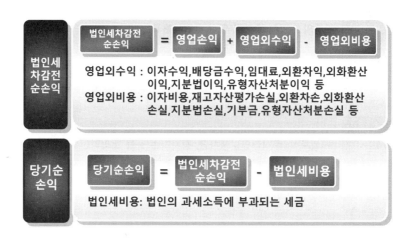

법인세차감전순손익

법인세차감전순손익 = 영업손익 + 영업외수익 - 영업외비용

영업외수익 : 이자수익,배당금수익,임대료,외환차익,외화환산
이익,지분법이익,유형자산처분이익 등
영업외비용 : 이자비용,재고자산평가손실,외환차손,외화환산
손실,지분법손실,기부금,유형자산처분손실 등

당기순손익

당기순손익 = 법인세차감전순손익 - 법인세비용

법인세비용: 법인의 과세소득에 부과되는 세금

계정과목-손익계산서-매출

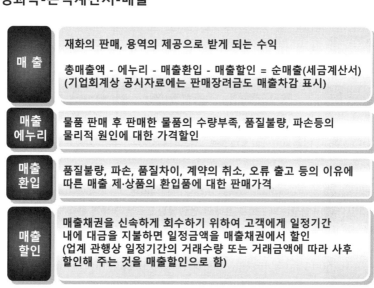

매출

재화의 판매, 용역의 제공으로 받게 되는 수익

총매출액 - 에누리 - 매출환입 - 매출할인 = 순매출(세금계산서)
(기업회계상 공시자료에는 판매장려금도 매출차감 표시)

매출에누리

물품 판매 후 판매한 물품의 수량부족, 품질불량, 파손등의
물리적 원인에 대한 가격할인

매출환입

품질불량, 파손, 품질차이, 계약의 취소, 오류 출고 등의 이유에
따른 매출 제·상품의 환입품에 대한 판매가격

매출할인

매출채권을 신속하게 회수하기 위하여 고객에게 일정기간
내에 대금을 지불하면 일정금액을 매출채권에서 할인
(업계 관행상 일정기간의 거래수량 또는 거래금액에 따라 사후
할인해 주는 것을 매출할인으로 함)

계정과목-손익계산서-매출원가

매출원가
매출된 상품, 제품에 대응되는 매입원가, 제조원가를 말함

상품매출원가
매입상품의 매출원가 계산방법

상품매출원가 = 기초상품재고액+상품매입액 - 기말상품재고액

제품매출원가
제조제품의 매출원가 계산방법

제품매출원가=기초제품재고액+제품제조원가 - 기말제품재고

제품제조원가= 제품생산에 관련된 재료비, 노무비, 경비총계

제조경비와 판매비와 관리비의 구분이 모호한 면이 있지만
판매비와 관리비는 판매, 관리 과정에서 발생한 비용,
제조경비는 제품생산에 관련된 비용으로 구분함

계정과목-손익계산서-판매비와 관리비

급여
판매와 관리업무에 종사하는 사용인이나 종원원에게 근로의
대가로 지급하는 비용(임원급여, 급료, 임금, 제수당, 잡급 등)

퇴직급여
근로자의 계속적인 고용의 종료, 퇴직을 사유로 하여 지급하는
급부

복리후생비
직원의 복지와 후생을 위하여 지출하는 비용
건강보험료, 고용보험료, 경조비, 식사비 등

세금과공과
국가,지방자치단체가 부과하는 국세, 지방세, 공과금 ,벌금, 과료
과징금을 처리하는 계정과목

수도광열비
수도료, 전력료, 가스대 등 연료에 소요되는 비용

보험료
유형자산(건물,비품,차량운반구)에 대한 화재·손해보험료, 취득
후 보관 중인 재고자산에 대한 보험료

계정과목-손익계산서-판매비와 관리비

견본비
상품, 제품의 품질을 거래처 또는 사용자에게 알리기 위하여
상품, 제품 등의 일부를 제공하는 데 드는 비용
(거래의 실태를 참작하여 견본품 제공의 범위를
초과하는 경우 세무상 견본비로 인정받기 힘듦)

임차료
부동산,동산의 임대차 계약에 따라 임대인에게 지급하는 비용

**광고
선전비**
상품,제품, 용역 등의 판매촉진, 이미지 개선을 위해 선전효과를
위하여 불특정다수를 상대로 지출하는 비용
(특정고객만을 상대로 지출한 광고선전비는 접대비)

운반비
판매와 관련하여 회사의 제품이나 상품을 거래처에 운반해 주는
과정에서 발생하는 비용

계정과목-손익계산서-판매비와 관리비

**대손
상각비**

매출채권이 거래상대방의 지불 능력 상실로 회수가 불가능
한 경우에 회수 불가능액을 비용처리 하게 되며 비용처리를
하더라도 세법상 인정받는 것은 엄격하게 제한되므로
대손발생 시 세법상 대손인정이 가능하도록 요건을 구비해
야 함

대손가능범위
- 상법 등에 따른 소멸시효가 완성된 매출채권
- 채무자의 파산, 강제집행, 형의 집행, 사업의 폐지, 사망, 실종
  행방불명으로 회수할 수 없는 매출채권 등

대손인정 구비자료
객관적인 자료로 회수불능임을 증명해야 함
- 채무자의 최종 재산보유현황, 사업영위여부
- 거래처, 은행 탐문조사, 매출채권회수를 위한 조치사항

계정과목-손익계산서-판매비와 관리비

**감가
상각비**

건물, 구축물, 기계장치 등의 유형자산을 취득하여 사용 시
발생하는 자산 가치의 하락만큼 비용으로 회계 처리하는
것을 감가상각이라고 함

감가상각방법
-정액법 : 매년, 세무상 취득가액*상각률
 (당사는 건물, 구축물, 태양광설비 감가상각 시 사용)
-정률법 : 매년, 세무상 미 상각 잔액*상각률
 (당사는 기계장치, 공구기구, 집기비품)

내용연수(감가상각으로 비용화하는 기간)
 - 건물 : 정액법 40년(당사기준)
 - 기계장치 : 정률법 10년
 - 비품 등 : 정률법 5년

예시)
202*년 100만 원짜리 비품을 취득하여 사용할 경우
100만 원 ÷ 정액법 5년=20만 원
'2*년~2*년까지 매년 20만 원씩 감가상각비로 회계 처리함

계정과목-손익계산서-판매비와 관리비

**접대
비의
구분**

접대비는 비용인정 한도를 법인세법에서 규제받고 있으며
유사비용과 혼돈되어 잘못 처리될 위험이 크므로 비용구분에
유의해야 함

- 기부금과의 구분
 업무와 관련 있는 지출이 있는지 구분에 따라 업무와 관련 없는
 국가, 지방자치단체, 정당 등에 지출하는 비용은 기부금처리

- 광고선전비와의 구분
 지출대상의 구분에 따라 선전효과를 위해 불특정다수인을
 상대로 지출하는 비용은 광고선전비로 구분

- 판매부대비용과의 구분
 지출금액의 사전공표, 한도 구분에 따라 판매와 직접 관련하여
 사전약정에 따라 정상적인 거래라고 인정될 만한 범위의 비용
 은 판매부대비용으로 처리

- 복리후생비와의 구분
 지출상대방이 사내직원을 상대로한 지출이라면 복리후생비로
 처리

계정과목-손익계산서-판매비와 관리비

판매장려금
거래처의 매출에 따른 반대급부로서 거래수량이나 거래금액에 따라 장려의 뜻으로 지급하는 금액 접대비와 유사점이 많기 때문에 대응 증빙을 갖추어 적법한 비용으로 인정받을 수 있도록 해야 함

접대비와 유사점
거래 상대방이 사업에 관련된 자
장래의 수익실현을 기대하며 업무와 관련하여 거래처에 지출하는 비용

판매장려금	접대비
일정 기준에 따라 동일 조건에 해당하는 거래처에 동일 지급 -지급의무 발생의 근거가 되는 약정, 기준 필요 -수익실현기여, 지급의무 有 -전액 비용인정	-특정거래처에 산정기준 없이 과다, 선별지급 -정규증빙 수취의무 있음 -수익실현효과 추상적, 지급의무 無 -일정한도 내에서 인정

접대비와 차이점

계정과목-손익계산서-영업외수익

영업외수익
기업의 주된 영업활동 이외의 보조적, 부수적 활동에서 발생한 금융적, 재무적 수입

이자수익
유휴자금을 은행예치, 외부대여 등으로 발생하는 이자로서 실제 수령액만이 아니라 기간 미 경과 분까지 포함(미수수익)

수입임대료
부동산 또는 동산을 임대하고 타인으로부터 지대, 집세, 사용료 등의 대가로 받는 금액

외환차익
외화자산을 수취하거나 외화부채를 상환할 때 원화로 받거나 상환하는 금액이 장부가액보다 크거나 작아서 발생하는 차액

유형자산처분이익
유형자산의 처분 시 받는 금액이 장부가액을 상회할 때 나는 차액
장부가액=취득가액-처분전까지 감가상각금액의 누계액

계정과목-손익계산서-영업외비용

영업외 비용	기업의 주된 영업활동 이외의 보조적, 부수적 활동에서 발생한 비용
이자비용	외부로부터 조달한 타인자본에 지급하는 이자와 할인료
외화환산손실	외국통화를 보유하고 있거나 외화로 표시된 채권, 채무를 가지고 있는 경우 결산 시 기말 환율로 평가했을 때 발생하는 장부가액과의 차이
기부금	영업활동과 관계없이 금전이나 물품을 타인에게 무상으로 지급하는 것
재고자산 평가손실	재고자산이 취득 시보다 현저하게 가치가 하락하여 발생한 시가와의 차액을 처리하는 계정
잡손실	경미한 현금시재차이,영업외 비용으로 처리해야 하나 중요하지 않은 경우 별도의 계정을 만들지 않고 잡손실로 처리함

1. 재무회계-제조원가명세서

제품 제조 원가	제품의 가격을 산출하는 일련의 과정으로 생산과 직접, 간접적으로 관련하여 발생한 재료비, 노무비, 경비의 총액을 말함 생산활동과 직접 관련이 없는 판매비와 관리비, 영업외비용은 제조원가에 삽입하지 않음
제조 원가 구성 요소	원재료비 : 기초원재료+원재료매입-기말원재료 = 원재료비 부재료비 : 기초부재료+부재료매입-기말부재료 = 부재료비 노 무 비 : 급여, 상여, 퇴직급여, 연월차수당 경 비 : 외주가공비, 감가상각비, 수도광열비 등
원가 계산 방법	생산형태 : (종합원가 계산) 동일한 품질의 제품을 계속 생산하는 형태로 개별제품으로 원가 추적이 불가능한 경우 사용 계산범위 : (전부원가 계산)변동비, 공정비의 임의적인 구분없이 모든 비용을 포함 측정방법 : (실제원가 계산)원가를 실제로 발생한 소비량과 가격에 따라 계산하는 것

1. 재무회계-재무제표

재무제표
재무제표는 정보이용자에게 재무정보를 전달하는 수단으로 일정한 양식에 따라 작성되며 작성기준은 기업회계기준서에 근거하며 거래발생→전표처리→계정별집계→재무제표작성 과정을 거쳐서 제공됨

재무제표 종류
- 재무상태표(재무상태)
  기업의 특정 시점의 자산, 부채, 자본
- 손익계산서(경영성과)
  일정 기간 동안의 수익과 비용을 포함한 기업의 경영성과
- 자본변동표(자본변동)
  일정 기간 동안 자본 항목의 증가와 감소를 보여주는 표
- 현금흐름표(현금흐름)
  일정 기간 동안 현금 및 현금성 자산의 유입과 유출을 보여주는 표
- 주석(추가적인 설명)
  재무제표의 숫자와 정보에 대한 추가적인 설명을 제공

2. 세 무

세 무
세법의 규정에 따라 과세소득과 세금 납부액을 신고, 납부하는 행위
공평한 조세부담과 소득계산의 통일성을 위해 세법을 규정해 놓았으며 이에 따라 법규에 맞는 신고업무가 기업에 부여되며 중요 세법으로는 법인세, 부가가치세, 소득세 등이 있음

세무는 회계팀에서만 이루어지는 것이 아니라 모든 직원에게도 회사의 성실한 납세의무 이행과 회사이익 보호를 위해 꼭 이행해야 하는 세무역할이 있음

법인세
1.경비사용 시 정규 증빙 수취
2.규정에 맞는 비용 지급
3.비용이월처리 금지

부가가치세
신고기한내 세금계산서 수취, 전달 이행

세금의 종류

법인세
- 과세대상
  사업연도에 발생한 기업의 이윤
- 납세의무자
  국내영리법인 : 국내외 소득에 과세
  외국영리법인 : 국내 소득에 과세
  국내비영리법인 : 국내외 수익사업소득에 과세
  외국비영리법인 : 국내 수익사업소득에 과세

소득세
- 과세대상
  1월1일~12월31일까지 발생한 개인의 소득
- 납세의무자
  국내에 주소를 둔 개인의 국내외 소득

부가가치세
- 과세대상
  사업자의 재화,용역의 생산·유통단계에서 발생한 부가가치
- 납세의무자
  부가가치세법상 과세사업자

법인세

법인세

법인은 사업연도(보통 1월1일~12월31일)에서 발생한 과세소득에 대해 사업연도 종료 후, 3월말 이내에 법인세를 신고 납부해야 함

법인세는 기업의 소득에 대한 과세를 목적으로 하므로 기업 회계상 이익을 100% 인정하지 않고 목적에 따라 다른 규정을 적용해서 과세소득을 산출함

영리법인 법인세율(2024년)
2억 원 이하 9%, 2억 원 초과 200억 원 이하 19%,
200억 원 초과 3,000억 원 이하 21%, 3,000억 원 초과 24%

*세율 적용 시, 국세청에서 공시된 내용 확인 후 적용

수익 - 비용
=
회계이익
±
수익인정
불인정
비용인정
불인정
=
과세소득

법인세-신고절차

신고절차

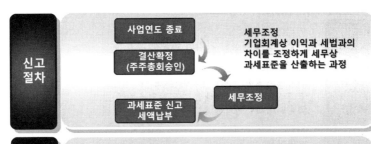

사업연도 종료

결산확정
(주주총회승인)

과세표준 신고
세액납부

세무조정

세무조정
기업회계상 이익과 세법과의
차이를 조정하게 세무상
과세표준을 산출하는 과정

**비용
불인정
대상**

회사의 비용증가는 세금의 감소를 의미하므로 법인세법상
제한사항을 두고 있음.
실수로 안내도 되는 세금을 내고 있지 않은지 살펴보자

1. 업무상 관련 없는 비용 지출 X
2. 접대비를 증빙 없이 지출 X
3. 판매비용을 약정 없이 지출 X
4. 매출채권 회수 부실관리 X

소득세

**소득
분류**

소득세법은 과세대상소득을 성격에 따라 종합소득, 퇴직소득,
양도소득 3가지로 분류하며 종합소득은 6가지로 분류됨

- 종합소득 : 이자소득, 배당소득, 사업소득, 근로소득,
　　　　　　연금소득, 기타소득
- 퇴직소득
- 양도소득

**소득
세율**

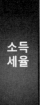

소득세법은 조세부담능력에 따른 과세와 소득재분배기능을 중요시하여
조세부담능력이 큰 자에게는 많은 소득세를 부과하는 세율을 적용함

과세표준	세율	과세표준	세율
1,400만 원 이하	6%	1억 5,000만 원 초과 ~ 3억원 이하	38%
1,400만 원 초과 ~ 5,000만 원 이하	15%	3억 원 초과 ~ 5억 원 이하	40%
5,000만 원 초과 ~ 8,800만 원 이하	24%	5억 원 초과 ~ 10억 원 이하	42%
8,800만 원 초과 ~ 1억 5,000만 원 이하	35%	10억 원 초과	45%

*세율 적용 시, 국세청에서 공시된 내용 확인 후 적용

소득세-신고절차

신고 절차
소득세는 신고 납부제도를 채택하고 있으며 납세의무자는 과세기간(1월1일~12월31일)의 다음연도 5월 1일부터 5월 31일 까지 과세표준 확정신고를 함으로써 소득세의 납세의무가 확정됨

신고지
소득세 납세의무자는 사업장소재지, 소득발생지와 관련없이 주소지 관할 세무서에 신고

연말 정산
원천징수의무자가 소득을 지급받는 자의 소득세 결정세액을 계산한 후 원천징수하여 납부한 세액을 차감하여 정산하는 절차를 말함

대상소득
- 근로소득자
- 공적연금(국민연금법, 공무원법)소득
- 보험모집인, 방문판매원의 사업소득

원천징수 - 과세소득의 지급자가 지급할 때 해당세액을 원천적으로 징수 납부하는 것

부가가치세

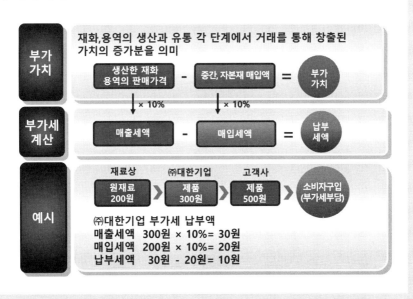

부가 가치
재화,용역의 생산과 유통 각 단계에서 거래를 통해 창출된 가치의 증가분을 의미

생산한 재화 용역의 판매가격 − 중간, 자본재 매입액 = 부가 가치

× 10%   × 10%

부가세 계산
매출세액 − 매입세액 = 납부 세액

예시

재료상 원재료 200원 > ㈜대한기업 제품 300원 > 고객사 제품 500원 > 소비자구입 (부가세부담)

㈜대한기업 부가세 납부액
매출세액 300원 × 10%= 30원
매입세액 200원 × 10%= 20원
납부세액   30원 - 20원= 10원

부가가치세-세금계산서

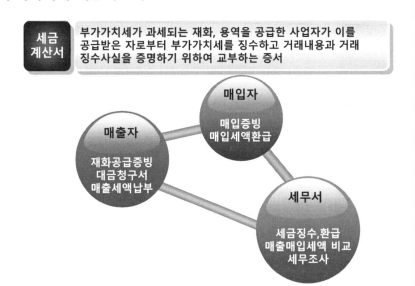

세금계산서
부가가치세가 과세되는 재화, 용역을 공급한 사업자가 이를 공급받은 자로부터 부가가치세를 징수하고 거래내용과 거래 징수사실을 증명하기 위하여 교부하는 증서

매입자
매입증빙
매입세액환급

매출자
재화공급증빙
대금청구서
매출세액납부

세무서
세금징수,환급
매출매입세액 비교
세무조사